U0557057

法学的温度
孩子的法律生活

姚建龙 著

上海三联书店

献给母亲李兰英

目 录

自序

第一辑 幼吾幼以及人之幼

- 3 | 儿童邪典视频事件的反思与建议
- 5 | 打拐要预防惩治救助并行
- 8 | 儿童性侵的基本问题
- 13 | 办理性侵未成年人案件的反思与建议
- 17 | 梅根法案的起源及其在中国的实践
- 21 | 限制涉性侵害违法犯罪人员从业：不得已的正义
- 32 | 防治儿童性侵的重心不是潜在受害者而是加害人
- 37 | 对虐童行为应以刑事追诉为主
- 45 | 手腕似铁还须心怀慈爱
- 47 | 国家亲权理论与"儿童权益代表人"探索的方向
- 50 | 构筑保护未成年人防火墙
- 51 | 撤销监护权制度还任重道远
- 54 | 国家监护制度在中国
- 58 | 强制亲职教育的起源、发展与争议问题
- 66 | 第三人对未成年人财产监管：一个有益的探索
- 67 | 落实风险防控体系，打造超大城市平安校园

第二辑　丁年以内乃教育之主体

- 73　我国预防青少年违法犯罪工作进入"深改"阶段
- 76　理解中长期青年发展规划
- 79　欲祛除邪恶　必先祛除神秘
- 81　《团团历险记》后记
- 83　低龄触法未成年人研究的新发展
- 86　理性认识和应对校园欺凌
- 90　校园暴力的冷思考
- 96　应尽可能让校园欺凌问题不出校园
- 101　关于李某某抢劫案的几点意见
- 104　教育帮助与预防重点青少年群体犯罪的若干思考
- 108　保护处分：从理论到实践
- 113　关于保护处分以及未检命运的问答
- 121　办案中的情、理、法
- 124　希望大家对未成年人教育更有耐心

第三辑　法之改正将于少年法始肇其端

- 127　少年司法的理想与理念
- 136　中国少年司法的回顾与展望
- 144　将来包含在过去之中
- 146　未成年人司法改革进入新时代
- 147　法律移植是少年司法改革的重要路径
- 150　少年法庭如何行稳致远
- 153　校园暴力防治与少年司法改革
- 163　有新意的少年司法集中管辖实践
- 165　少年司法分流：中国语境下的悖论与反思
- 173　少年司法配套工作体系的新进展
- 178　少年司法的边界：从全能司法到社会支持体系
- 182　我为什么同意设置团队工作室
- 186　真学问在少年司法实务中
- 188　全国未检创新基地的视野与使命
- 191　日本少年司法制度的特点与借鉴

第四辑　法立于上　教弘于下

- 195 | 建设法治国家的"攻坚版"
- 197 | 我国儿童法律保护的进步与发展建议
- 201 | 制定未成年人法律法规应听听孩子心声
- 203 | 学前教育立法箭在弦上
- 204 | 校园贷乱象原因与立法规制
- 205 | 现行法律能否惩治"虐童"之恶
- 207 | 关于完善民法总则草案涉未成年人条款的建议
- 209 | 关于完善《未成年人网络保护条例（征求意见稿）》的建议
- 213 | 降低未成年人行政拘留执行年龄应慎重而行
- 218 | 《治安管理处罚法》涉未成年人条款的修订建议
- 224 | 关于《预防未成年人犯罪法》的修订建议

第五辑　苟利国家生死以

- 231 | 若信仰不存在，则奋斗无意义
- 233 | 如何破解未成年人保护的责任"稀释困境"
- 238 | 应更严格管控儿童色情：评许豪杰疑似恋童癖事件
- 240 | 判例意义积极　监护机制仍待完善
- 241 | 零容忍侵害未成年人犯罪
- 242 | 未成年人公益诉讼的有益探索
- 247 | 评北京森熙教育虐童案
- 249 | 评大学生李文星陷入传销后溺亡案
- 250 | 评九岁男童纵火案
- 252 | 评豫章书院事件
- 254 | 何以帮扶"问题少年"
- 256 | 儿童保护观的进步是决定性因素
- 258 | 在线教育的乱象与规制
- 260 | 上海法学专家呼吁设立少年法院
- 262 | 有性犯罪前科，禁从事儿童相关职业
- 264 | 如何斩断性侵儿童的魔爪

附录

269 | 一个法学家的童话梦
274 | 筑梦力量：未成年人保护专家姚建龙访谈

自　序

利用中秋和国庆假，整理出了这本小册子《法学的温度：孩子的法律生活》，这也是计划中的五卷随笔系列中的第三本。世事日趋繁忙已让我无精力和时间再对热点事件及时做出回应，为了能在繁忙工作之余多有一些时间专注于学术，我也已决定除非工作安排不再接受媒体采访，也许后两本会成为"烂尾工程"。

前两卷《法学的童真：孩子的法律世界》《法学的慈悲：孩子的法律情怀》，均在出版后四个月左右售罄。作为主要回应未成年人法律实践与理论热点事件的文集，这样的市场反应不知是该高兴还是悲伤。也许该高兴的是各界对未成年人保护的重视与关注度越来越高，而该悲伤的是未成年人悲剧性事件的层出不穷。距编辑《法学的慈悲：孩子的法律情怀》仅一年半，就又汇集出超过20万字的这本小册子，这一方面是因为开始留意整理、留存旧作，另一方面的确是因为未成年人热点事件的频繁发生。

在这本小册子里所讨论的议题既有儿童邪典、校园贷、"豫章书院"等新现象、新事件，也有儿童性侵、儿童虐待、拐卖儿童、校园暴力等老问题、老话题。说实话，对于不少议题已经不知表达和呼吁了多少次，以至于竟到了不再想评论的状态。

陷在未成年人法学领域已近二十年，一直心存感念。因为在这个领域，你有机会感受人性中最善良、最温暖、最纯粹的一面，也有机会接触人性中最卑劣、最无耻、最虚伪的一面；既常常会因为未成年人保护制度些许的进步或者个案中孩子命运的改变而兴奋甚至泪流满面，也常会感受到那种心有余而力不足所产生的令人绝望的无力感。

迄今为止，独立少年司法制度的建立仍然是一个较为遥远的梦想，对未成年人罪错行为的处置仍然依据的是以理性的成年人为假设对象而制定的刑法、刑事诉讼法、治安管理处罚法,在程序上实际也并无太大的区别,为数不多的少年法庭、未检机构实际上仍然附属于普通法院和检察机关,并且在近年再次面临着生存危机。未成年人法律体系的建立同样是需要再继续奋斗的梦想,而已经制定的未成年人保护法、预防未成年人犯罪法总体上只是编织了一个虚幻的、疏漏的保护网。

菲力浦·阿利埃斯在其名著《儿童的世纪:旧制度下的儿童和家庭生活》中坚持认为:

> 传统社会看不到儿童,甚至看不到青少年。儿童期缩减为儿童最为脆弱的时期,即这些小孩尚不足以自我料理的时候。一旦在体力上勉强可以自立时,儿童就混入成年人队伍,他们与成年人一样地工作,一样地生活。小孩一下子就成了低龄的成年人,而不存在青少年发展阶段。

一个社会如何看待孩子,决定了这个社会会采取什么样的未成年人保护制度。遗憾的是,在我看来,我国目前总体上仍然处在菲力浦·阿利埃斯所认为的儿童还没有被发现的"传统社会"阶段,即便存在溺爱现象也不能改变这样的判断——在法律与法学领域尤其如此。从历史发展进程来看,"童年的诞生"是一个漫长的过程,儿童观的进步也是一个艰难的过程。我们有着类似堪称世界上最煽情的"一切为了孩子,为了孩子一切,为了一切孩子"的告白,却也总有着层出不穷的、令人震撼的儿童悲剧性事件。在儿童尚未被真正发现以前,这样的矛盾难以解决。

然而,一个耐人寻味的现象是,未及发现儿童的公众又同时在网络时代面临着童年消逝的挑战。就像尼尔·波兹曼在《童年的消逝》中所深刻指出的:由印刷时代转入视像时代、由读写文化转入娱乐文化的现实导致了童年纯真世界的不复存在,进而导致了童年在人们文化中的消逝。现在一提到孩子,公众往往联想到的是熊孩子,主张不能放纵、溺爱孩子的思潮日渐盛行。这可以解释为什么尽管还存在这样那样的问题,但近些年来国家对未成年人保护的制度似乎还走在了公众儿童观念的前面,并因此还备受批评。

孩子的世界越来越复杂,未来会怎么样,只有天知道。

姚建龙(佘山老农)

2018年10月7日初稿

2019年1月26日修订

于苏州河畔

第一辑

幼吾幼以及人之幼

儿童邪典视频事件的反思与建议

儿童邪典视频的流入与传播，是继"蓝鲸游戏"之后对于如何完善我国未成年人保护机制尤其是未成年人网络保护机制的再一次深刻警示。无论是此次曝出的儿童邪典视频，还是2017年流入我国的"蓝鲸死亡游戏"，有一个共同的特点，即均发源于国外且在国外造成危害，在引起所在国针对性防控之后，仍然流入我国并造成恶劣影响。

此类事件至少反映出我国未成年人保护机制尤其是网络保护机制存在如下值得警惕的问题：一是对国外未成年人侵害事件的趋势与动态研究关注度不足，缺乏必要的预判和预警机制；二是网络作为继家庭、学校、社区、社会之后未成年人成长的第五大空间，针对性立法存在滞后性，我国未成年人保护体系还存在较为明显的漏洞；三是在我国以未成年人为侵害对象，尤其是以其为网络侵害对象的违法犯罪成本太低，国内外不轨分子才会如此肆无忌惮地引入和模仿。

针对上述问题，提出如下几点建议供参考：

一是要建立未成年人侵害风险识别与预警机制。特别是要专门关注和研究国外未成年人侵害事件的新动态、新趋势，建立预判、预警机制，堵源截流，防止同类行为流入我国。团中央权益部正在抓紧建立青少年权益保护国家智库，拟将预警机制的建立列为智库建设的重要内容，这是值得肯定的思路。

二是尽快启动未成年人保护法及相关法律的修订，建立健全未成年人保护法律体系。我国未成年人保护法制定于1991年，仅在2006年进行了修订、2012年进行了文字性修改，这部法律已经远远不能适应新时代未成年人保护的需要。同时，未成年人保护并非单部法律之责，而是应当建立系统的未成年人法律体系。建议尽快启动未成年人保护法及相关法律的修订,将网络保护作为未成年人保护机制中的专门环节,同时加快已经启动制定的未成年人网络保护条例的出台。

三是加大对侵害未成年人行为的打击力度,从政策、立法、司法、执法等各个环节将侵害未成年人的行为设定为法律高压线。重点应当考虑与发达国家打击侵害未成年人犯罪的刑事法律相匹配,筑高、筑牢我国的刑法堤坝,防止我国成为儿童色情、儿童暴力、儿童在线侵害等犯罪行为的流入洼地。建议刑法的下一修订阶段可以将此作为专门议题,制定专门的未成年人保护刑法修正案。

未成年人保护现为法律保护之软肋,应当尽快在关注恶性事件的基础上,顺其道行之,是以体现法学的温度。

2018年2月提交有关部门参考。

打拐要预防惩治救助并行

党和政府一直高度重视拐卖儿童犯罪的防治,建立了国务院反拐部际联席会议机制,还建立了湄公河跨境打拐等国际协作机制。公安、司法机关对拐卖儿童犯罪的打击始终处于高压态势,惩治拐卖儿童犯罪相关法律法规也日益完善。可以说,拐卖儿童犯罪在总体上已经得到了有效遏制。

拐卖儿童犯罪的发生往往与经济贫困、男孩偏好、传宗接代等因素纠缠在一起。除了应当从根源上去除这些"土壤"外,也应当注重对现行拐卖儿童犯罪防治机制的进一步完善。

近年来,在防治拐卖儿童领域一大引人注目的进步是中国版儿童失踪快速查找系统的出现,公安部、腾讯、高德等纷纷推出失踪儿童查找系统,儿童失踪查找成功率显著提高。例如,公安部团圆系统的失踪儿童找回率高达 97.6%,明显高于国外同类系统。尽管失踪后快速查找意义重大,但是这些举措的着力点均是将重心放在儿童失踪后——这显然并非治理拐卖儿童犯罪的最佳时间以及最经济的做法。尽最大可能预防儿童被拐、失踪现象的发生,才是防治拐卖儿童犯罪的关键环节。

儿童保护的首要责任主体是监护人,每一件拐卖儿童案件背后都存在监护人疏忽大意等监护失职行为。近年来,监护人贩卖亲生子女的现象更是日益突出。防止拐卖儿童犯罪,应当将对监护人的教育、对监护失职与侵害行为的惩治放在首要位置,为每一个儿童营造安全的家庭港湾。

对儿童的防拐教育,是一个老话题,也是一个仍需进一步被重视并提高其针对性和有效性的议题。近期媒体披露的诱拐实验,其成功率几乎高达 100%,足以引起我们的深刻反思。应该针对每一个儿童培养与其心智发育程度相匹配的防拐意识、防拐常识及基本技能——这应当被明确纳入家长、幼儿园、学校的职责之中。儿童防拐教育是一个专业性很强的领域,而近年来一些所谓"公益性"的儿童防拐教育项目所传授给儿童的"防拐"知识着实令人担忧,国家应加强对防拐教育的指导和监督,避免将儿童"教入歧途"。

呼吁"拐卖儿童一律判处死刑"是近些年来博得广泛关注和支持的社会热点话题,对这一呼吁广泛支持的背后是对拐卖儿童犯罪深恶痛绝的民意。然而,从儿童本位的角度看,这样的情绪化反应是需要警惕的,因为它可能产生背离儿童最大利益原则的结果。值得深思的是,这种情绪化的民意已经在一定程度上影响了我国的打拐刑事政策、立法和司法。例如,不留余地的卖方一律入刑,很可能加大解救被拐儿童的难度,甚至陷被拐儿童于危险境地;再如,对于被解救的儿童一律禁止买方家庭寄养和收养,导致被解救的儿童长期滞留儿童福利机构而无法回归家庭生活。打拐立法、司法与刑事政策究竟应当如何设计和运作,应当在依法的前提下坚持儿童最大利益原则,避免"情绪化反应"——毕竟,对儿童的伤害往往都是在爱的名义下进行的。刑法是一把双刃剑,理性的立场应当是一方面最大限度地发挥刑法惩治的积极效应,另一方面则尽可能避免其可能出现的负面效果。

精准打拐是另一个值得关注的话题。如何提高打拐的针对性和有效性,需要根据拐卖儿童犯罪的新趋向、新特点做出适时的调整和完善。近些年来,在我国街面上发生的拐卖儿童犯罪已得到有效遏制,但"私人定制式"的父母出卖亲生子女现象日益突出,并呈现出家族化、组织化、地域化的发展趋势。同时,拐卖儿童入境问题也不容忽视。面对上述新变化,近些年我国的打拐行动已经做出了针对性调整。例如,在相关司法解释中突出强调了对父母贩卖亲生子女的打击力度。但在操作过程中,如何将我国传统意义上因为家庭困难、亲属间过继等客观原因而送养亲生子女并收取少量费用的行为与有组织有计划地贩卖亲生子女的行为进行区分,也应该予以重视。

对被拐儿童的解救与救助要比预防和惩治拐卖儿童犯罪复杂和艰巨得多。解救被拐儿童往往不得不破坏被拐儿童与买方家庭已经建立的所谓"亲情关系",对此,应当克服观念障碍,坚持依法加大对卖方市场的打击力度。同时,也应当高度重视被解救儿童的救助和安置,尽快让其重新回归家庭生活。需要指出的是,对被解救儿童的救助,不应当仅仅关注回归原生家庭那一刹那的美好,而更应关注其融入新家庭环境的漫长过程,并在此过程中给予心理援助、社会工作介入以及必要的经济支持——这不仅需要当事家庭的努力,也需要国家和社会力量的介入。

载《光明日报》2018 年 6 月 5 日。

儿童性侵的基本问题

今天的议题是儿童性侵,这个话题有些沉重,以至于我在朋友圈发活动海报的时候,有人批评我:今天六一儿童节应该快快乐乐的,你怎么搞这么一个沉重的话题,这么快乐的时间里很多朋友想来也不忍心。在这里我给大家暴露一点个人隐私,到目前为止,《素媛》这部电影我还没有勇气看完,还有几部关于儿童性侵的电影我都没有看完,我有四五次想看完,但都看不下去,这可能和我的心理素质不够强大有关系,但我想更多的是因为儿童性侵话题的确过于沉重。

作为第一个发言者,我把议题背景做一个简单介绍。这里有一个PPT,简单地把有些问题给抛出来,以便各学科的专家从不同角度做深入探讨。

这几个问题大家从法学角度考虑得比较多的,也是很多人常问我的几个案件。一个是南方某省的案件:嫌疑人潜入房间后,把幼女的眼睛蒙住,进行自慰,孩子惊醒发现后潜逃,能否认定为猥亵儿童。一个"两小无猜案",未满14周岁的幼女和17岁的少年发生性关系,他们之间有恋爱关系,这个是否构成刑法上的强奸罪。《关于依法惩治性侵害未成年人犯罪的意见》发布后,某省的法院连续对多起只有性器官接触,没有实际插入的性侵儿童案件宣判未遂,判定理由是认为这个意见没有重申"接触说",就意味着废除了"接触说"。另外还有某地一个有性侵儿童前科的累犯在游乐场猥亵儿童,很快即被发现,过程只有5秒。如果将其认定为在公共场所当众猥亵儿童,那么量刑在5年以上有期徒刑有没有违背罪刑相适应的原则。如果从纯法学视角尤其是刑法学角度看待这些案件的确会有很多争议,但如果加入多学科视角,这些问题也许比较容易得出相对妥当的结论。

这几年讨论文爱（互联网上的文字性爱，诱惑未成年人）、嗑炮（唠嗑打炮），这在刑法上怎么去回应？我知道在坐的一些老师会认为入刑没问题，但纯粹的刑法学者会有不同的看法。

还有网红许某某涉嫌恋童事件，许某某在个人微博上发布了很多在国外可以认定为儿童性侵制品的图片，但根据我国现行法律没有办法界定其为淫秽物品，我国也没有儿童性侵制品（儿童色情）的概念和法律规定。我们对类似的这些行为怎么对待？

2013年某校长带小学女生开房案是决定性的、标志性的事件，可以说这个案件直接导致儿童性侵在我们国家成为一个独立的公共性议题。我注意到，某电视台节目报道这个案件时放出了女童处女膜检验报告，说处女膜没有破损，这到底想说什么？处女膜有没有破裂与性侵儿童是否存在、是否既遂，没有必然关系。这是媒体视角，媒体视角跟法律人的视角有非常大的差异。当然，相同之处是，"校长"这个词已经彻底被毁了。

这里面有很多问题需要从不同学科角度加以探讨，有很多基础性的问题没有说清楚。今天我是从法律人视角展开讨论，所以用的是"性侵未成年人"一词，我们有时候也会简称为"儿童性侵"或者"性侵儿童"。那么到底什么是性侵？刑法上有关性侵未成年人犯罪的罪名主要有7个，嫖宿幼女罪已经废除了。但如果要真正地理解儿童性侵，一定要从儿童视角和犯罪学角度理解，绝对不能仅仅从刑法的角度按照罪名进行判断。性侵有五种方式：一是性骚扰；二是性挑逗，有时候称"性引诱"，比如嗑炮、文爱；三是性贿赂，以利益交换的方式；四是性胁迫；最后是性袭击。如果北大法学院墙上挂着一幅令人不适的图片会构成环境性骚扰，广义上也属于性骚扰的范畴，但肯定不会进入刑法评价的范畴。所以性侵是一个外延很"大"的概念，需要从多个角度进行评价。

还有一个需要澄清的问题是，儿童性侵有广义和狭义之分。从未成年人法角度，多主张狭义，即工具说，仅仅指未成年人与成人之间的性接触（包括身体接触与非身体接触），强调的是未成年人被利用当作成人发泄性欲的工具。我原来对这个观点不是很赞同，后来在实证研究中接触了很多有性犯罪记录的少年，才发现将他们区别开来做特殊对待是有道理的，即便是"双未"案件——受害人也是未成年人的案件也是如此。

比如，我曾经访谈过某省未成年犯管教所中犯强奸罪的一个孩子。

我访谈的时候,发现他非常腼腆。这个孩子住的地方是酒吧一条街,小区里有两套房子,父母住一套,他住一套。他经常出去晃荡,有一次在路上捡了一个醉酒女回来,带回之后发生了性行为。发生性行为也就算了,结果这个孩子对人家手机有想法,想拿走人家的手机。女生说你对我做其他事可以,但拿我手机不行,所以报案了。这个孩子非常腼腆,跟我想象中的性罪犯完全是两回事。

我访问了将近二十个这样的孩子,完全改变了我对未成年人性罪犯的看法。所以,我现在研究儿童性侵,不太主张把未成年人作为加害人的情况纳入到这个概念范围中去。

此外,最近我们讨论"文爱"。对于猥亵儿童罪中的猥亵行为,传统观点一直认为要有身体接触,类似于通过互联网方式远程地进行性诱惑能不能被界定为猥亵行为,曾经一度备受争议。现在在实务部门的观点改变了,判例也有了,这是重大进步。性侵可以分为非身体接触和身体接触,身体接触又分为非性器官接触和性器官接触。非身体接触可以界定为猥亵,猥亵儿童行为尤其如此。

按照侵害来源分类,儿童性侵还有家庭内外之分。家庭内的性侵,我做实证研究得出该类性侵所占比例约10%左右,跟乱伦没有关系,是纯粹的性侵行为,加害人基本为父亲,包括生父。

关于儿童性侵的发生率,这个大家很关心。很多调查发现,进入式性侵比例在2%左右,如果按照《刑法》将所有猥亵行为囊括进去,十八岁以前被性侵的,男性占15%左右,女性占20%左右。比如,根据世界卫生组织2010年的调查发现,女性占20%,男性占5%—10%;瑞银慈善基金会对各国侵害儿童状况长达三年的调查显示,8%的未成年人表示遭受过不同程度的性侵犯,这个调查发生率不高,我为什么专门把这个研究拿出来?是因为在这个调查中我发现男生被性侵要比女生要高2.7%。这与我所接触到的所有研究相比是比较特殊的,提醒我们男童也并非是安全能得以幸免的群体。

国内的权威性研究并不是很多,全国妇联在十几年前有一项研究,这个数据我就不念了。内地有学者从医学角度做的研究表明,13.6%的受访者曾于16岁前有被性侵犯的经历。约十年前我也做过一个调查,报告没有敢发表。

关于儿童性侵发生的情境,一些学者如台湾学者陈若璋的研究发现,其高发的时间点不是在晚上,而是白天。最高危的时间是放学到晚间跟家人团聚的时段,地点以公共场所为主,而非私密空间。所以我们需要特别关注监护空白的时间。留守儿童被性侵相对来说受关注,也和监护空白密切相关。

有心理专家在,关于PTSD我就不说了。

林奕含大家都知道,现在有说法说她的作品是被虚构出来的。当然现在这个已经没办法核实了。但不可否认的是,儿童性侵对人的成长有致命性的影响,如果不加干预,很多孩子没法从被性侵的阴影中走出来。国内这方面的干预措施是比较欠缺的。在很多案例中发现孩子被性侵后,母亲上来就扇耳光,对孩子有一种污名化或者归罪的现象,这个必须反思。

很多孩子被性侵之后人格会发生变化,产生一些攻击性行为,包括内罚性攻击性行为和外罚性攻击性行为。内罚性攻击性行为,比如自伤自残甚至自杀。外罚性攻击性行为如破罐效应,报复他人和社会。我曾经在调研中遇到过一个女孩,我见到她的第一眼很震惊,长得非常漂亮,不是一般的漂亮。让人更震惊的是,她在13岁被性侵之后,生活比较混乱,导致很多跟她发生性关系的成年人被追究刑事责任,这实际是一种攻击性的反应,犯罪心理学讲所有挫折都会产生攻击性反应。

加害人群体也值得关注,很多加害人早期都有遭受性虐待的经历,使其从受害人转变为加害人转变。有很多加害人在人际互动方面存在不足,说得直白一点是这类人具有不善于撩妹或者撩汉的特点。

还有一部分加害人有严重的恋童癖,并有性唤起的障碍。除了儿童之外没有办法进行性唤起。有一个案子,他的妻子作证说,中风之后他已经没有性能力,但事实上性侵了很多学生。妻子说他没有性能力,并不意味着没有对儿童实施性侵害的能力,但法院做了保守判决。这个案子现在被抗诉,马上要改判了。

加害人的类型我也不再赘述。

梅根法案,对于公开性罪犯的身份信息我本人是强烈支持的。我知道刑法学界包括法律界的一些学者是不太支持的,我想那是因为他们对这个群体了解不到位。作为梅根法案非常重要的支撑性研究报告谈到恋童癖都指出重犯率很高,同性恋童癖是 34.5%,异性恋童癖是 18.2%。而被捕判刑的同性恋童癖罪犯平均受害人是 31 个,异性恋童癖罪犯平均受害人是62个,这个比例非常高。对没有被捕的恋童癖的研究发现,14%的被调查者承认对50名以上的儿童有性接触,6%的被调查者承认和100—200名儿童有性接触,56%则表示自己有一个或多个有规律的性接触对象。更严重的是,90%的被调查者宣称自己不想停止恋童的行为。

大家看到这些调查数据的时候,不知道会怎么去想。梅根母亲一直想不明白一件事情,7岁的孩子到新搬来的邻居家里去玩,随后失踪,最后发现被邻居奸杀,而这个邻居是有性侵儿童前科的。梅根的母亲就问这样一个问题:警方明明知道有性侵儿童前科的人搬到我家旁边做邻居,为什么不提醒我一下?难道提醒我一下会有问题吗?难道罪犯的隐私权比我女儿的生命还重要吗?这是梅根法案诞生的一个非常重要的原因。所以国家有一个基本的伦理,有义务做一个提醒,这是梅根法案最重要的基础。有些学者站在高大上、脱离现实的角度进行批评,我本人是持保留意见的。

这是我的引题,给大家做一个简单的汇报,谢谢大家。

2018年6月1日,在北京大学·京都刑法跨学科沙龙系列讲座之八"罪恶之城:儿童性侵面面观"上的演讲,根据文字记录整理。

办理性侵未成年人案件的反思与建议

关于性侵未成年人案件的办理,五位发言人基本上都是围绕证据问题展开。的确是这样,未成年人案件的办理,尤其是性侵未成年人案件的办理,最主要的是证据问题。上个月,我到某省去调研,讲课过程中碰到一个案件,中级人民法院改判被告人无罪。这个案件是:一名小学教师在教室性侵了一名一年级女生。公安机关在收集、取证方面存在一些小问题和瑕疵,结果导致与被害人陈述矛盾而无法定罪。绝大多数性侵未成年人案件最终都会演变成对未成年人言词证据的审查判断问题。未成年被害人的言词证据常会成为定案的决定性证据,甚至是唯一的证据,而且通常来说,还要面临犯罪嫌疑人翻供的困境。

如何办理好这一类型的案件,且能够得到法院的支持,是这些年在很多地方都出现且很有挑战性的一个问题,未成年人的言词证据并非如很多人想象的那样简单。

比如很多人会机械地认为:"孩子不会说谎。"以我自己养孩子的经验,小孩子说的谎有时候连他自己都是相信的,他们不认为在说谎,但事实上是假的。比如我儿子冤枉了我几次,但是他一直坚信他没有冤枉我。因为在他的脑海里,他所认定的虚假事实就是事实,他不认为自己在说谎。也有人认为:"孩子很不成熟",他们说的话是不可信的。也就是说,会出现两种极端性的观点,通常这两种极端性的观点,前者是控方在采信,后者是法院在支持,所以,最后就会变成很大的问题。

未成年人言词证据的确有很多特点,比如,他受自身认知能力、记忆能力、语言表达能力的影响,易受干扰,多次陈述后可能会失真,言词容易被污染,很容易出现反复性;再比如,收集和固定证据过程本身的确容易给未成年被害人造成伤害,有二次伤害的可能性。

在英美法系国家,对未成年人言词证据的审查判断,是建立在"陈述有效性评估技术"之上,运用技术手段去伪存真,来判断未成年人说的话哪一部分是真的,可信度是百分之多少,他们把它变成了一个技术问题,在我看来更像是一个科学问题;而在我们国家,对未成年被害人言词证据的审查判断,总体上还是一个经验问题和担当问题,这就带来了很多问题。很多未成年人案件的办理,的确会出现很多不确定因素,即便是同样的案件,同样的证据标准,同样的证据状况,在不同的地方,可能会得出截然相反的结论。

我刚提到的那起案件,由于被害人陈述有一定的反复性,再加上"猪队友"的配合,导致法院最终判处被告人无罪。因为公安机关在取证的时候,小女孩说:"被一根棍子侵害",结果,公安机关没有找到合适的棍子,就在操场上随意找了一根棍子。在后续的再次询问过程中,被害人说:"是一个板",结果发现板与公安机关取得的那根棍子物证不一致。事实上只不过是当地方言二者表述方法都叫"棍"而已,以至于这个案件中级人民法院没办法判。我与相关的办案人员交流时,问他们:"以你们内心的确信来看,是不是这个犯罪嫌疑人干的?"他们说:"我们都认为是他干的,但是,对目前这个情况,我们不敢判。"当地还有三四起类似案件,如果按照同样的证据标准均面临不敢起诉的困境,所以,证据审查判断问题确实是必须要解决的一个问题。

刚才前面五位同志的发言,把这样一个关键性的问题提引出来了。尽管是从不同角度谈未成年人案件,尤其是未成年人言词证据的审查判断,但每一个地方都有一些值得借鉴的经验。基于这样一些情况,对于未成年人案件的办理,仍有几个问题,需要弄清楚,需要被重视。

1. 改进办案机制,提升未成年人言词证据的科学性

为了避免对未成年被害人造成重复性伤害,司法实践中所探索的"一站式"取证是一种非常值得肯定的做法。刚试点"一站式"取证的时候,着眼点是避免对未成年被害人的二次伤害,但在我看来,其更大的意义在于提高了对未成年人案件证据采信的可信度,尤其包括未成年人言词证据的采信度,或者说更大地提高了案件证据审查判断的科学性。这也是"一站式"取证未来发展或者强调的一个方向,亦即要提升相关证据取得方式的科学性,引入更多的医生和专业人员,改善取证的环境,进而大幅度提

高未成年被害人陈述的真实性和可采信度。

2. 从经验担当到科学技术——对未成年言词证据的审查判断

最近我在做一些资料的收集整理(还没有完全做完),发现很多国家都有"陈述有效性评估技术"。在我们国家还没有发展到这一步,希望这方面的专家可以给我们更多的相关信息和建议,包括"陈述有效性评估技术"在国外的进展情况,尤其是在未成年人言词证据的审查判断中,对我们国家有哪些借鉴之处。也就是说,同样是孩子说的话,如何判断这些话的真实性、可信度。未成年人言词证据的可信度怎么评价,不仅仅取决于办案经验或者担当,还应该转化成一种科学技术问题,希望在这个方面能够有所突破。我最近收集的一些材料显示,包括性侵案件在内的一整套规则在很多国家已经标准化,希望在我国的司法实践中,能够有更多、更进一步的进展。尽快促进未成年人言词证据的审查从依靠经验、担当到科学技术的转变。

3. 在性侵未成年人案件办理中应强调相互配合

可能这句话讲起来不是很恰当,但的确是这样,有很多案件之所以出问题,许多未成年被害人的言词证据最后没有被法院采信,与侦查机关在办案过程中存在的瑕疵相关。取证存在的瑕疵造成案件没有办法继续审理下去。很多检察机关号称要引导侦查,但是其缺乏引导侦查的权威性和专业性,公安机关可能感觉检察机关还不如他们,这是一个需要正视的话题。也就是说,侦查机关、检察机关如何能形成更有效的配合,是一个需要去认真研究的问题。

公安机关在侦查阶段不该出现一些低级的错误。我个人在司法实务部门工作时候的体会,有的侦查机关的办案人员连案发经过都写不清楚,特别是由派出所办刑事案件的时候。我没有批评的意思,只是希望能重视少年警务改革,特别是少年警务的专业化问题。

4. 未成年被害人案件的办理,法院也需要担当

许多地方法官咨询我类似性侵未成年人案件时,最终,我都会问他们一个问题,你们的内心确信如何,摸着自己的良心,你们认为是不是犯罪嫌疑人干的?有的法官告诉我说:"我内心确信是犯罪嫌疑人干的,但是我不敢判。"我说:"你以为你自己是在美国办案吗?这是在中国,这种情况就得判。"当然这只是一个玩笑,但有几起案件的确也是这么做的。在中国语境下,在我国司法发展的进程中,法院也需要有所担当,在有所担

当的基础上达到公检法司在类似未成年被害人案件中的互相配合、互相担当,这很重要,否则很多侵害未成年人的案件是办不下去的,甚至大部分侵害未成年人的案件都办不下去。这话也许不那么"法治",仅供参考。

最后,在未成年被害人案件办理中要贯穿一个原则,我把它叫做"寓助于审"原则。针对犯罪嫌疑人、被告人,法律强调"寓教于审",但对于未成年被害人案件,则应强调"寓助于审",即在办案过程中,发现未成年被害人的需求,并及时满足,让他们能够更快地恢复身心健康,重新回归社会。

学习了前面五位发言人对侵害未成年人案件办理中的实践经验之后,上述是我的几点感受,很不成熟,仅供大家参考。

2018年12月6日在"未成年被害人'一站式'办案模式专家论证会暨浙江未成年人刑事司法研究会学术年会"上的点评,由樊志美记录整理。

梅根法案的起源及其在中国的实践

非常高兴到这里跟大家交流一些关于未成年人保护的议题,今天讲的主题跟性侵未成年人有关,由此我想到美国有一个非常著名的法案"梅根法案"。"梅根法案"大家都知道,1994年因为梅根这个女孩遇害产生的。女孩被害的原因有一个细节,邻居搬来的时候,没有任何人告知梅根母亲,这是一个有性侵儿童前科的人,所以梅根妈妈放心地让孩子到他家里玩,结果梅根失踪,最终证实这个可爱的孩子被残忍地奸杀。当时梅根只有7岁,梅根母亲一直想不明白一件事,政府明明知道这是有性犯罪前科的人,为什么搬到他家做邻居的时候没有告知她一声,最终导致了这个悲剧发生。

当时的法律以及舆论均侧重保护罪犯的隐私权。梅根的妈妈想不明白,难道罪犯的隐私权比她女儿的生命还要重要吗?难道在这个所谓冠冕堂皇的理由之下,政府就不应该告知她一声吗?所以基于这样的想法,梅根的母亲一直参与、推动,希望改变这个不合理的法律规定。很快在1994年10月,有了"犯罪登记与社区公告法"。这是梅根这个孩子付出了生命代价推动产生的,所以这部法律才叫"梅根法案"。这个法案有两个特点,一个是登记、一个是公告:政府应当对这类罪犯,有非常系统的犯罪数据的掌握,而不能处于流失的状态;同时还要进行社区公告。社区就是在一定范围之内人们生活的社会共同体。在这个范围内,如果有性犯罪前科人入住,则该地居民有权利知道该罪犯相关的信息。这是这个法律非常重要的内容指向。

在"梅根法案"通过之后,第一个联邦层面的相关法案被称之为"魏特琳法案",该法案要求对儿童犯罪与性暴力犯罪者进行登记,一些严重的罪犯要终身登记。这部法律在 1996 年 5 月 17 日正式生效,同时要求政府尤其是警务部门履行一个非常重要的义务,就是必须要告知性犯罪者所居住社区的居民,有性犯罪前科的人搬到了这个社区,这是一种警示与警告。

当时美国"梅根法案"争议非常大,这部法律在推进过程中,在全世界范围内造成了很大的影响,有很多国家纷纷效仿出台类似"梅根法案"的法律。2003 年,美国联邦最高法院曾作出一个非常重要的裁定,认定该法案不存在违宪问题,也就是说在儿童权利保护面前,罪犯的隐私应当受到限制。法院也认为这部法律的意义并不在于所谓的惩罚,当时很多人认为"梅根法案"违反"禁止二次惩罚"的原则有违宪嫌疑,但现在美国联邦最高法院裁定这并不违宪。

2006 年,美国通过了亚当法案,进而统一了各个州的标准,均要求对性犯罪者进行登记和公告,而且必须确保所有公民都可以了解到本人所居住社区中是否存在有危险的性犯罪前科者。后来借助网络的发展,得以利用互联网查询社区内是否有性犯罪的人居住。

这就是"梅根法案"在美国的起源和进程。反观中国,2016 年被称之为中国版的"梅根法案"终于率先在慈溪市践行。当时我作为少数公开支持这部法案的学者,也受到了很大的压力,包括来自我母校的很多教授都站出来反对我,但我仍旧是一个坚定的支持者。

尽管支持,我仍然认为慈溪的探索也有需要进一步完善的地方,要避免产生类似于游街示众的"吊打"做法。比如,对被判决有罪罪犯的性犯罪前科身份信息通过网站、微信公众号、微博等渠道进行公开,是否合适?我为什么之前一定要讲一下美国的"梅根法案",因为中国版的"梅根法案"与此不同,美国的"梅根法案"强调向利益相关者公开,是在社区的范围之内公开性罪犯的身份信息等,而不是完全向社会公开,也就是说我居住在这个地方有权利了解这个社区里面有没有性犯罪者。但慈溪早期的探索可能会让很多人难以接受,与美国版的"梅根法案"强调精准的预防相比,两者之间存在差别。尽管如此,我本人仍然对慈溪及其他地方类似的探索表达了高度的支持,因为这种探索是非常不易的,向全社会表达了社会对待性犯罪者的基本态度。后来由于探索争议很大,一年之后大概去年 7 月份的时候,慈溪进一步对性侵未成年人犯罪人员信息公开办法做了修订,进行了更加细化的规定,并逐渐形成一个完善的体系,例如信息登记是包括申请查询、信息公开在内的机制。

闵行区检察院探索的主要内容是性侵违法犯罪人员从业禁止制度。从业禁止的重点是禁止有性侵违法犯罪前科的人从事与孩子接触的职业,进而建立了一个非常重要的制度,就是黑名单制度,也有媒体称为"打入另册"。由于刑法修正案(九)有相关规定,从合法性的角度来说其相对不容易引起争议。

去年12月份淮阴的举措"更狠",淮阴在从业禁止的基础上又加了类似于"吊打",对真实的性侵儿童案件,直接在互联网上把照片公开,且没有进行马赛克处理,这可能是这么多年来对有性犯罪前科人员的身份信息、头像信息正式公开的第一个案子。我们当时认为这个案子公开以后可能会有很大的争议,结果网上叫好一片,除了少数学者反对以外,老百姓都叫好。而且我也没有见到被公开的性犯罪前科人员有什么过激的反应,除了低下罪恶的头颅之外。

昨天晚上我读达玛仕卡的《司法和国家权力的多种面孔》一书,其中有一个观点:"规范司法管理的各项规则是相互关联的,它们之间存在相互影响和相互支持的关系……在折服于一项外国规范的魅力之前,改革者们首先应当认真思考这项规范与本国的整个规则系统之间形成良性互动关系的可能性。"在我们国家其实并没有隐私保护传统,而是有着非常深远的耻辱文化,因而我感觉"梅根法案"在中国的适用可能会比在美国更加顺畅一些。

最后我谈几点不成熟的想法。尽管"梅根法案"这个词目前很多人都在使用,但并不是太了解它真实的含义。其实"梅根法案"的核心,一个是特别登记,即这部分群体一定要打入另册,对其信息进行严格控制;其次是精准公开,不是向社会公众随意地公开,而是向直接的利益相关者,尤其是社区、民众进行精准的公开。针对我国未来的改革有以下几点建议:第一个是应当在全国范围内,建立完善的信息登记制度,也就是说建立健全全国性的涉性侵害违法犯罪人员信息库;第二个是在试点的早期,在公安机关内部对这部分群体先进行动态管控可能更为合适。强调对这部分群体进行管控,是因为他们每一个人背后都存在着几十名儿童的潜在受害可能性。当然,并不是所有具有性犯罪前科的人都是极度危险的,因而也需要进行精准的分类,进行合理的公开,区分信息查询、信息告知和信息公告。

总之,我一直认为"梅根法案"是一部非常"狠"的法律,但在儿童保护面前,狠一点我认为是没有问题的,而且我相信在座的诸位都会支持!谢谢各位!

2018年5月23日,在上海宋庆龄基金会主办的"未成年人权益保护专题研讨会"上的演讲,根据录音记录整理。

限制涉性侵害违法犯罪人员从业：
不得已的正义
——在上海市闵行区限制涉性侵害违法犯罪
人员从业机制启动仪式上的发言

刚才吴处长已经做了专业性、有高度的总结发言，我觉得启动仪式到这里可以宣布结束了，我再说什么都是多余的。当然，宋老师因为来上海参加明天的保护处分研讨会，被临时"劫持"来参加启动仪式，他肯定也会有很多想法和大家分享。不过我既然来了，而且现在回上海来参加一次活动也不是太容易，所以还是谈点学习体会吧。因为只是看到了一份简介性的对外宣传介绍材料，一直没有看到会签的《关于限制涉性侵害违法犯罪人员从业办法（试行）》这一文件，对闵行试点的具体情况了解不多，我谈的都是一些不成熟甚至是不准确的感想。

大约2016年8月9日，市妇联刘副主席邀请我就闵行发生的某民办中学物理老师钱某猥亵女生一案，商讨如何通过加强法制宣传教育避免类似事件的发生。我印象中钱某还有其他犯罪前科，当时参加商讨的人不多，大约只有三五个人，但是大家的第一个感受都是这样的人怎么可以当老师，这是个必须认真对待的问题。后来得知被告人最终被人民法院以强制猥亵罪判处有期徒刑两年六个月，并自刑罚执行完毕之日起三年内禁止从事教育及相关工作，而且还促成了闵行区限制涉性侵害违法犯罪人员从业机制的建立，我感到非常高兴。

很多年前，我们经常会去羡慕一些国家因为一个案件或者事件促成一部未成年人保护法律或者制度的出台。比如说美国的"梅根案""安伯警戒"系统，韩国的"熔炉法"。因为一个未成年人案件或事件就可以促进一项法案的出台、一项制度的完善、一个机制的建立，我们曾经认为这样的做法很遥远，但最近几年我发现，在未成年人保护这一领域，我国已经有了重大的进步。办案机关或者其他部门，已经非常注重从案件中吸取经验教训，发现未成年人保护法律、政策、制度、机制中所存在的共性问题，并且针对性地推出改进的制度、机制甚至是立法完善建议，最大可能地避免类似事件、悲剧的发生。闵行区没有对钱某一案办结就了事，而是协同多个部门合作建立了限制涉性侵害违法犯罪人员从业机制，并且今天正式举行了启动仪式，做了一个非常好的示范，在这里我要表示热烈祝贺。

对性侵未成年人的预防和打击是社会各界高度关注的一个热点问题，在对比后你会发现，无论是在立法、司法还是刑事政策上，我国似乎都没有很多发达国家那么严格，甚至很长的一段时期之内没有将其作为一个独立议题区别于成年人性侵问题而单独对待。这也许和我国传统文化有重大关系，直到今天我国很多省市，对性侵未成年人的认识也依然不到位。我注意到现在的一些地方，比如说我到一些农村留守儿童集中的地方去调研，发现带有很强性意味甚至是典型的猥亵儿童的行为都只是被当成了玩笑看待。一些恶劣的性侵儿童的案件，实际上被和解或者忽视和隐瞒了，犯罪黑数非常高，这其中有落后的文化因素在里面。大家可能关注到最近热炒的南京火车站猥亵儿童案，受害幼女在被猥亵全程没有任何反应，更令人诧异的是，加害人竟然会选择在公共场所旁若无人公然猥亵。事件曝光后，很多人包括当事人的街坊邻居，都觉得没什么大不了的，还披露出小姑娘在家里就常光着屁股跑，以及养父QQ空间疑似有不少受害小女孩的不雅图片等信息。

令人欣慰的是，舆论现在对性侵未成年人案件的反应并没有当事人那样麻木和茫然，国家的主流舆论、观念对于性侵未成年人这个问题的重视程度越来越高，公众的容忍度越来越低。当然，与此相关的是，我国现行关于预防和惩治性侵未成年人的立法、司法、刑事政策、防控机制存在滞后性，与公众期待存在差距。比如前段时间发生的大家都知道的某网红恋童癖事件，大家都觉得不舒服，都觉得别扭，都觉得有问题，但现行法律就是不能把他怎么样。此人涉嫌建立儿童色情网站，还搜集和展示了很多儿童色情照片等，但是按照现行的法律没办法鉴定成淫秽物品。我国现行法律对于儿童色情物品没有采取区别于淫秽物品认定的单独评价标准，对于持有、浏览、观看儿童色情物品的行为也没有像很多国家那样予以犯罪化打击。这一事件让大家很憋屈，现在的立法、司法并没有跟上公众对于儿童性侵问题容忍度的降低以及希望更加强化打击和建立预防机制的呼声和诉求。

就算已经有法律明确规定应当依法打击性侵未成年人的行为，一些司法人员的专业性和儿童保护意识也跟不上，比如最近向我咨询的猥亵儿童罪疑难问题中有一类案件很突出，那就是没有身体接触的猥亵行为，很多地方司法机关认为其难以被认定为猥亵儿童罪。我觉得这是有问题的。例如，有这样一个案例，嫌疑人夜晚潜入到一个13岁幼女的屋子里对着她手淫，睡梦中的孩子惊醒之后嫌疑人落荒而逃，后被抓获。有的人认为这个猥亵行为没有身体接触，更没有造成轻微伤等后果，不能定罪。但实际上，关于性侵儿童在国际上公认有两种类型，一种是身体接触型性侵，另一种是非身体接触型性侵，没有身体接触并不意味着危险性和伤害性就比身体接触型要轻。

回到闵行的限制涉性侵害违法犯罪人员从业机制，今天到场参加启动仪式的同志都是来点赞的，但是没来的人会不会提出一些不同的看法呢，比如说是不是侵犯了人权？有没有法律依据呀？一个区推出这项制度有没有权限呀？这样做是不是合适呀？我觉得难以避免会有这样一些争议。其实去年浙江慈溪检察院推出中国版梅根法案，拟试点公开性侵未成年人犯罪人员身份信息时就曾经引发了很大的争议。一堆"正义人士"就曾经凛然质疑这是不是违法，强调不能侵犯性罪犯的人权。我一直纳闷为什么在孩子与"坏叔叔（阿姨）"之间做选择，何以总有那么多人只惦记着保护"坏叔叔（阿姨）"。

我觉得这里面可能有一个非常重要的因素，那就是很多人对于性犯罪缺乏一种犯罪学角度的研究和了解。在国际上，尤其是在一些欧美国家，对于儿童性侵问题的防治非常重视，公开有性犯罪前科人员身份信息的梅根法案、终身禁止从事与儿童有关职业（不是从业禁止一段时间）甚至"化学阉割"这样一些看上去有些"极端"的制度恰恰是在这样一些至少在形式上特别强调人权保障的国家诞生——尽管也有争议，但是仍然立法确立、实践推行，为什么？因为他们对于儿童性侵有非常扎实的实证研究，对性罪犯，尤其是性侵儿童的罪犯了解、研究透彻，在两害相权之间做出了侧重儿童权益保障的"不得已的正义"选择。

这些国家的很多实证研究结果可以说会令我们非常震惊,这些研究让决策者对于有性侵儿童前科的人有更加深刻的认识。比如说美国的一项经典研究就发现,入狱的异性恋童癖的重犯率是18.2%,同性恋童癖的重犯率是34.5%;异性恋童癖的平均受害人是62个,同性恋童癖的平均受害人数是31个。荷兰有一项针对还没有入狱的恋童癖研究发现,50%的受访者承认和10名以上的儿童有性接触,14%的人承认和超过50名的儿童有性接触,6%承认和100—200名儿童有性接触,更要命的是90%的被调查者宣称自己不打算停止恋童行为。不知道大家看到这些调查会有什么感受。

在我国一直缺乏对性侵儿童犯罪的实证性研究,大家对那些将罪恶的黑手伸向孩子的群体缺乏必要的了解,尤其是对其危险性缺乏认识,可以说一些持批评立场的人都是"站着说话不腰疼"。我对目前国内有关儿童性侵的研究做过初步梳理,一些还不成熟、严谨的实证性研究所调查发现的儿童性侵发生率(未满十八周岁之前遭受性侵的比例)大体都在15%左右。我本人在多年前初步调查的儿童性侵发生率结果接近20%,近年在部分基层法院的了解发现,性侵未成年人犯罪的案件比例已经在所有性侵案件中占比超过了50%,我国台湾地区则早在20世纪90年代中后期就超过了70%。

性侵儿童是最卑劣的罪恶,对此我们决不能无动于衷。有一种说法让很多从事未成年人保护研究与实务的人如鲠在喉,据说国外有些媒体将中国称为恋童癖的天堂。由于不少国家严厉打击性侵儿童犯罪,包括将持有、观看儿童色情物品的行为规定为犯罪,通过梅根法案公开性侵儿童罪犯的身份信息、禁止从事与儿童有关的职业。结果,很多有恋童癖好甚至犯罪前科的"老外"专门跑到中国来了,很多还从事的是外教职业。因为中国没有完善的儿童色情禁止法律,也没有梅根法案,更没有针对性侵前科人员的从业审查与禁止机制。近些年,国内发现的这种特别的"老外"已经不是个案。这确实折射出一个问题——我国在预防和打击性侵儿童犯罪的立法、司法、刑事政策等必须要尽快改进。在国家法律作出重大改革之前,我们需要在司法实践中,通过一些个案以及具体制度的试点积累经验,去推进国家法律和制度的完善。从这个角度来看,闵行区所探索的限制涉性侵害违法犯罪人员从业机制,我觉得其必要性是值得肯定的,意义也是重大的,也需要大家宽容对待、积极支持。

去年,浙江慈溪推出公开有性侵未成年人犯罪前科人员身份信息的试点,尽管包括我在内的一些少年司法学者力挺,公众也普遍点赞反响强烈,但因为仍然存在较大争议、顾虑太多,实际上好像还没真正公开一例前科人员的身份信息。专业人士对于公开有性犯罪前科人员的身份信息的做法担心还是很多,怕产生吊打效应,产生株连家属包括未成年人子女等效果。后来慈溪召开了专家论证会后,对"中国版梅根法案"又进行了改进,今年7月份的时候慈溪的九个部门出台了修订版的《性侵害未成年人犯罪人员信息公开办法》,建立了包括性侵未成年人犯罪人员的信息登记、申请查询、信息公开、从业禁止的一体化机制。这些经验都应该好好总结,互相借鉴,互相支持,互相学习,因为中国的少年司法制度还很脆弱,每一点点进步都来之不易,只有共同努力才能真正将儿童最大利益原则从口号变成实践。

尽管迄今没有看到闵行文件的具体内容,但我也注意到,闵行的限制涉性侵害违法犯罪人员从业机制在思路上还是比较稳健的。我的初步感受是,闵行的探索没有把落脚点放在公开有性犯罪前科人员身份信息这一容易产生争议的敏感点之上,而是选择了建立涉性侵违法犯罪人员信息库以及与未成年人密切相关职业的从业禁止上,相对慈溪最初版本的公开身份信息的探索可以回避一些争议,法律依据和法理依据也较扎实,因为刑法修正案(九)已经明确规定了从业禁止制度,刑法第100条也有前科报告的例外性规定。

我非常赞同也建议闵行作更加细致的研究,包括试行一段时间后进行系统的经验总结,首先在上海全市推广,在实践成熟的基础上可以考虑建立全国范围的涉性侵害违法犯罪人员信息库。最终发展的方向是参考吸毒人员动态管控系统,对此类人群实行动态管控,并建立完善的与未成年人相关职业的从业禁止制度,相信这必将会对于防控性侵未成年人违法犯罪产生重大而积极的效果。

2017年8月25日于闵行区人民检察院,林需需根据录音整理,主要内容以同名发表于《人民法院报》2017年9月6日。

附录：

关于限制涉性侵害违法犯罪人员从业的办法（试行）

第一条 与未成年人密切相关行业从业人员的素质，关系到未成年人的人身安全和身心健康成长，关系到国家和民族的未来。为进一步加强未成年人保护，严格相关从业人员的职业准入，根据《中华人民共和国未成年人保护法》《中华人民共和国刑法》《中华人民共和国治安管理处罚法》等法律法规，制定本办法。

第二条 限制涉性侵害违法犯罪人员从业是指本区从事未成年人服务的教育单位、培训机构、医疗机构、救助机构、青少年活动中心、游乐场所、体育场馆、图书馆、博物馆等与未成年人有密切接触的单位或者部门，应当加强入职人员审查，对曾有涉性侵害违法犯罪记录的人员严禁予以录用。

第三条 涉性侵害违法犯罪人员包括：

（一）实施了《中华人民共和国刑法》第二百三十六条、第二百三十七条、第三百五十八条、第三百五十九条等规定的强奸，强制猥亵，侮辱妇女，猥亵儿童，组织卖淫，强迫卖淫，引诱、容留、介绍卖淫，引诱幼女卖淫等犯罪行为，被不起诉（部分）或者追究刑事责任的人员；

（二）实施了《中华人民共和国治安管理处罚法》第四十四条、第六十六条、第六十七条、第六十八条、第六十九条等规定的猥亵，引诱、容留、介绍卖淫等违法行为而被行政处罚的人员。

第四条 限制涉性侵害违法犯罪人员从业工作的职能部门包括区综治办、区公安分局、区检察院、区法院；主管部门包括区教育局、区民政局、区文广局、区体育局、区卫计委等单位。

第五条 区综治办、区公安分局、区检察院、区法院等职能部门与相关主管部门要加强沟通协调，成立限制涉性侵害违法犯罪人员从业工作领导小组。领导小组由有关单位的分管领导和联络员组成，领导小组下设办公室（设在区检察院未成年人案件刑事检察科），负责组织、协调、推进、监督等工作。

第六条 领导小组办公室应当定期从相关职能部门收集汇总涉性侵害违法犯罪人员信息，各职能部门应当确保所提供信息的准确和完整。

（一）收集近五年来（2013年至今）涉性侵害违法犯罪人员名单及基

本情况,建立涉性侵害违法犯罪人员黑名单信息库;

(二)每季度第一个月的上旬,分别向区公安分局、区检察院、区法院的联络员收集上季度因涉性侵害而被行政处罚、不起诉(部分)以及追究刑事责任的违法犯罪人员名单及基本情况。

第七条　领导小组办公室应当于每季度第一个月的中旬向相关主管部门联络员提供涉性侵害违法犯罪人员名单及基本情况(涉及未成年人的名单按照犯罪记录封存等规定不予提供),相关主管部门应当将其纳入本系统招录人员黑名单并妥善管理。

第八条　相关主管部门应当对负有招录职责的下属单位的入职审查工作进行督促落实。对未落实入职审查机制的要予以通报批评,责令改正。对违反入职审查机制,造成被录用的曾有违法犯罪行为的人对未成年人进行侵害的,应当追究相关人员责任。

第九条　区检察院应当依法履行监督职权,对于案件办理中发现的相关单位入职审查执行不力的情况,可以通过制发《检察建议书》等方式建议整改并督促落实。

第十条　本办法自印发之日起施行。

闵行区社会治安综合治理委员会办公室
上海市闵行区人民法院
上海市闵行区人民检察院
上海市公安局闵行分局
上海市闵行区教育局
上海市闵行区民政局
上海市闵行区文化广播影视管理局
上海市闵行区体育局
上海市闵行区卫生和计划生育委员会
2017 年 7 月 4 日

性侵害未成年人犯罪人员信息公开办法(试行)

第一条　为有效遏制性侵害未成年人案件多发势头,努力营造平安和谐的社会环境,保障未成年人健康成长,根据有关法律规定和司法解释的精神,制定本办法。

第二条　对实施本办法规定的性侵害未成年人行为的犯罪人员,检察院在其刑满释放后或者假释、缓刑期间,对其个人信息进行登记,掌握其动态,允许负有未成年人保护、监管责任的相关单位或者个人查询;对实施本办法规定的严重性侵害未成年人行为或者具有较高再犯风险的犯罪人员,由检察院通知法院、公安(分)局、司法局,通过门户网站对其个人信息进行公告或者通报村(社区)、学校等未成年人保护基层组织。

第三条　在信息公开工作开展过程中,各单位应注重信息互通、加强配合协作,并指定法院未成年人综合审判庭、检察院未成年人检察科、教育局人事科、公安(分)局法制部门、司法局社区矫正工作管理科、人力资源和社会保障局人才市场管理办公室、住房和城乡建设局物业管理中心、卫生和计划生育局组织人事科作为责任部门,负责本单位的具体工作落实。

第四条　性侵害未成年人犯罪人员具有下列情形之一的,在其刑满释放后或者决定假释、缓刑之日起三十日内,应当向检察院登记个人信息:

(一)因强奸、猥亵未成年人犯罪被判处三年以上有期徒刑,或者因组织、强迫未成年人卖淫犯罪被判处五年以上有期徒刑的;

(二)因多次猥亵未成年人或者猥亵多名未成年人而被判处三年以下有期徒刑的;

(三)曾因强奸、猥亵、引诱、容留、介绍、组织、强迫卖淫犯罪被判处刑罚,后又实施上述针对未成年人的犯罪行为而被判处刑罚的;

(四)经鉴定,有性侵害未成年人病态心理的,如恋童癖、性控制能力弱等;

(五)可能再次实施性侵害未成年人行为、人身危险性大的。

第五条　登记的性侵害未成年人犯罪人员个人信息内容包括以下事项:

(一)户籍信息;

(二)照片;

(三)罪名、判处刑期;

(四)居住地址;

(五)工作单位;

(六)联系方式。

第六条 性侵害未成年人犯罪人员个人信息的登记期限一般为五年。犯罪人员在期限内没有再次实施性侵害未成年人的犯罪行为的,应当封存其个人信息。

第七条 未成年人所在村(社区)、教育培训机构、医疗机构、游乐场所等未成年人聚集区域和未成年人法定代理人等负有未成年人保护、监管责任的相关单位或者个人,可以向检察院申请查询性侵害未成年人犯罪人员的个人信息,但应当提供身份证明和查询理由书面说明。

检察院收到相关单位或者个人的申请后,应当在三日内作出同意或者不同意查询的回复。

第八条 上述单位或者个人查询到的犯罪人员个人信息仅限用于加强未成年人自我防护措施,不得擅自公布、散播。

第九条 性侵害未成年人犯罪人员具有下列情形之一的,法院、检察院、公安(分)局、司法局应当公告其个人信息:

(一)曾因强奸未成年人、猥亵未成年人、引诱、容留、介绍未成年人卖淫或者组织、强迫未成年人卖淫犯罪被判处刑罚,后又实施上述针对未成年人的犯罪行为而被判处刑罚的;

(二)多次强奸或者强奸多名未成年人的;

(三)经鉴定,具有严重的性侵害未成年人病态心理、人格异常,无法矫治的;

(四)实施的性侵害未成年人犯罪情节极其恶劣、人身危险性极大的;

(五)应当履行信息登记义务,无正当理由,经多次催促或者逾期六十天未履行登记义务的。

第十条 公告的性侵害未成年人犯罪人员个人信息内容包括下列事项:

(一)户籍信息;

(二)照片;

(三)罪名、判处刑期;

(四)信息公告期限。

第十一条 性侵害未成年人犯罪人员信息的公告期限一般为二年。犯罪人员在期限内没有再次实施性侵害未成年人的犯罪行为的,法院、检察院、公安(分)局、司法局应当撤销对其个人信息的公告,转为对其个人信息予以登记、提供查询。

犯罪人员在期限内又实施本办法规定的性侵害未成年人的犯罪行为的,法院、检察院、公安(分)局、司法局将重新计算对其个人信息的公告期限。

第十二条 性侵害未成年人犯罪人员个人信息的公告包括以下几种方式:

(一) 法院、检察院、公安(分)局、司法局的门户网站公告;

(二) 未成年人所在村(社区)、教育培训机构公告;

(三) 医疗机构、游乐场所等其他未成年人聚集的区域公告。

对于以前款第(二)、(三)项方式公告的,法院、检察院、公安(分)局、司法局可以商请未成年人所在村(社区)、教育培训机构、医疗机构、游乐场所等未成年人聚集的相关单位,以张贴告示、书面或者口头通知未成年人及其家长的形式予以公告。

第十三条 性侵害未成年人犯罪人员的个人信息登记、公告后,法院、检察院、公安(分)局、司法局根据需要,可以将信息公开的人员情况通报给犯罪人员户籍地、暂住地基层组织以及妇联、未保办等未成年人权益保护组织。对于犯罪人员曾经或者重新从事教育、培训、物业、医护等行业的,应当将信息公开的人员情况另行通报给相关行业主管部门。

第十四条 教育局、人力资源和社会保障局、住房和城乡建设局、卫生和计划生育局等行业主管部门在审查相关人员从业资格时,应当查询确认其无性侵害未成年人犯罪记录。

对于有本办法规定的信息公开情形行为的犯罪人员,不得从事与未成年人密切接触的教育、培训、物业、医护等相关行业。

第十五条 信息公开时,不得公开案件中未成年被害人的身份信息以及可能推测出未成年被害人身份信息的相关内容,也不得公开案件中涉及的其他未成年人的身份信息。

第十六条 性侵害未成年人犯罪人员系未成年人的,不公开其个人信息。

第十七条 法院、检察院、公安(分)局、司法局在办理符合本办法规定的信息公开条件的性侵害未成年人犯罪案件时,应当告知犯罪人员信息公开制度的相关规定。

第十八条 检察院负责对符合信息公开条件的犯罪人员动态情况的了解和掌握,并将犯罪人员刑满释放、决定假释、宣告缓刑等节点信息及时通报法院、公安(分)局、司法局。

第十九条　性侵害未成年人犯罪人员刑满释放、决定假释、宣告缓刑后,由检察院提出信息公开意见。

对符合信息登记条件的犯罪人员,由检察院负责对其个人信息予以登记。对符合信息公告条件的犯罪人员,由检察院通知法院、公安(分)局、司法局进行公告,法院、公安(分)局、司法局在收到检察院相关文书之日起三日内,在各自有关载体平台上对其个人信息予以公告。

第二十条　犯罪人员对信息公开意见有异议的,可以在被告知之日起十日内以书面形式向检察院提出异议。检察院经分别征求法院、公安(分)局、司法局的意见后,作出维持或者撤销信息公开的决定。决定应当在收到书面异议材料之日起十日内作出,并告知犯罪人员。

第二十一条　法院、公安(分)局、司法局对信息公开意见有异议的,应当及时沟通协商,争取达成一致。意见分歧较大的,可以召开由各单位分管负责人参加的联席会议进行集体讨论。必要时,可以邀请犯罪人员的家属、居住地或者犯罪地基层组织代表、辩护人、未成年人保护组织代表等到场,举行听证会,充分听取各方意见,在此基础上共同协商决定。

第二十二条　本办法由慈溪市人民法院、慈溪市人民检察院、慈溪市教育局、慈溪市公安局、宁波市公安局杭州湾新区分局、慈溪市司法局、慈溪市人力资源和社会保障局、慈溪市住房和城乡建设局、慈溪市卫生和计划生育局共同解释。

第二十三条　本办法自公布之日起试行。

慈溪市人民检察院

慈溪市人民法院

慈溪市教育局

慈溪市公安局

宁波市公安局杭州湾新区分局

慈溪市司法局

慈溪市人力资源和社会保障局

慈溪市住房和城乡建设局

慈溪市卫生和计划生育局

2017 年 7 月 14 日

防治儿童性侵的重心不是潜在受害者而是加害人

对待孩子的态度，是检验人类文明的发展究竟是进步还是堕落的试金石。当前人类价值多元化，对待性行为持日益宽容的态度，但是对于性侵儿童的惩治红线却划得更加坚决和清晰，即便儿童同意、自愿也不能成为成人免责的理由。人是兽性和人性的综合体，"儿童"这条红线的存在成为约束人类兽性的强有力防线，也说明人类还是有希望的。

在中国语境下，儿童性侵问题一度是一个禁忌性非常强的话题，长期以来被忽略和没有得到正视。2013年海南省万宁校长带小学生开房事件使儿童性侵成为一个公共话题，在当年教育部等部门发布了《关于做好预防少年儿童遭受性侵工作的意见》，两高两部也联合发布了《关于依法惩治性侵害未成年人犯罪的意见》，女童保护等专门关注儿童性侵的社会组织也开始出现。从国家和社会层面，儿童性侵都开始得到了正视，这是一个非常重大的进步。但从法律角度来看，预防和惩治性侵儿童的立法仍然是严重滞后的，特别是刑事立法。正因为如此，对目前地方司法实务部门所进行的改革和探索——即便引起了争议，也应当给予必要的宽容和积极的肯定。比如，2016年浙江慈溪、2017年上海闵行还有江苏淮阴分别从不同角度所探索的中国版梅根法案，均对于促进我国儿童权利意识的进一步觉醒和推动儿童保护法律体系的完善发挥了积极和重大的作用，应当给以充分的肯定。

即便同为法律人，长期关注未成年人保护的学者也会和传统的刑法、刑诉法等部门法学者从外在长相到观点主张都容易呈现出很大的差异性，造成这种差异的主要原因可能在于"现场感"和"代入感"的不同。就性侵儿童的防治而言,需要有"现场感",也要有必要的"代入感"——需要对这一现象、问题的真实情况做透彻的了解和实证研究,惟其如此立法和司法才不会麻木不仁,才不会出现明显和大的漏洞。举几个可能容易引起争议的例子:在我国,有谁认真研究过儿童性侵案件的发生率是多少?综合世界卫生组织以及国外相关研究,比较集中的发现在18岁以前遭受性侵的比例,男性在10%左右,女性在20%左右。迄今为止,国内还缺乏严谨的实证研究。近些年经常被引用的某机构通过收集年度媒体报道性侵儿童案例方式所做的研究报告是非常不严谨的。我在某大学教书的时候,曾经以某一特定群体为对象,通过匿名自陈报告方式做了一个研究,结果数据没敢公开。我也曾经在一些场合,谈到这个问题时,让现场的人回忆,自己在18岁以前有没有过被性侵的经历。这个方法只用过一次,后来我不敢用了。在我国,儿童性侵究竟有多严重,这个问题亟待重视和加强研究。

再比如说,我们对性侵儿童的加害人究竟了解多少,目前也是缺乏严谨研究的。我注意到,近些年来有些学者出现了所谓将加害人病人化、去标签化的倾向,有的司法解释也已经对性侵儿童的加害人表示了极大的同情和理解,什么不明知是幼女、什么幼女外形成人化,所以可以不作为犯罪处理等等,这些主张应当引起大家的警惕。

从国外已有研究来看,性侵儿童的加害人和其他罪犯包括性罪犯不是一回事。比如有关梅根法案的支撑性调查研究报告,大体都有以下几个基本结论:第一,恋童癖的重犯率是极高的;第二,恋童癖的平均受害人人数超出你的想象;第三,有实际性侵儿童行为的恋童癖基本改不好,所谓心理治疗和干预也基本上是没有效果的。这就是立法者需要面对的现实。梅根法案这样一部对性罪犯"非常狠"的法律诞生于20世纪90年代的美国,而美国是一个所谓高度重视人权保障和个人权利的国家。美国有的州所颁布的州版梅根法案,不但要求有性侵前科的人终身不能从事与未成年人有关的职业,而且还必须要离儿童活动的场所几百米之外,连校车停靠的站点一样也算儿童的活动场所。最后,那个州的性罪犯一计算,只能生存在湖底,因为没地方住。因为梅根法案,有的州还出现了性罪犯专门的聚居区,类似"麻风村",因为他们没地方住了。都这样了,法律照样这么定。什么叫儿童最大利益原则?什么叫特殊优先保护?在如何对待性侵儿童的罪犯上,可以说体现得最为淋漓尽致。选孩子还是选性罪犯,立法者不得不做出权衡和选择。这就是我为什么经常强调儿童保护要有"现场感",因为你不可能又想这样还想那样,或者干脆不选、不作为。

防治儿童性侵,加强对儿童的预防性侵教育很重要。但是,这种以潜在受害人为重心的做法应当反思,当前更急迫的是转到以"加害人"为重心,建立预警、隔离(剥夺犯罪机会)和剥夺再犯能力的机制上。最近几年预防儿童性侵教育搞得轰轰烈烈,特别强调:我并不否定其必要性和价值。但是,在连和儿童交流时要不要用"性器官"这个词都还争论不休的时候,这样的防性侵教育究竟有多大的效果,是不是要做一些评估呢?国外早有研究提醒我们,高达95%的加害人在实施性侵之前就认识受害儿童,47%的加害人已经与儿童建立了情感联结和忠诚纽带,甚至与儿童住在一起。在这种情况下,儿童很难用在课堂上学到的所谓自我保护知识和技能阻止性侵的发生。这些研究呼吁,有效预防儿童性侵要实现责任转变——从儿童转向成年人,要实现重心转变——要从针对潜在的受害者转向针对潜在的加害人。

防治儿童性侵的重心不是潜在受害人而是加害人,要注重建立剥夺犯罪机会和剥夺犯罪能力的机制,这才是现阶段要高度重视的问题。基于上述考虑,提几个建议:

第一,严密法网,严厉惩治。在儿童性侵问题上坚持严打,没有回旋的余地。不仅仅要提高对这类犯罪行为的惩治力度,更重要的是要严密对该类犯罪行为的惩治法网。比如说,我国目前的立法所存在的最明显漏洞是缺乏儿童性侵制品的刑法规制。儿童性侵制品,原来常用的词是儿童色情,由于这个词有污名效应,我支持使用儿童性侵制品一词来替代。对于儿童性侵制品,不仅仅制作、复制、传播等行为要入刑,浏览、持有的行为也应当入刑。同时,对儿童性侵制品应当有独立的法律定义,不能再套用淫秽物品的概念。因为如果采用淫秽物品的定义方法,那么绝大多数涉及儿童性侵制品的犯罪行为都将逃脱法律的制裁。

第二,一定要坚守14周岁性承诺年龄这一条红线,不能以任何理由——即便是打着为了孩子的名义或者所谓"先进"刑法理论的名义,将其实际降低。2013年《性侵意见》意义很大,但存在一大败笔,那就是第19条规定性侵未满12周岁幼女不用证明即认定为明知,而对于已满12周岁不满14周岁的幼女实际要求要证明是否明知为幼女,正式、变相将

14周岁的性承诺年龄降到了12周岁。变相的降低性承诺年龄非常糟糕,它附和了最近几年已经出现的对于性侵幼女加害人的病人化倾向和莫名其妙的同情心理,这不仅仅是司法解释僭越立法权限的问题,而且对于儿童性侵的防治负面影响巨大。14周岁这条红线必须坚持,甚至应当再提高。要把注意的义务转交给成年人,而不应当转到未成年人这边。红线的存在意味着时刻警醒成年人在做出性行为的时候,要尽到最大的注意义务,一旦触犯这条红线,无论是什么样的原因,都应当承担法律责任。只有坚定、不可动摇的红线,才可能最大程度地强化成年人的注意义务,最大可能地防治性侵儿童。对于以长得像大人,主动、自愿,主客观相统一原则等等莫名其妙的理由来变相归责未成年人的主张,都应当警惕和否定。

第三,要加重对特殊职责人员的惩治力度,并且将其扩大解释为特殊关系人。司法解释将特殊职责人界定为父母、医生、教师等负有监护、看护、教育职责的人员,对这类负有特殊职责的人员性侵儿童要从严惩治。考虑到儿童性侵案件绝大多数都是熟人作案,为了进一步严密防治性侵儿童的法网,有必要将特殊职责人员扩大解释为特殊关系人,比如说邻居等与儿童熟悉的人员就应当解释为特殊关系人,对于这类特殊关系人员也要从严从重处罚。因为在孩子眼中,熟悉的人都是叔叔阿姨,都以为会保护他们。要从儿童视角去解释什么叫特殊关系,而不能单纯从法定义务、职责角度去界定,这是严密防治性侵儿童法网的需要。

第四,要注重剥夺再犯机会和再犯能力。剥夺再犯机会,一方面要进一步提高性侵儿童累犯的刑罚。另一方面要注重建立防火墙机制来隔离这些人,防止他们获得接触儿童的再犯机会。从这个角度来说,无论是闵行版的梅根法案,还是慈溪版的梅根法案,还是淮阴版的梅根法案,都应该肯定。与此同时,我国还应当借鉴韩国等国的做法,探索、尝试剥夺性罪犯再犯能力,例如试点化学阉割。

第五,目前还需要关注的是性侵儿童案件办案模式上的改进。我国目前办理性侵儿童的案件,还是单纯的司法模式,即以犯罪嫌疑人、被告人为中心,而实际上发达国家早就转为福利模式了,即以受害儿童为中心——在案件办理中起主导作用的是福利部门而不是司法机关。近年来,这个问题得到了一定程度的重视,比如一些地方探索的一站式取证、检医合作、社工介入等,但还远远不够。

对于受害儿童的关注还需要社会的广泛和深入介入。我很敬佩近年来关注儿童性侵的社会公益组织,它们做了大量有价值的工作。但是一个不成熟的感受是,目前这类社会公益组织主要在做的是防性侵教育,陶醉于给多少名儿童讲了防性侵课。但在国外,类似关于儿童性侵问题的社会组织的中心工作是受害人的援助,例如建立求助热线,由曾经有过受害经历的人去做同伴相助工作,为受害儿童与家庭提供控告、取证以及其他相关法律帮助,为受害儿童及其家庭做专业的心理辅导,帮助他们进行生理与心理的康复等。这些都是最难的工作,也是最需要关注的领域,希望能有社会组织关注这个薄弱环节。

本文系在 2018 年 6 月 23 日"性侵害未成年人犯罪惩治与预防研讨会"(上海市检察院、上海市综治办、中国刑事诉讼法学研究会少年司法专业委员会主办)上的综述发言,由研究生林需需根据录音整理。

对虐童行为应以刑事追诉为主
——《人民检察》杂志专访

1. 近年来虐童事件不断发生屡禁不止,目前我国规制虐待儿童行为的法律法规有哪些?就刑法层面而言,符合哪些要素才能构成"虐童"犯罪?这些罪名对于惩处教师虐待儿童的行为存在哪些局限性?有无必要单设"虐待儿童罪"?

目前我国规制虐待儿童的主要法律法规可以分为两类:第一类是有关虐待儿童的"禁止性规定";第二类是有关违反禁止虐待儿童行为的"制裁性规定"。前者主要体现在未成年人保护法、预防未成年人犯罪法等有关未成年人保护的专门性法律法规中;后者具有"二次规范法"的特点,主要体现于治安管理处罚法、刑法有关虐待儿童的行政与刑事处罚条款中。值得注意的是,和很多国家单独制定防治虐童专门性法律法规不同的是,我国目前尚无此类专门性法律法规。

近些年来,我国对于规制虐待儿童行为的立法争议和讨论比较集中在二次规范法的刑法层面。这一方面反映了社会对于虐待儿童行为的容忍度越来越低,希望以最严厉的制裁方式——刑罚严惩此类行为的特点;另一方面,也的确反映出我国目前刑法对虐童行为的规制仍然存在诸多需要反思的地方。

在 2015 年刑法修正案(九)颁布实施之前,刑法中规制虐童罪的主要罪名是虐待罪和故意伤害罪。但是虐待罪的适用前提是"共同生活的家庭成员",对于非共同生活的家庭成员而实际具有监护、看护职责人员的虐待行为则无法适用此罪名予以惩罚。故意伤害罪的适用前提则是必须造成轻伤以上后果,但是绝大多数虐童行为尽管情节恶劣但依照伤残鉴定标准通常无法达到轻伤的后果,无法适用此罪名予以惩罚。刑法的上述漏洞在2012年浙江温岭幼儿园幼师颜艳红虐童案中暴露无遗。尽管该案成为引发全国性激愤的影响力案件,但最终颜艳红并未受到刑事追诉。

针对刑法所存在的明显漏洞,2015年刑法修正案(九)增设了虐待被监护、看护人罪,将对未成年人负有监护、看护职责的人虐待儿童行为纳入了刑法的规制范围,这意味着实践中最常见的"家庭外虐童行为"——托幼机构人员所实施的虐童行为——有了刑法惩治的依据。该罪名也由此与针对"家庭内虐童行为"的虐待罪,共同构成了我国刑法惩治虐童行为的相对完整的罪名结构。

尽管如此,这并不意味着我国刑法对虐童行为的惩治已经臻于完善。无论是虐待罪还是虐待被监护、看护人罪,在司法适用中都存在如何认定"虐待行为",以及如何界定"情节恶劣"的争议。通常对虐待行为的理解是"肉体上的摧残与精神上的折磨",对情节恶劣的判断"要从虐待的手段、持续的时间、对象、结果等方面进行综合评价",但是具体到虐待儿童,何为肉体上的摧残与精神上的折磨以及到什么程度才属于情节恶劣,事实上存在严重的争议和分歧,也由此导致此类案件的入罪十分困难。

以近年来社会关注度最高的托幼机构人员虐童为例,由于缺乏统一和权威的认定标准,尽管此类案件频发,但是真正被追究刑事责任的判例十分罕见。我在中国裁判文书网中以《中华人民共和国刑法》第二百六十条之一"为关键词进行检索,截至2017年12月26日,共检索出判决书十四份,其中被告人为托幼机构教师的判例仅仅五个。这与媒体对此类案件的频繁性披露及公众的感受形成了强烈的反差。

造成上述结果的原因很多,但从立法层面来看,一个不容忽视的因素是对儿童特殊性的漠视。儿童是独立的与成年人本质不同的个体是现代儿童观的基本立场,这一儿童观在立法上的要求是应当对儿童区别于成年人进行法律上的单独评价。而无论是虐待罪还是虐待被监护、看护人罪,均将受害儿童与其他成年人混为一谈。在是否构成虐待以及情节恶劣的认定上,也采取的是和成年人基本一致的标准。这是造成在司法实践中对于绝大多数虐童行为,包括常人观念所难以容忍和接受的虐童行为均无法被认定为"虐待"和"情节恶劣"予以刑事追究的关键原因。

在国际上,通常认为儿童虐待包括对儿童的身体虐待、情感虐待、性虐待、忽视,以及商业性或其他形式的剥削五种形式。针对儿童的虐待行为绝大多数无法被现有罪名所容纳,尤其是会对儿童的身心健康成长造成更加严重甚至一生的负面影响的情感虐待、忽视等虐待行为,更无法按照现有的罪名追究刑事责任。对于虐待儿童"行为"及"危害性"的评价,应着眼于儿童本身的特殊性并基于零容忍原则采取不同于成年人的认定与评价标准。正是在这个意义上,我一直主张将虐待儿童行为从虐待罪及虐待被监护、看护人罪中分离出来,设置独立的罪名。

2. 对于不构成犯罪的虐童违法行为,如何完善刑行、刑民衔接机制,确保虐童者受到应有处罚?办理虐童案,主张精神损害赔偿尚存在哪些障碍?如何确定赔偿标准?

就虐童行为而言,违法行为与犯罪行为的界限是模糊的。在司法实践中,事实上形成了"以治安处罚为原则,以刑罚处罚为例外的"原则,以治安处罚替代刑事追诉的情况是客观上较为普遍的存在。造成这种状况既有刑事立法不完善的原因,也有司法观念滞后的因素。我认为,与其通过司法解释等方式明确"虐待行为"与"情节恶劣"的标准(事实上,在缺乏独立虐待儿童罪的情况下,也难以明晰),不如确立虐童"以刑事追诉为原则,治安处罚为例外"的原则。这既是针对当前虐童事件高发在刑事政策上严罚的需要,也有利于司法实践中把握打击虐童的法律标准,纠正以治安处罚替代刑事追诉的偏差。

与完善刑行衔接机制同样重要的是,应进一步完善刑民衔接机制,强化虐童行为人及托幼机构的民事赔偿责任。我注意到,在被追究刑事责任的虐童案中,对被害人的赔偿通常会被作为量刑的考虑因素。例如任靖、刘志娟虐待被看护人一案[(2016)内 0105 刑初 516 号]中,被告人案发后赔偿被害人 5 万元,取得被害人父母谅解,最终法院酌情从轻处罚,判决被告人有期徒刑六个月缓刑一年。王某某虐待被监护、看护人案[(2017)辽 1322 刑初 101 号]中,被告人分别赔偿受害人 2100 元,取得被害人谅解,法院酌情从轻处罚,判决被告人有期徒刑六个月。而其他无赔偿及被害人谅解的判例,被告人均被判处实刑及相对较重的刑罚。值得注意的是,负有重大管理失职责任的托幼机构并未承担应有的民事赔偿责任。

而在浙江温岭颜艳红虐童案的民事诉讼中,温岭市法院一审判决幼儿园赔偿 5 名幼儿精神损害抚慰金各 10000 元,返还保育费各 1000 元,颜艳红承担连带责任。这一判决要求幼儿园承担精神损害赔偿责任已属不易,不排除该案属于影响力案件且虐童行为人颜艳红未被追究刑事责任的因素。即便如此,总共区区五万元的精神损害赔偿金,显然无法抚慰被害人及其监护人的精神创伤,更无法对托幼机构产生必要的惩戒作用。

就虐童事件而言,其对被害人的伤害主要体现在对于幼儿未来成长发育的持续性影响上。而我国目前的《侵权责任法》《最高人民法院关于审理人身损害赔偿案件适用法律若干问题的解释》《最高人民法院关于确定民事侵权精神损害赔偿责任若干问题的解释》等有关精神损害赔偿的规定,象征意义大于实际意义。对此,一方面应当完善相关法律或者司法解释,提高虐童精神损害赔偿的标准,另一方面则可以考虑引入惩罚性赔偿制度强化虐童行为人及托儿所、幼儿园等相关机构的民事责任。

3. 在办理虐待儿童案件中,对于证据的收集存在难度,儿童是否可以作证?如何运用儿童证人证言?如何避免"二次伤害"?在证据审查判断中是否与普通刑事案件采取同一规则、同一标准?有无必要引入恢复性司法理念,在刑事实体法和程序法中,对未成年刑事被害人作出特殊的保护性规定?

无论是家庭内虐童还是家庭外虐童,此类案件办理的一个共同难题是取证难,零口供是常态。受虐儿童的被害人陈述以及其他儿童的证人证言(统称儿童言词证据)如何审查判断,往往对案件事实的认定具有决定性作用。但是儿童言词证据的审查判断及应用,却是一个争议较大的问题。

在司法实践中存在对儿童言词证据认识的两种极端性看法:一种认为儿童不会说谎,儿童言词证据真实可靠;另一种观点则是认为儿童身心发育不成熟,其言词证据不可信。这两种极端性看法均是对儿童言词证据某一方面特征的片面强调。尽管儿童身心发育不成熟,但是通常并不会撒谎,言词证据的真实性较高。但与此同时,也会存在易于受到认知、记忆、语言表达能力不成熟的影响,且容易受到干扰和诱导。在虐待儿童案件的办理过程中,首先应当注重完善儿童言词证据的取证制度,在适合儿童表达的环境中获取儿童言词证据,同时避免对儿童造成二次伤害;其次,在对儿童言词证据的审查判断中,可以借鉴国外较为成熟的"陈述有效性评估技术",有效区分真实、诱导、谎言等言词信息,并科学、依法采信。

在虐待儿童案件办理过程中,证据规则和证明标准与普通刑事案件不应当有区别,尤其不应当有"降格性"的"变通"。但是,在证据的收集、应用上,则应充分考虑儿童的特殊性并且给予充分的尊重,而不能机械地强求与普通刑事案件的一致。

最近一些年,未成年人检察实践中探索、试行了检医合作等一站式取证机制。这些探索的共同特点是强调避免对儿童被害人造成二次伤害,同时通过适合儿童的取证环境提高儿童言词证据的真实性。这些探索值得肯定、完善和推广。与普通刑事案件不同的是,虐待儿童案件的办理并不仅仅是单纯的司法行为,还应体现"福利性"特征,应当充分考虑未成年被害人的福利性需求,贯彻儿童最大利益原则。除了避免二次伤害外,我们还应探索、建立更加完善的未成年被害人保护机制。这不仅仅需要实体法和程序法对未成年刑事被害人作出特殊的保护性规定,更需要对少年司法制度进行福利化的改革,特别是建立完善的社会支持体系来承接少年司法所转介的未成年被害人身心康复的各类需求。

4. 检察机关如何介入侦查引导取证?如何加大监督力度,确保虐童犯罪案件得到及时公正办理?

针对近期虐童事件频发的情况,最高人民检察院于2017年12月下发了《关于依法惩治侵害幼儿园儿童犯罪全面维护儿童权益的通知》。《通知》对于检察机关如何介入及加大对虐童案件的惩治与监督力度,提出了明确的要求,这些要求主要包括:(1)坚持零容忍,依法严厉惩治侵害幼儿园儿童犯罪;(2)坚持专业化、规范化、社会化办案,加强对幼儿园被害儿童的关爱和救助;(3)坚持全面保护、综合保护,维护幼儿园儿童民事行政权利;(4)立足预防,积极推动幼儿园儿童伤害防范体系建设。对于上述要求,各级检察机关应当积极贯彻执行。

取证与事实认定难是虐童案件办理的一大特点。检察机关应当及时介入虐童案件的侦查,就侦查取证、法律适用等提出建议,确保案件的顺利诉讼。值得注意的是,对于此类案件办理往往具有决定性意义的口供和儿童言词证据,具有随着诉讼程序越深入"污染"越严重的特点。因此,检察机关越早介入侦查引导取证,则越能保证儿童言词证据及口供的证明效力。而检察机关能否及时有效介入引导侦查,又有赖于是否推动形成了完善的少年司法一条龙工作机制,包括是否与公安机关、审判机关共同建立了专门的一站式取证制度。

尽管虐童案件频发，但真正被追究刑事责任的案件极少。在当前的司法实践中，客观上还存在以治安处罚代替刑事处罚甚至"隐案"等值得关注的现象。其中既有取证难、虐待儿童"情节恶劣"认定标准不清晰以及错误地将虐待被监护、看护人罪情节恶劣标准与虐待罪情节恶劣标准混同等因素的影响，更有观念乃至非正常因素干扰的原因。作为法律监督机关，各级检察机关应与公安、审判机关共同研究，统一对虐待儿童类案件的追诉标准，同时更应当加强立案监督、侦查活动监督和审判监督，坚决纠正有案不立、有罪不究、量刑畸轻等问题，确保虐待儿童的犯罪分子受到应有惩罚，维护司法公正。

5. 在教师虐待儿童事件中，其所属的教育机构应该承担怎样的责任？如何健全对我国教育机构及其从业人员的监管制度，引导幼教行业向专业化、规范化发展？如何有效发挥刑法修正案（九）作出的"从业禁止"规定的功能作用？如何实现虐童违法犯罪的全面治理？

就家庭外虐童的防治而言，托幼机构不仅仅应当承担事后的连带民事与行政责任，更应当担负起预防前置的关键性职责。首先，应当严格依照法律法规，严格教师的聘任机制，包括建立必要的品格调查、心理测试等程序，对于没有从业资质或者有其他不适宜的品行、心理等的人员严格禁入；其次，应当完善虐童风险内控机制，包括关心关爱教师、完善监控设施，引入家长、社工等利益相关者及第三方的监督与服务等；再次，教育行政部门应当加强监管，将责任督学等监督制度落到实处。对于有虐童犯罪行为的人员，应当积极适用刑法所规定的从业禁止制度，禁止其从事与儿童有关的职业。同时还应考虑进一步完善从业禁止制度，在现行刑法所规定从业禁止期限三年至五年的基础上，探索建立终身从业禁止制度。

虐童事件的频发，在某种程度上也是我国目前学前教育所存在问题的集中折射。推动幼教行业的专业化和规范化以防控虐童事件的发生，还需要对我国学前教育进行整体的推动与改革：

其一，规范以立法为首要。迄今为止，我国尚未对学前教育进行专门立法，这是导致学前教育问题迭出的关键性原因。学前教育立法既是我国教育立法的重要组成部分，也是未成年人法律体系的关键环节，应当尽早提上议事日程。

其二，重视以投入为基础。长期以来，我国存在学前以"家庭养育为主"的偏见，国家投入严重不足。在我国经济社会发展取得举世瞩目成就的背景下,国家是儿童的最终监护人的国家亲权观念已经逐步深入人心,也到了纠正学前教育(含托幼服务)观念偏差的时候。党的十九大报告提出必须取得"新进展"的 7 项民生要求中将"幼有所育"排在首位,让孩子安全、健康成长是整个社会共同的需求和希望。在当前,我国应当将学前教育纳入政府公共服务与儿童福利体系的范畴予以重视和发展。

其三,严管以关爱为前提。虐童事件的频发与幼师人才培养不足,幼师职业尊荣感低、压力大、待遇差等因素密切相关。严管幼师等托幼从业人员,必须进一步健全幼师人才培养机制,像重视儿科医生培养一样重视幼师人才的培养,并制定、出台相关支持政策。政府和全社会均应当重视幼师等相关从业人员的职业待遇和尊荣,尊重幼师等托幼从业人员,通过建立强制薪酬标准、职业进阶激励等方式,改变这一行业从业人员的实际低端状况。

6. 国外在惩防虐待儿童违法犯罪行为方面有哪些经验?对我国有何启示?

在国外,虐待儿童是一个受到高度重视的公共议题。经过百余年的努力,各国在防治虐童上形成了诸多值得我国借鉴的经验,择其要者有以下几点:

一是在顶层设计上的专门性立法。晚近以来,随着各国对儿童虐待问题的重视,专门性预防儿童虐待的立法开始得到重视。例如美国早在 1974 年就在联邦层面颁布了《儿童虐待预防和处理法》(CAPTA),此后又多次修改完善。再如,日本于 2000 年制定了《预防儿童虐待等的法律》。专门立法对于预防儿童虐待发挥了重要作用,此种重视虐待儿童防治顶层设计的经验值得我国借鉴,这也是完善我国未成年人保护法律体系的要求。当然,基于可行性的考虑,我国目前可以参照未成年人网络保护条例的立法方式,采取由国务院出台行政法规的立法模式。

二是在惩治虐童行为上的零容忍原则。这种零容忍主要体现在以下几个方面:首先,致力于为儿童创造无暴力环境,包括禁止任何形式的体罚儿童。1979 年 3 月,瑞典通过了《儿童和父母法案》修正案,成为世界上第一个全面禁止对儿童的任何形式的体罚或情感虐待的国家。截至 2009 年 3 月,已经有 24 个国家立法禁止包括家庭内部的任何体罚行为。需要强调的是,尽管存在一些争议,但是也有国家立法赋予教师惩戒权,允许教师可以依法、依程序对有不良行为学生予以惩戒,严格意义上说两者并不冲突。其次,对虐童行为惩治通常只定性不定量,即原则上均作为刑事犯罪处理,这一点与我国将虐童行为区分为治安违法与刑事犯罪两个层面的做法有着显著的区别。再次,虐童具有法律高压线的特点,除了刑罚严厉外,还要给予包括终身从业禁止等保安处分。

三是在受虐儿童保护上的福利中心主义。具体体现在以下几个方面:首先,虐童案件办理过程中高度重视避免二次伤害,因而十分强调办案人员的专门与专业化、询问取证上的"一站化"等。其次,办案机制设计体现了以被害人为中心的特点,除了避免二次伤害外,还特别重视对受虐儿童需求的发现,并且及时转介其需求给专业部门。再次,重视儿童福利与社会支持体系的衔接,受虐儿童的康复与回归主要交给专业性的儿童福利与社会支持体系去承接。

国外的上述经验均对我国有针对性的借鉴意义,值得认真研究和吸收。

载《人民检察》2018 年第 1 期。

手腕似铁还须心怀慈爱

在孩子随着训练有素的交警漂亮的拌摔而重重落地的那一刻，上海失去了一次展示与这个城市文明现代化程度相适应的警务水平的绝佳机会。

交警与怀抱儿童的妇女在街头对峙，已经不是第一次出现。两年前广东清远交警当街反击怀抱儿童妇女的一幕仍然历历在目。那一次，孩子没有摔落，但是这次事件中的孩子却并没有那么幸运。不过不幸中的万幸，重重落地的孩子并无大碍。然而，下一次呢？

在这一次事件中，公众只保持了底线的期待。几乎没有人认同违法妇女的表现，挑战警察权威的她应当被摔甚至可以突破比例原则当场被击毙，这些看法也都获得了广泛的认同。主要的质疑性舆论只是要求在这一过程中，不要让无辜的孩子受到伤害。面对一条连对这样的期待都感到委屈和过分的警界人士的短信，我实在无言以对。这个时候谈什么儿童最大利益原则，还实在太过遥远。但是，现代性警务难道不应当给公众一个最底线的预期——那就是无论在什么情况下，无辜的孩子都会被尽可能避免伤害？

孩子不应当是撕裂警民关系的缺口，而应当是凝聚警民关系、展示警察良好公共形象的窗口。遗憾的是，在最近一些年所发生的多起涉及儿童的公共事件中，公众看到的是相反的表现。远如2003年的成都李思怡饿死事件，近如2013年的南京饿死女童案，还有这一次的交警摔童事件……

实际上，如何和孩子打交道既是一项需要专业训练的警务技能，也是一项急需重视的专门而独立的警务工作。在从来没有进行如何与孩子打交道的"专业训练"、未成年人警务也还远远没有成为独立警务类型的情况下,难以奢求每一个警察都能够在情绪化的状态下不忘掉与生俱来的人性。也许从这个角度看,在这一公共性事件中责难交警的不当表现,的确有些过分了。

早在1986年,上海市长宁区公安分局就组建了我国第一个未成年人警务机构,但遗憾的是不久以后在侦审改革中被撤销。三十余年来,尽管少年审判和未成年人检察已经逐渐分别成为审判机关、检察机关业务范围的重要且至少在形式上独立的组成部分,但未成年人警务改革始终处于严重滞后的状态,这样的状况亟待改变。

未成年人警务改革的最大特点是:在警察日益手腕似铁的同时,时刻提醒他们的心中要充满慈爱。这正是未成年人警务的最大价值,因为只有这样,警察才不会成为仅仅令人生畏的存在。毕竟,我们的警察名字之前是大写的"人民"。

2017年9月3日于CZ159次航班,载上海市法学会未成年人法研究会微信公众号。

国家亲权理论与"儿童权益代表人"探索的方向

程序法设计的一个基本假设：父母或者其他监护人是没有独立诉讼行为能力的未成年子女的利益维护者，并以法定代理人身份代未成年子女参与诉讼。然而，基于这样一种假设所设计的诉讼程序所面临的一个尴尬困境是，当监护人怠于或拒绝，甚至与未成年子女存在利益冲突时，未成年子女的权益将处于严重被漠视甚至被侵犯的状态。例如在抚养费纠纷中，如果未成年子女需要起诉监护人时，则会出现监护人既是"原告"又是被告，立案都存在障碍的荒唐现象。如何破解类似尴尬，考验着司法的智慧。

为了维护未成年子女的权益，民事司法实践中曾经出现过妇联以原告身份提起公益诉讼维护未成年人权益的探索，例如四川泸州的判例[1]。在南京也出现过设立"诉讼监护人"，由共青团[2]或社会公益组织[3]选派诉讼监护人代理诉讼的探索。上述探索无疑是我国未成年人司法制度的有益探索，也是对未成年人刑事司法中"合适成年人"制度的借鉴。不过，这些探索更多的是着眼于化解现行民事诉讼法的尴尬，完成"立案"的形式要求，并进而实现通过司法维护未成年子女权益的目的。但是，未成年人在民事诉讼程序中的独立地位问题，以及在承认其独立地位、独立利益主体的前提下，由谁来弥补其诉讼能力的不足，并且能够中立而专业的代表

---

[1]《四川泸州纳溪区妇联依法维权有突破 父母疏于监护 妇联公益诉讼》，载《中国妇女报》2017年7月26日。
[2]《全国首例被监护人状告唯一监护人案》，载《法制日报》2013年12月24日。
[3]《南京设"诉讼监护人"任"临时家长"》，载《中国妇女报》2017年11月22日。

未成年人参与诉讼等基本理论问题,尚未能深入探究。

面对这样的理论与实践不足,我很高兴地看到上海市普陀区人民法院"儿童权益代表人"制度的试验与成功判例的出现。"儿童权益代表人"相对之前泸州和南京的探索的一个不同与进步之处是,更加鲜明地强调了未成年人在民事诉讼中的独立地位与独立利益诉求,有助于化解或者弥补在父母或者其他监护人"靠不住"时,民事诉讼制度设计的缺陷与不足。这一探索,也比较接近儿童福利制度较为发达的国家的"儿童保护官"制度设计。

值得注意的是,这一代表儿童利益的主体的出现,无论是叫儿童权益代表人还是儿童保护官,或者其他名字,其合法性及理论依据是国家亲权理论。国家亲权理论的内涵有三:一是认为国家,而不是父母,才是未成年人的最终监护人;二是当父母不能、不宜或者拒绝履行监护权时,国家有权力也有责任进行干预直至接管监护权;三是国家监护权的行使必须是为了孩子的最大利益,即坚持儿童最大利益原则。

基于国家亲权理论,需要有一个独立、专业的主体代表国家行使国家监护权,来维护未成年人的合法权益。这一不同于父母的代表,各国的叫法不一样,但通常统称为"儿童保护官"。儿童保护官的重要职责之一是在父母或者其他监护人不适宜代表未成年人参与诉讼时,以独立诉讼主体身份参与诉讼维护未成年人的合法权益。

国家亲权理论的视角有助于我们厘清普陀法院"儿童权益代表人"制度试点中的一些尚未明了或存在争议的问题:

就名称而言,"儿童保护官"的提法较之儿童权益代表人更为凸显了国家监护人的身份,也更加权威和准确。

就法律地位、权利义务而言,儿童保护官是具有独立诉讼主体地位,且是中立和专业的"国家监护人"代表。其基本职责是维护未成年人的权益,遵循的是儿童最大利益原则。

就启动程序而言,儿童保护官应当积极主动行事,以主动申请参加诉讼为原则,法院也可以基于儿童最大利益原则依职权通知或者追加,并且无需征得其他利益相关方的同意。

在庭审过程中,儿童保护官对于所有与未成年人利益直接和间接的相关事项,均有权也有责任发表意见和答辩。作为未成年人利益的代表,其在民事法庭的席位宜设置于原告旁边。

国家儿童福利部门(我国为民政部门)是各国公认的儿童保护官的选派责任主体,至于儿童福利部门选派什么样的人作为儿童保护官,注重的是其专业性,而非身份。例如,民政部门可以选派公职人员身份的儿童福利工作人员,也可以选派妇联组织、共青团组织、社会公益组织、社工等充当儿童保护官。不过,在我国目前儿童福利制度还不发达、民政部门儿童保护意识和能力还处在发展之中的情况下,由妇联、共青团等群团组织作为儿童保护官的选派责任主体,也不失为一种现实和可行的路径。

2017年11月24日下午,在上海市高院主办的"儿童权益代表人制度的理论和实践"专家研讨会上的书面发言,由研究生林需需代为宣读。

构筑保护未成年人防火墙

"合适成年人"起源于国外,我参与了将这一制度引进国内和翻译这一名称的工作。现在看来,长宁区的青少年事务社工们,已结合国情拓展了其职责,也使得青少年事务社工不断向固定化、专业化方向发展。

从长宁的故事可以看出,社工在干预青少年违法犯罪危机时,还起到了补位作用。他们的"副家长"称号,弥补了一些家庭对未成年人监护不力、教育不当的缺憾,而且还在某种程度上对家庭教育起着监督和帮助作用。这是十分值得称道的。

与此同时,长宁检察院未检科的干警们在履行检察职责的"主业"时,还始终谋好教育、感化和挽救失足未成年人这个"正业"。他们与社区社工们一道,构筑起了保护未成年人的防火墙,这正表明我国少年司法制度在不断走向成熟。

载《新民晚报》2016年2月5日,由记者王蔚整理。

撤销监护权制度还任重道远

从已有案例来看,几乎所有当事父母并不认为被撤销监护权是一种"惩罚",甚至还视其为"求之不得"的结果。目前认为这些案例能够真正震慑那些潜在的"坏父母"尚为时过早。

基于儿童最大利益原则的要求,撤销原生父母监护权始终是一种两害相权取其轻的不得已选择,但也是一种必要的选择。近些年来,国内之所以出现了不少挑战人伦底线的监护人侵犯被监护未成年人权益的恶性案件,一个关键性的原因就是缺乏及时和有效的干预机制。

2015年起施行的《关于依法处理监护人侵害未成年人权益行为若干问题的意见》,激活了沉睡二十余年的剥夺监护权另行指定监护人的法律条款,其在现阶段最大的意义是及时将遭受监护侵害的未成年人拯救出来,以避免更为悲剧性的后果发生。

根据《关于依法处理监护人侵害未成年人权益行为若干问题的意见》以及《民法总则》的规定,可以剥夺监护权的案例均属于监护人具有严重侵害未成年人合法权益的情形,例如性侵害、出卖、遗弃、虐待、暴力伤害未成年人等。未成年人往往因为父母长期、持续且严重的伤害,身心遭受了严重摧残。剥夺监护权不是目的而是保护遭受监护侵害未成年人的手段,因此无论是在临时安置期间还是剥夺监护权之后,全方位且有效评估未成年人的身心状况极为重要。一方面这是人民法院最终决定是否剥夺监护权的重要依据,另一方面也是帮助受害未成年人及时摆脱受虐阴影,恢复身心健康的前提。

从已有的案例来看,对遭受监护侵害未成年人的评估与治疗工作还存在较大的不足。评估的问题主要表现在评估主体专业性欠缺、中立性不足等方面,治疗所存在的问题则除了专业性不足外,还存在持续性不够、经费保障欠缺等方面。为了克服上述不足,我国有必要借鉴发达国家的经验,建立专业、职业与中立性的受虐儿童评估与治疗机构——这首先是儿童福利部门的责任。

如果不能保证孩子在转移监护权后生活得更好,单纯启动剥夺监护权诉讼是危险的。没有保障就没有干预,假如没有完善的"接盘"机制,后果可想而知。

从已有的剥夺和转移监护权的案例看,有的将监护人资格交给了村委会等机构。监护权的履行虽然需要专业和技巧,但更具有情感依赖性和人身依附性。孩子应当生活在家庭环境中,由机构充当监护人并非理想的做法,所以这只能是过渡措施。即便由民政部门担任监护人,也应当尽快通过寄养、收养等方式,尽可能让孩子回归到正常的家庭环境中,这才是对未成年人最好的保护方法。关键的一点是,无论由谁来实际承接监护权,都要有监护能力评估与监督机制。确保一方面可以选择最佳的监护责任主体,另一方面也可以督促新的监护人尽职履职。

未成年人监护问题不是"家事"而是"国事",国家而非父母才是孩子的最终监护人,对孩子的健康成长负有最终的保障性责任。国家在保障遭受监护侵害未成年人权益方面,不仅仅要设计转移监护权机制,更要有托底保障机制,包括提供生活、教育、医疗等基本保障。需要特别指出的是,现行法律规定被撤销监护人资格的父母仍应当负担未成年人的抚养费用和因监护侵害行为产生的各种费用,国家也要建立相应的监督机制督促这一规定的落实,让违法父母不因其违法行为而免责及实际获利。

根据《关于依法处理监护人侵害未成年人权益行为若干问题的意见》,被撤销监护人资格的侵害人,自监护人资格被撤销之日起三个月至一年内,可以书面向人民法院申请恢复监护人资格。人民法院经审理认为申请人确有悔改表现并且适宜担任监护人的,可以判决恢复其监护人资格,原指定监护人的监护人资格终止。但是,申请人具有下列情形之一的,一般不得判决恢复其监护人资格:(一)性侵害、出卖未成年人的;(二)虐待、遗弃未成年人六个月以上、多次遗弃未成年人,并且造成重伤以上严重后果的;(三)因监护侵害行为被判处五年有期徒刑以上刑罚的。

新近通过的《民法总则》第三十八条进一步明确规定:被监护人的父母被人民法院撤销监护人资格后,除对被监护人实施故意犯罪的外,确有悔改表现的,经其申请,人民法院可以在尊重被监护人真实意愿的前提下,视情况恢复其监护人资格,人民法院指定的监护人与被监护人的监护关系同时终止。也就是说,《民法总则》更加严格限制了可以恢复监护人资格的条件——只要监护人对被监护人实施故意犯罪被撤销监护权的,一律不得恢复监护人资格。

尽可能地让孩子与原生父母生活在一起,是于儿童最大利益原则的要求,这也是设计恢复监护人制度的原因。值得注意的是,即便恢复监护人资格,也应当创建督促有"前科"父母尽职履行监护责任避免重蹈覆辙的机制。建立必要且有效的监护监督制度,应当尽快提上议事日程。

载《中国社会报》2017 年 8 月 16 日。

国家监护制度在中国

大家早上好,今天给大家介绍的是中国的监护权制度。中国的少年司法改革已经从刑事司法走向民事司法,对国家监护制度的关注是最有代表性的变化。

诸位对墓碑上的名字是否还有印象?这是 2013 年震惊全国的南京饿死女童案。她们死于 2013 年 6 月,8 月在志愿者带领下我来到埋葬她们的地方。这两个孩子在家中被饿死之前,她们的父亲因贩毒在监狱服刑,母亲长期吸毒,经常离家不归,很难得能带点食物给孩子。其实当地社区、民警、街道等相关部门都知晓这个情况,但是这些部门都没有采取应有的措施去阻止事件的发生,其中很重要的原因是这些部门认为在最坏的结果发生之前,即便孩子事实上处于困境状态,仍不属于他们的干预责任范围。因为中国的监护制度曾经是一个非常狭小的概念,在孩子父母还健在的时候,政府是不会去干预的,这是一个非常糟糕的制度设计。最终南京这两个孩子饿死,母亲因故意杀人罪被法院判处无期徒刑,但是其他相关责任部门并没有受到应有的责任追究。

事实上这一事件发生之前的几个月,两个孩子就被她们的妈妈扔在家里过一次,妈妈离开了好多天,最后两个孩子光着身子,推开了房间的门——也是上天给了她们一次求生的机会,她们跑到了小区的广场上才被别人发现。其实在几个月前,她们就有一次类似的经历,即便如此,相关部门并没有采取必要的足以阻止事件恶化的措施。其中还有一个令人痛心的细节是,这两个孩子的姥姥,年龄很大,曾经带着两个孩子请求福利部门收养她们。但是福利部门给的答复是,两个孩子有母亲和父亲,不属于孤儿、弃儿的范围,所以不能收养她们,两个孩子最终被活活饿死了。

实际上我们国家早在1987年和1991年的民法通则和未保法中，就有法律条款规定，如果父母或监护人不履行监护职责，或者侵害被监护人，可以剥夺其监护权或者另行指定监护。但是实际上这个条款二十多年都没有真正启用过。南京案件中的两个孩子的母亲，多次把孩子扔在家里，其实按照我国已有的法律规定，可以启动剥夺监护的程序去干预，并且防止悲剧事件的发生。但是很遗憾这个条款没有被适用，因为很多人不知道是由谁去启动程序，也不知道应依据什么样的判断标准去认定已经到了应当剥夺监护权的程度。直到2014年，因为南京饿死女童案的推动，国家法律层面做出了一个重大的改变，就是四部门专门出台了《关于依法处理监护人侵害未成年人权益行为若干问题的意见》，激活了剥夺监护权条款。此后，统计截至2016年8月份，我们收集的案例是54件。如果加上最近两年的判例，我估算是超过一百起，对这些判例情况我做了一下梳理分析：

首先，撤销监护权的事由是什么？统计发现，亲生父母性侵的比例占18.5%，受害者都是女性未成年人，施暴者都是父亲，也有母亲协助第三人性侵自己女儿的。也有因为虐待、出卖自己亲生子女、遗弃子女被剥夺监护权的案件，还有因为吸毒、赌博、酗酒或服刑在押，无法行使监护权，以及暴力伤害、将未成年子女置于无人看管的状态的案例。另外，还有一种情况是不履行监护权职责长达六个月以上，这个比例最高。我们在贵州调研时发现一个非常奇特的现象，孩子出生之后，母亲感觉不好，就将丈夫和孩子丢下自己离开了。在一个工读学校里有超过七成的孩子，都是在他们很小的时候被母亲丢下。我到现在都不明白为什么母亲会丢下丈夫和孩子自己离开。对于这样的孩子，如果父亲有不良行为或者外出打工，那么孩子就会处于无人看护的状态。争议比较大的是，法院判处剥夺这类父母的监护权，其实当事人父母是非常高兴的。因为他们本来就不想要监护权，所以曾经这类案件有很大的争议。有观点认为，这种情况下不应当成全那些不负责任的父母剥夺其监护权，而仍应该把孩子丢给这样的父母，不能让这样的父母占便宜。现在，这种观念有一定改变。

第二，撤销监护权的主体。到底谁来启动剥夺监护程序？统计发现，包括父亲、母亲、祖父母、外祖父母、成年兄姐以及其他亲属朋友，还有一些机构如村委会、居委会、民政部门。这里面有一个非常有趣的现象，就是我们在统计过程中没有发现共青团、妇联等负有未成年人保护职责的群团组织。在这之中,自然人作为申请人居于主要地位,原本期待很高的群团组织,并没有发挥应有的作用。

第三,如果被撤销监护权之后,谁会成为新的监护人呢?一个有趣的现象就是谁申请撤销,最后监护权就归谁,这是一个可以去思考的现象。为什么有很多主体不愿意去申请撤销监护权?案例分析发现,主要是因为你启动这个程序,就要把孩子管到底,于是很多人为了避免麻烦,不愿意去启动程序,因为最终绝大部分案件谁申请谁就要成为最终的监护人或者要负起临时监护的责任。

第四,监护权撤销前的干预情况。一个值得关注的现象是,在撤销监护权之前,绝大多数案件(超过70%)没有任何组织机构进行前期的干预,或者修复监护关系,这个环节是空白的。所以就导致监护权从一个极端走向了另一个极端,中间缺乏修复监护关系的工作。有部分案件存在前期干预,主要是村委会和居委会,这其中民政及其儿童福利部门的表现是堪忧的,只有7件进行过干预,另外还有个别的由法院来承担干预职责,妇联的表现也是乏善可陈,公安机关进行前期干预的是4件。

第五,发现的主要问题。在案件梳理过程中我们发现:首先,现行法律规定的由村、居委会指定或担任监护人极不符合实情。其次,监护侵害的前期干预机制存在问题。再次,所谓的委托监护制度几乎处于空置状态。还有,关于监护撤销的条件与申请人的规定非常笼统,曾经被寄予厚望的一些儿童权益保护组织,其实并没有发挥作用,甚至儿童福利机构的功能发挥也是堪忧。最后,国家监护的观念尽管被艰难地接受,但是很多部门总体上仍然比较消极。

第六,在家与国的博弈中,应当如何去抉择?其实在传统观念里,养孩子是家庭的责任,哪怕把孩子养死养残,或者养出了巨大的危险性,国家不到最后也不出现。所以回头看南京的案例,你会发现这两个孩子最需要国家出现的时候,找不到国家,当孩子被饿死的时候,国家才来主持正义,把妈妈抓起来判刑,那这之前国家去哪了?所以这种逻辑关系是很值得商榷的,我觉得需要更新这种传统观念,也就是我经常讲的,在父母靠不住时,国家必须要靠得住。如果这个机制不建立,类似南京这样的案件永远无法避免。

在我看来,完整的国家监护制度应该至少包括四个环节:第一个是监护监督制度。第二个是监护干预制度,这种监护监督说白了就是做父母不是天生的,应当要有相关的机构监督父母履职的情况。如果父母是一个任性的存在,孩子就会存在危险。第三是监护撤销制度,对于不称职的父母,要有机制去剥夺监护权。第四是完善的监护替代制度,也就是对父母死亡、没有监护能力、因故无法履行监护职责、有监护侵害行为等情形的,要通过委托监护、临时监护、重建监护等方式去替代。

早在2011年针对佛山小悦悦事件我就开始明确呼吁强化父母监护责任。当时针对小悦悦事件几乎所有的媒体舆论都在批评18个过路人见死不救,我不合时宜地写了一篇文章,主张把父母抓起来追究他们的法律责任,呼吁强化父母监护责任,结果遭受了很多严厉的批评,很多网友留言辱骂我。很庆幸,现在观念已有很大的改变。

2014年,我在参与推动激活剥夺监护权条款规则出台的时候,说实话心里还不太踏实。如果把孩子带离原生家庭,孩子能否生活得更好?但是通过对小龙案的追踪,心里踏实了。小龙案是2013年福建的一起案件,被称为中国剥夺监护权第一案。小龙的父亲不知道是谁,母亲在将近十年中几乎每天都会虐待他。解救他的时候,发现身上有一百多道伤痕,背上被菜刀割的全是伤痕。后来孩子被从母亲身边带走,法院判决剥夺了母亲监护权。但是说实话,我们心里一直没底,孩子如果没有之前生活得好,那没办法交代。在隔了一年后我去小龙生活的SOS儿童村回访,他把我带到他住的房间,从抽屉里面拿出很多吃的,交到我手里,我以为他要给我吃,结果他说你帮我剥开(他不会剥火腿肠)。这时他所有的伤口全部都已经愈合,而且笑容也是发自内心,不是装的。我觉得很欣慰,他也去了学校读书,尽管智力发育有点迟滞,但是基本上能够很好地融入校园。他的母亲已经在悔改,相关部门也在跟进,考虑是不是要让他的母亲继续监护自己的孩子。

尽管剥夺监护权的案例中,有些个案还有争议,但是绝大多数案件还是很有成果的,孩子比以前生活得更好了。这大大激发了我们对国家监护制度建立的信心,这个制度的建立是非常不容易的,虽然已经取得了很大的进步,但是还有很长的路要走,还需要我们共同努力。

2018年10月17日,在"儿童与青少年:社会工作、社会服务与社会公正"研讨会上(华东政法大学社会发展学院主办)的演讲,根据录音整理。

强制亲职教育的起源、发展与争议问题

谈点学习体会。杨检在谈到对未成年人检察认识的时候,指出未检是检察创新的平台和检务公开的窗口,这种提法其实也是我们对少年司法的一个重要认识。有一位前最高法院院长曾经这样评价少年司法:希望的沃土、鲜艳的旗帜。这样的定位迄今为止仍然没有过时,也的确是这样,所以说少年司法是冷漠的司法中显现人性之光的绿洲。

一、强制亲职教育是少年司法改革深入发展的结果

今天我们讨论的是亲职教育,在传统意义上,这也是妇联系统的重要职责,有些遗憾今天没有妇联的同志参会。最近一些年,全国妇联及地方妇联组织在积极推动家庭教育立法。十五六年前,我曾经参与上海市家庭教育立法课题,可惜上海没有实现立法的率先突破。最近地方立法取得了重大的进展,重庆、贵州已经分别出台了《重庆市家庭教育促进条例》和《贵州省未成年人家庭教育促进条例》。家庭教育不只是、也不再局限于教育学、家庭学、社会学的研究,也是法学研究与实践应当重点关注的一个议题。实际上,亲职教育一直都是少年司法研究重点关注的领域,强制亲职教育制度的确立也是少年司法改革演进的一个结果。

大家可能也注意到一个非常有意思的地方,二战以后各国少年司法改革发展呈现出少事和家事合一的发展趋势,也就是少年审判和家事审判合一(当然这种"合一"是"和而不同",国内目前很多人的认识存在偏差,也正在对少年法庭的发展产生负面影响,不过这不是今天讨论的主题)。少年司法的发展必然会出现从关注"子女"到关注"家长",从关注"孩子"到关注"家庭"的趋势。

具体到我国,也是如此。最近几年,我国少年审判改革也出现了与家事审判改革融合的趋势。在未检改革领域,也出现了从关注孩子到关注家长的趋势,比如说今天讨论的议题"强制亲职教育"就是由检察机关主导的。这一次以"强制亲职教育"为主题的研讨会应该是国内第一次比较正式的和最为"高大上"的关于亲职教育的研讨会,所以我更愿意看成这是未检改革、未检制度纵深发展的标志性事件。

二、家庭教育法治化是中华法系与中国特色社会主义法治的象征

回到亲职教育的议题,今天的四位发言人,无论是成都市院杨春禧副检察长、锦江区院的伍健检察长、湖北省院夏红处长还是傅艳秘书长,角度都不一样。杨检更多的是谈理论基础;伍检更多是谈实践探索、经验;夏红处长谈立法先行以及贯彻;傅艳秘书长更多的是谈操作,因为她实际上是亲职教育的操作者。虽然角度都不一样,但都聚焦于亲职教育的重要问题。

家庭教育专门立法是中华法系的传统,也是中国特色社会主义法律体系的一个重要标志和典型特征。放眼全世界,除中国以外,没有国家对家庭教育进行专门立法,国外多只是在家庭法中对家长的教育职责做出规定。但是,早在1903年,晚清政府就颁布了《蒙养院及家庭教育法》。1940年,国民党政府又颁发了《推行家庭教育办法》(草案)。1941年,又颁布了《家庭教育讲习班暂行办法》。2001年4月,我国台湾地区通过了《家庭教育法》(草案),2003年初又正式颁布了《家庭教育法》。党的十八大以来,习近平总书记多次强调"要重视家庭建设,注重家庭、注重家教、注重家风"。最近几年,我国一直在呼吁制定家庭教育法,重庆、贵州等地已经颁布了地方性家庭教育法规,全国性的家庭教育立法工作也正在积极推进之中。

无论是发扬中华法系的优良传统,还是贯彻习总书记注重家庭、家教、家风的指示,还是凸显中国特色社会主义法律体系的特色,我国都应当积极推进家庭教育的法治化进程。强制亲职教育不仅仅是少年司法制度的重要组成部分,也是家庭教育立法中的一个重大议题,从这个角度来看,今天的研讨会意义重大。

三、从遮掩到直面:亲职教育的内涵与实践中的先行探索

亲职教育这个概念值得进一步去研究。目前为止在立法层面对亲职

教育做法律界定的是台湾地区的《家庭教育实施办法》,这一办法将亲职教育列为家庭教育的首要内容,并界定为"增进父母职能之教育活动"。同时,这一办法还规定除亲职教育之外,家庭教育还包括子职教育、性别教育、婚姻教育、伦理教育、多元文化教育、家庭资源与管理教育等其他教育事项。可见,家庭教育是一个广义的概念,凡是有助于促进和增进家庭教育功能都属于家庭教育范围。现在很多人把家庭教育等同于子女教育,并且仅仅从这一角度去理解亲职教育,我觉得视野太狭窄。今天对强制亲职教育的专题研讨,将对促进我国家庭教育立法的科学化产生重大的推动作用。

从全国情况来看,对亲职教育,包括实际带有"强制性"色彩亲职教育的实践探索已经有很长的历史。在早期,就有依托未成年人矫正机构,例如工读学校、未成年犯管教所、地方探索的针对罪错未成年人的"法制教育中心"(如海口)开办家长学校来开展亲职教育的做法,这种亲职教育实际带有不同程度的"强制"色彩,只是没有使用"强制亲职教育"的提法。

进入21世纪,随着我国青少年事务社会工作的探索,一些地方也出现了依托社工机构开展亲职教育的做法。例如,上海市徐汇区在2006年开始实施由团区委支持,阳光社区青少年事务中心社工站具体执行的"亲情驿站"项目。这一项目主要针对社区内的家庭提供亲职教育服务。由于上海市由政府购买服务的青少年社工属于"司法社工"的范围,其核心职能是预防社区(闲散)青少年犯罪,所以这个项目中很重要的部分是做涉法、涉罪未成年人家长的亲职教育。我本人在很多年前参与过徐汇区亲情驿站项目的评估。那个时候还比较年轻,被许多案例感动得热泪盈眶,印象最深的是他们利用美式拥抱这样一个亲子交流的方式,要求所有的家长都要现场拥抱自己的孩子。中国的父母大概超过三五岁就不拥抱了,美式拥抱无间隙模式,很多家长根本抱不下去,后来在社工的引导下,逐步破解心理障碍后,抱了后拉都拉不开。中国人不懂得交流,很多家庭亲子最大的问题在交流有障碍。如果没有第三方的介入和引导,亲子沟通的坎往往是过不了的。

第三个比较典型的探索是法院系统的做法,以北京市海淀区法院的探索为代表。李某某案的审理让海淀法院认识到,未成年人犯罪的原因中家长难辞其咎。这个案件促发海淀法院探索了亲职教育项目,但是海淀的探索考虑到法律依据问题也没有用"强制"二字,并且也只是把亲职教育情况作为案件裁判的参考。

第四个典型探索是检察系统的做法，以上海普陀区检察院为代表。2016年，针对校园欺凌问题，该院在2016年探索把实施校园欺凌的孩子和家长放在专门学校一起进行封闭式培训，开了一个班。我有幸受邀参与了这一项目的总结会，发现效果非常好。

尽管在实际操作中，不同程度上都带有一定的"强制性"，但如果不这样，这些家长肯定是不来的，而且没有一定的法律后果，肯定是不理你的。但有意思的是，以上这些探索都没有用"强制"亲职教育这一提法，总觉得叫了强制会引起合法性的质疑，或者说总觉得这个心里底气不是特别足。今天参加这个研讨会，我觉得很痛快，感觉憋到嘴边的话终于吐出来了，不再隐晦，不再遮遮掩掩，终于把"强制"两个字说出来了。

四、通过孩子"治疗"家庭与社会问题：少年司法的视野与胸怀

四位发言人的发言给了大家一个关于强制亲职教育初步完整的理论和实践体系。我特别注意到，成都锦江区伍健检察长提炼的三类家长三种手段三套方案三个平台，这是我目前看到的关于亲职教育最为系统的表述和最为系统的制度的探索。湖北夏红处长谈的立法先行的问题，我也有幸参与《湖北省预防未成年人犯罪条例》的制定，这一规定在地方立法权限范围内已经做出了很不容易的探索。强制不在于如何让家长去，而在于你不去之后怎么办。地方立法虽然还有不足，但毕竟跨出了非常重要的一步。无论是司法实践的探索，还是地方立法的先行，都会对国家未来的家庭教育立法、少年司法改革产生重大的推动价值。我也希望在下一个环节的探索中，要把最核心的一个问题，家长这个强制性如何体现，以及家长不配合、拒绝，甚至是态度不端正等等，这种情况下应承担什么样的法律后果，以及我们在法律还没改的情况下，探索是否有法律依据等问题做进一步的探究。

在我看来，少年司法的价值不只是在治疗孩子的问题。从1899年开始，大家对少年司法给予的期待是通过孩子这个杠杆来改变家庭、改变社会，甚至是改变国家。通过对罪错未成年人的治疗来治疗孩子身后的家长、社会甚至是整个国家，这正是少年司法的意义和价值。我国的少年司法改革经过三十多年的发展，经过了以孩子行为为中心到以孩子为中心的转变，现在又进一步开始转向了孩子身后的家长，开始关注如何治疗问题家长,如果再延伸就是治疗社会了。少年司法人应有这样的视野、担当和胸怀。

五、关于强制亲职教育的几个争议性问题

我梳理了一下今天研讨会对强制亲职教育的一些争议性问题,主要集中在以下几个方面,值得进一步探讨。

(一)关于强制亲职教育实践探索的法律依据

对于强制亲职教育有没有法律依据,形成了三种观点:一是主张没有法律依据,不过今天研讨会没有人主张这一观点;二是主张有法律依据,比如说庄主编认为《未成年人保护法》《预防未成年人犯罪法》《民法总则》的相关规定提供了依据;三是虽然主张有法律依据,但认为现有法律规定的是公安机关、法院的职责,比如苏教授持的就是此种观点。

对于强制亲职教育探索的法律依据,我觉得应当辩证地去看。现有法条规定的确为强制亲职教育的探索提供了法律空间。例如《预防未成年人犯罪法》第四十九条规定:"未成年人的父母或者其他监护人不履行监护职责,放任未成年人有本法规定的不良行为或者严重不良行为的,由公安机关对未成年人的父母或者其他监护人予以训诫,责令其严加管教";《民法总则》第三十四条第三款规定:"监护人不履行监护职责或者侵害被监护人合法权益的,应当承担法律责任";《未成年人保护法》第五十三条规定:"父母或者其他监护人不履行监护职责或者侵害被监护的未成年人的合法权益,经教育不改的,人民法院可以根据有关人员或者有关单位的申请,撤销其监护人的资格,依法另行指定监护人";第六十二条规定:"父母或者其他监护人不依法履行监护职责,或者侵害未成年人合法权益的,由其所在单位或者居民委员会、村民委员会予以劝诫、制止;构成违反治安管理行为的,由公安机关依法给予行政处罚"。但是,总的来看,这些法律依据只是为强制亲职教育提供了探索的空间,但是规定还很不完善,更难以得出这是公安、法院职责而不是检察机关职责这么具体的结论。

总的来看,我国现有法律还没有建构出强制亲职教育制度,这一制度在我国少年司法制度、家庭教育法中的确立还有赖于实践的先行探索和经验积累。湖北省已经做了一个很好的探索,在地方性预防未成年人犯罪条例中明确使用了"强制亲职教育"的提法,基于地方立法的权限它能做的已经做了,下一步则应是全国性立法的责任。目前,修订《预防未成年人犯罪法》《未成年人保护法》的呼声很高,全国人大也正在研究这一事项。如果全国法要修订,强制亲职教育制度必然会成为一个讨论的议题。在这样的背景下,实践的探索尤其重要。就像苏老师所说的,我国少年司法制度不是立法建构出来的,而是实践探索出来的,就像《刑事诉讼法》所增设的未成年人刑事诉讼特别程序一样,立法只是对实践做法的确认。

(二)强制亲职教育的法律性质

强制亲职教育的法律性质是什么?今天研讨会似乎没有涉及,但是这是一个不容回避的话题。

在20世纪90年代的时候,上海市长宁区人民法院就曾经探索过"监管令"制度,由法院针对失职父母发出,要求加强对未成年人的监管,并提高监管能力。类似的探索还有社会服务令——针对涉罪少年发出。社会服务令后来渐渐演变成暂缓判决、诉前考察,再演变成附条件不起诉。不过,尽管社会服务令和监管令的探索实践效果非常好,但都被叫停了,原因是有观点认为地方司法机关不宜创制令状。

监管令和社会服务令的探索,对于我们今天去理解强制亲职教育是什么,以及司法机关和强制亲职教育之间的关系,具有启发性。在我看来,强制亲职教育在本质上就是一种令状,是由司法机关做出的一种决定和命令,至于由谁去具体执行是另外一回事。应当从司法令状的角度看待强制亲职教育,当然它也应当成为某种具有惩戒性的措施,是对家长监护侵害、监护失职、监护不当的一种预防和矫治的惩戒性措施,同时也是国家监护制度的重要组成部分。

(三)强制亲职教育制度的地位

少年司法的理论基础是国家亲权理论,根据这一理论,一旦孩子犯罪,说明孩子背后的父母没有能力教育好他,所以国家出面代替父母来教育他——目的不是惩罚,强调以教代刑。所以在少年司法中,没有死刑,无期徒刑也是没有合理性应当革除的。国家对涉法涉罪未成年人的干预是代父母来行使国家监护的职责,是基于国家亲权理论来做出的决定。但是,国家代替父母来教育孩子,不会代替一辈子,不能完全替代,总归要把孩子交还给父母。在交还之前,父母必须要重塑监护职责和监护能力。所以强制亲职教育是非常重要的制度设计,也是依附于国家监护制度的一个非常重要的组成部分。

完整的国家监护制度应该包括监护监督、监护支持、监护干预、监护替代和监护恢复。监护监督制度在我国是缺位的,所以孩子出问题往往无法及时地发现。监护支持,有一定的实践,比如说妇联系统一直在做的家庭教育指导就有这个性质在里面。监护干预这一环节也还很不完善,目前强制亲职教育的探索属于监护干预中非常重要的一项制度。监护替代就是大家熟悉的剥夺监护权制度,但其实还有个监护恢复环节,即允许在一定条件下回转、恢复监护权。

(四)强制亲职教育的对象

强制亲职教育的对象是监护人,但是什么样的监护人呢?成都锦江区的探索识别出三类人:涉法、涉罪、受害未成年人的监护人。在我看来,应当纳入强制亲职教育对象的监护人是指广义上有监护侵害行为的监护人,主要包括两类:一类是没有教育好未成年子女,即有不良行为、严重不良行为或犯罪行为的未成年人监护人;另一类是没有保护好未成年人的监护人,即未成年子女遭受侵害而监护人存在失职行为的。应该从这个角度去界定强制亲职教育的对象。

(五)强制亲职教育的具体实施主体

我个人认为具体实施强制性亲职教育的职责不应当交给司法机关,而应当交给社会组织,交给社会去实施,当然,广义上也包括公安机关去实施。司法机关主要是作出这个令状,并且判断这个效果,以及决定是否要解除强制亲职教育。这才是司法机关的职责,但是具体怎么开展强制亲职教育,怎么去提高作为父母本分的能力,这是社会组织或其他专业力量应当介入或者去负责的事务。

(六)强制亲职教育:如何"强制"

关于怎么强制的问题是大家一直讨论的。检察院通知就算强制?"威胁"要是不好好学,可以训诫?如果这样的强制管用的话,这些父母早就把孩子管好了,这样的强制是远远不足以形成威慑力的。

如何"强制"恰恰也是台湾地区少年司法实践中面临的难题。台湾地区早在20世纪60年代颁布的少年事件处理法中就规定了强制亲职教育制度,对于不配合家长的法律后果规定是罚款。不去接受强制教育,法庭可以给予罚款,连罚3次,但后面就也没有招了。后来2002年在修改少年事件处理法的时候,针对罚款不管用做了修改,即规定3次罚款后法院可以公布父母的姓名,这个和《湖北预防未成年人犯罪条例》规定的纳入社会征信系统有点类似。当然现在效果怎么样,我没有进行评估。

我个人认为,应当把强制亲职教育的实施情况视为判定监护侵害的一个标准,以及作为是否剥夺监护权的一个重要的依据。我也主张强制亲职教育应当作为剥夺监护权的前置程序。对于还没有教育就剥夺监护权的做法,我一直是持有保留意见的。强制亲职教育必须要有刚性和威慑力,还可以考虑对于多次违反强制亲职教育命令情节严重的,可以适用拒不执行判决、裁定罪予以入刑处罚。

2017年10月28日在"强制亲职教育与未成年人检察社会支持体系研讨会"(《人民检察》杂志社、四川省检察院、成都市检察院主办)上的点评与综述。

第三人对未成年人财产监管：
一个有益的探索

当未成年人由于接受赠与、继承等原因获得了大笔财产，而监护人却不能、不愿或不适合作为财产监管人，如何去维护未成年人的财产权益，这是一个在未成年人保护实践中长期存在的困扰性问题。一方面要防止未成年人的财产被他人——包括监护人侵犯，另一方面又要防止身心发育还不成熟的未成年人乱花钱。我国目前的未成年人保护制度设计对此是缺失和空白的。

我很欣慰地看到，长宁区法院少年法庭在裁判变更监护人纠纷案件中，没有对这样的缺失和困境视而不见，而是基于儿童最大利益原则的要求创造性地设计了第三人对未成年人财产监管制度，为解决上述难题和完善我国未成年人保护制度提供了宝贵的探索性经验。少年司法的特殊性在于从来不应是消极裁判，而是践行儿童最大利益原则，从儿童本位出发主动作为和担当。说直白一些就是既要依法裁判，更要"用"心裁判和"寓助于审"。从这个角度看，少年司法天然具有能动司法的特征，这也是其区别于普通司法的重要方面。

不过个案探索的惠及面毕竟有限，如何通过总结和提炼个案经验发展到制度设计，让更多的未成年人受益，这是下一步需要考虑的问题。例如，有关部门是否可以出台规范性文件将长宁区法院所创设的第三人对未成年人财产监管的经验做法制度化。再如，除了委托自然人对未成年人财产进行监管外，银行等金融机构是否可以设计基于未成年人保护目的的特殊类型"信托业务"，以便更好地维护"小雨"们的财产权益。

本文写于2017年5月21日，主要内容载《人民法院报》2017年6月5日。

落实风险防控体系，打造超大城市平安校园

学校安全不仅是最受公众和媒体关注的教育热点问题，也是事关社会治安稳定的重点问题。党和国家历来高度重视校园安全，针对当前校园安全的新趋向，国务院办公厅于2017年4月发布了《关于加强中小学幼儿园安全风险防控体系建设的意见》，明确提出了加强学校安全风险防控体系建设的指导思想、基本原则和工作目标，并对安全风险的预防、管控和处理作出了系统的规定。上海市积极落实中央文件要求，在总结本市经验、直面超大城市校园安全难题的基础上出台了《上海市人民政府办公厅关于加强中小学幼儿园安全风险防控体系建设的实施意见》（以下简称《实施意见》），为进一步深化本市学校安全风险防控体系指明了方向，诸多亮点引人关注：

一是对标国家政策文件，落地、细化了学校安全风险防控体系。《实施意见》按照中央文件要求，将落实和完善学校安全风险预防体系作为重心，细化了包括学校安全风险预防、学校安全风险管控、学校事故处理和风险化解为主体的风险防控体系。将国家政策文件中诸多规定较为原则的内容，进行了可操作性的具体化。例如，就如何完善学校安全风险预防，明确了从幼儿园到高中各个年级的安全教育游戏活动和课程课时要求，确保不同年龄段的学生得到适龄的学校安全教育。同时，针对当前学校安全管控中的难点问题，将"着力构建校园及周边安全环境"作为独立部分，对学校选址和建设、设施设备隐患、教育装备配置、学校安保力量、学生安全区域、网络环境建设等方面做了细致的规定，既体现了地方政策文件的体例创新，又大大提升了学校安全风险防控的针对性。

二是立足上海市情,体现超大城市学校安全防控特色和亮点。《实施意见》一方面固化了上海学校安全教育和管理中的一些成功经验,例如规划化和制度化的公共安全教育模式、公安护校安全工作模式、学校周边环境治理模式、规划化的校车管理模式、学校安全管理中心建设模式等;另一方面结合上海学生人数众多、学校安全关注度高、安全风险防控巨大等特大城市市情,有针对性地完善了学校安全风险管控机制和学校安全事故处理和风险化解机制。其中诸多特色和亮点引人关注,尤其值得一提的是《实施意见》把"中小学校方责任险"拓展为"校方责任综合险",将学生在校期间或在学校组织的教育教学活动中,学校无责情况下的学生意外伤害和死亡纳入了保障范围,并按照普惠公益发展学前教育要求将幼儿园包括在内,所需资金按照学校隶属关系由市、区财政保障落实。这一深化和拓展,既体现了上海特色,又填补了诸多安全风险防控的盲区。

三是直面学校安全风险防控难题和社会关切,实现了体制机制上的诸多突破和进步。在深入调研,梳理上海市学校安全风险防控中所存在的长期、困扰性难题以及社会重点关注问题的基础上,《实施意见》担当进取、勇于破冰,体现了未成年人利益最大化的理念,在诸多体制、机制问题上有实质性突破和进步。例如,针对学校安全保障不力、安全专门人员薄弱的情况,明确每千名师生或每校区至少配备 1 名专、兼职安全干部并享受中层干部待遇,教育、公安、应急管理等部门要明确归口负责学校安全风险防控的专门机构并配齐配强工作力量,机构编制、财政等部门要加大资源支持力度等。再如,针对社会关注的学生欺凌和暴力问题,健全了早期发现、预防和处置机制,同时明确要加强网络领域欺凌的预防和处置,设立工读教育评估与研究中心以充分发挥专门学校在学生欺凌和暴力行为防控工作中的作用,让学生欺凌和暴力的处置有了实质性的载体。此外,社会关注的性侵、虐童等问题,《实施意见》吸收闵行区先行探索的经验,专门规定市委政法委牵头制定建立性侵害违法犯罪人员从业限制指导意见,建议与未成年人密切接触行业的企事业单位、社会团体等用人单位,对存在性侵违法犯罪记录的人员,不予录用;还特别要求教育部门要会同相关部门进一步健全未成年学生及幼儿权利保护机制,对虐待、体罚、性骚扰等侵害未成年学生及幼儿人身健康的不法行为,建立零容忍制度,及早发现、及时处理、从严问责。

《实施意见》是对习近平总书记关于"各级党委和政府要为学校办学

安全托底……解决学校后顾之忧,维护学校应有的尊严,保护学生生命安全"指示的深入贯彻和切实执行,相信这一意见的正式实施将大大提升上海市学校安全风险防控的水平,让中小学幼儿园成为上海最安全和最阳光的地方。

2018年12月27日,在上海市教委主办的"上海校园安全防控体系建设实施意见媒体座谈会"上的发言。

第二辑
丁年以内乃教育之主体

我国预防青少年违法犯罪工作进入"深改"阶段

日前,中共中央办公厅、国务院办公厅印发了《关于进一步深化预防青少年违法犯罪工作的意见》(以下简称《意见》)[①],这是继1979年《中共中央转发中宣部等八个单位〈关于提请全党重视解决青少年违法犯罪问题的报告〉的通知》、1985年《中共中央关于进一步加强青少年教育,预防青少年违法犯罪的通知》、2000年中办、国办转发《中央社会治安综合治理委员会关于进一步加强预防青少年违法犯罪工作的意见》,时隔十六年后中央在新的历史阶段就预防青少年违法犯罪工作做出的新的全面部署。

《意见》在"指导思想"中将预防青少年违法犯罪工作放到了实现中华民族伟大复兴中国梦的大背景下,提出了"健全青少年教育领导、利益协调和权益保障机制"的新思路。同时确立了"预防为主,综合施策""以人为本,依法治理""强化教育,注重服务""临界预防,重点干预"四大基本原则,要求各地区各相关部门充分认识做好预防青少年违法犯罪工作的重要性和紧迫性,建立健全符合时代要求、具有中国特色的预防青少年违法犯罪工作格局,努力实现青少年涉案涉罪数据逐步下降的目标;并从"教育青少年明理向善、知法守法""净化青少年成长的社会环境""深化重点青少年群体服务管理工作""完善未成年人司法保护制度""培育引导社会力量参与预防犯罪""强化领导责任和工作保障"等六大方面对如何进一

---

① 《2016年中央综治委预防青少年违法犯罪专项组全体会议召开》,载《法制日报》2016年9月20日。

步深化预防青少年违法犯罪工作提出了系统的要求。

《意见》是对新形势下青少年违法犯罪所呈现的新特点、新趋势的针对性回应。十六年来,我国青少年的成长环境有了很大的变化,青少年违法犯罪也呈现出新的特点和趋势。例如,网络已经成为继家庭、学校、社区与社会后青少年成长的第五空间,并成为青少年违法犯罪的重要原因与表现载体;监护缺失造成的青少年违法犯罪现象日益突出;未达到刑事责任年龄的低龄未成年人严重危害社会现象日趋严重;校园欺凌问题成为校园暴力的新的表现形式,并引发社会各界的广泛关注等等。青少年成长环境的变化及青少年违法犯罪的新特点、新趋势对预防青少年违法犯罪工作提出了新的要求,而这也是《意见》内容的重点和亮点。

《意见》是对近些年来我国预防青少年违法犯罪工作经验的系统总结和深化。十六年来,我国预防青少年违法犯罪工作取得了重大进展。形成了以中央综治委预防青少年违法犯罪专项组为领导协调机构,包含21个成员单位在内的综合治理体制。预防青少年违法犯罪工作日渐走向科学化与专业化,尤其是2009年开始推行的重点青少年群体关爱服务管理工作,体现了预防青少年违法犯罪工作从一般预防向重点预防的转变;2014年出台《加强青少年事务社会工作专业人才队伍建设的意见》,推动了预防青少年违法犯罪工作专业人才队伍的发展等等。上述经验均在《意见》中得到了系统总结,并提出了进一步深化的要求。

《意见》是对我国预防青少年违法犯罪工作长期存在的重点、难点问题在顶层设计高度的"深改方案"。尽管我国预防青少年违法犯罪工作取得了举世瞩目的成绩,但不可否认仍然存在一些长期没有得到有效解决的重点、难点问题。例如,未成年人不良行为早期干预机制没有建立,存在"养大了再打""养肥了再杀"的"养猪困局",严重影响了社会治安,社会各界反响强烈;监护缺失、监护不当问题突出,长期没有形成有效干预机制,成为青少年违法犯罪的重要因素;预防青少年违法犯罪的专业化程度不高等等。《意见》在总结实践探索经验的基础上,对预防青少年违法犯罪工作中所长期存在的重点、难点问题均提出了明确的要求,可以说是在新的历史条件下深化预防青少年违法犯罪工作的总指针。

各国犯罪治理的共同经验表明,预防青少年违法犯罪是犯罪控制的基础性工程,不仅仅事关家庭幸福安宁,更关乎社会和谐稳定,乃至国家长治久安。青少年违法犯罪是社会问题的折射,深化预防青少年违法犯罪也有助于这一现象背后社会问题的治理。各地区各相关部门应当从上述角度,深刻认识贯彻执行《意见》的重大意义。

本文写于 2016 年,提交有关部门参考。

理解中长期青年发展规划

2017年4月,中共中央、国务院印发了《中长期青年发展规划(2016—2025年)》(简称"规划"),这是新中国历史上第一个专门针对青年发展的规划,充分体现了党和国家对青年的关爱、对青年发展的重视,是我国青年发展史上的里程碑式的事件。

规划的出台经历了地方规划先行的过程。2000年,山东省烟台市委、市政府在"五四"前夕颁布了我国第一个青年发展规划——《烟台市青少年事业发展纲要(2000—2005)》,此后上海、北京、重庆、山西、浙江、江苏、湖南、江西等省级单位以及西安、武汉、南宁、海西州、扬州、阳泉、丽水、上海各区县等地市级单位在"十一五""十二五""十三五"期间也先后编制和实施青年发展规划。[①] 在党中央书记处指导下,2015年5月国家规划的起草工作正式启动,并指定共青团中央牵头,共35家中央部委参与,前后历时近两年才正式颁布。

2017年10月18日,习近平总书记在党的十九大报告中满怀深情地指出:"青年兴则国家兴,青年强则国家强。青年一代有理想、有本领、有担当,国家就有前途,民族就有希望。中国梦是历史的、现实的,也是未来的;是我们这一代的,更是青年一代的。中华民族伟大复兴的中国梦终将在一代代青年的接力奋斗中变为现实。全党要关心和爱护青年,为他们实现人生出彩搭建舞台。广大青年要坚定理想信念,志存高远,脚踏实地,勇做时代的弄潮儿,在实现中国梦的生动实践中放飞青春梦想,在为人民利益的不懈奋斗中书写人生华章!"

---

① 参见刘俊彦:《三大维度看规划》,载《中国青年报》2017年4月24日。

对于如何让青年兴、青年强,总书记提出了"全党要关心和爱护青年,为他们实现人生出彩搭建舞台"的要求,并且早在2017年4月,就由中共中央、国务院印发了《中长期青年发展规划(2016—2025年)》(简称"规划"),要求各地区各部门结合实际认真贯彻落实。规划是习近平新时代中国特色社会主义思想的体现,也是"党和政府在青年工作领域从理念到实践的一次深化与创新,是推进国家治理能力和治理体系现代化的战略选择"。① 各地区各部门应当从"青年兴则国家兴,青年强则国家强"的高度来认识贯彻落实这一规划的重大意义和价值,只有青年发展得好,才有青年兴和青年强。

布朗芬·布伦纳的生态系统理论(ecological systems theory)认为,发展是不断变化的人与环境互动的产物;发展个体嵌套于影响的一系列环境系统之中,在这些系统中,系统与个体相互作用并影响着个体相互的发展。规划聚焦当前青年成长发展迫切需要关注的核心权益,从思想道德、教育、健康、婚恋、就业创业、文化、社会融入与社会参与、权益保护、预防犯罪、社会保障等10个领域,分别提出了具体发展目标,并且针对每个领域青年发展的突出问题有针对性和有重点地提出了发展措施,其目标是致力于为青年发展创造良好的政策、社会、法律等发展环境,培养有理想、有本领、有担当的青年。

尽管规划是由共青团中央牵头,但是是在党中央的直接指导下由35家中央部委共同制定的。就规划的实施机制而言,也明确是在党中央统一领导下,设立推动规划落实的部际联席会议机制,共青团中央具体承担协调、督促职责;县级以上党委和政府建立青年工作联席会议机制,负责推动规划在本地区的落实,协调解决规划落实中的问题,县级以上团委具体承担协调、督促职责。值得注意的是,规划虽然是由共青团牵头制定并具体承担协调、督促职责,但绝不能将规划的制定与实施理解为仅仅是共青团的职责,而应当确立这是中央规划、国家规划、国家行为的正确观念,避免认识和理解的误区。与此同时,规划的出台和实施也为共青团改革提出了更高的要求,能否在这一中央规划、国家规划的实施中承担好协调、督促职责,是对共青团改革的一大挑战。

规划的实施具有专业性、长期性、多部门协同性等特征,这些都是传

---

① 参见:《筑牢青年发展之基础——解读〈中长期青年发展规划(2016—2025)〉》,载《中国青年报》2017年4月24日。

统共青团组织与工作的薄弱点,也对于如何进一步推进共青团改革明晰了方向、提出了更高的要求。作为新中国第一个青年发展规划,这一由党中央、国务院制定和颁布的规划的出台在某种意义上标志着青年事务正式成为党和政府关注的"专门事务"类型。习近平总书记在党的十九大报告中提出"在省市县对职能相近的党政机关探索合并设立或合署办公",党的群团组织也应认真思考如何贯彻这一要求。

党的政策是法律的渊源与来源,法律是党的政策的转化与固化。从长远来看,如何将党的政策转化为法律,也是一个需要认真对待和思考的议题。在我国现行法律体系中,只有未成年人法律类型,还没有青年法的概念和门类。和我国不同的是,很多国家除少年法、儿童法之外,还制定有专门的青年法。加强对青年法的理论研究,推动青年立法的进程,早日制定出台青年法,也是贯彻实施规划的必然要求。

本文系《中长期青年发展规划解读与研究》(中国政法大学出版社2018年版)前言。

欲祛除邪恶　必先祛除神秘

2015年12月30日,上海市第十四届人大常委会通过了《上海市禁毒条例》(简称《条例》),并自2016年4月1日起正式施行。《条例》根据上海市禁毒工作实际,细化了《禁毒法》与《戒毒条例》的规定,创设了上位法没有明确而又为上海市禁毒工作急需的十余项新内容、新制度,自颁布与实施以来受到了广泛而高度的好评。

我有幸受上海市禁毒委员会办公室委托,依托上海市法学会禁毒法研究会及上海政法学院禁毒理论研究专家资源,牵头成立了上海市禁毒地方立法调研课题组,全程参与了立法前期调研、后期论证、草案起草与修改等工作,深知这一条例的来之不易。法律的生命在于实施,如何贯彻落实这一富有特色且受到高度评价的地方性禁毒条例,是一个必须认真对待的议题。事实上,早在立法调研和起草阶段,贯彻宣传《条例》就已经列入计划之中。去年底,由上海市人大内司委等共同编辑的《〈上海市禁毒条例〉释义》一书已正式出版发行,这一释义主要是帮助禁毒工作者理解和执行《条例》。我很高兴地看到,针对普通公众尤其是未成年人的通俗性禁毒宣传教育读物《生命的禁区》,在经过上海市禁毒办、上海市禁毒教育馆与《十万个为什么》杂志的辛苦努力下,也终于要正式与小读者们见面了。

目前我国禁毒工作形势依然严峻复杂,毒品滥用尤其是青少年滥用毒品问题仍然十分突出。截至2016年底,全国现有吸毒人员250.5万名,戒断三年未发现复吸人员141万名。其中不满18岁的未成年吸毒人员有2.2万名,占0.8%;18岁到35岁的青年吸毒人员有146.4万名,占58.4%。尽管近些年来上海市禁毒工作成效显著,青少年吸毒人员占比已经开始下降,但毒品滥用问题仍然不容乐观。全市登记吸毒人数近9万人,其中35岁以下青少年占比为40%。

无论从全国还是上海市情况来看,毒品滥用问题都出现了许多新情况、新问题。滥用大麻和新精神活性物质现象以及传统毒品、合成毒品和大麻、新精神活性物质叠加滥用情况日趋突出,毒品滥用情况日趋复杂。各类伪装性、迷惑性越来越强的新型毒品层出不穷,影视明星、偶像滥用毒品等现象严重误导了公众尤其是青少年对毒品危害性的认识,青少年稍有不慎就容易误入歧途。预防宣传教育是禁毒工作的基础性环节,是禁毒工作的治本之策,也是《条例》的明确要求,有针对性地加强青少年禁毒宣传教育必须常抓不懈、久久为功。

以适应当代青少年特点的方式,强化青少年禁毒宣传教育的针对性、有效性,是上海市禁毒宣传教育一直倡导和努力的方向。《十万个为什么》杂志有中国少儿科普第一品牌之称,在青少年中有着广泛的影响力,依托这一杂志出版禁毒宣传教育专刊本身就是一种有益的尝试,当然也是《条例》第十一条关于报刊应当安排宣传版面刊登禁毒宣传内容的要求。

我一直主张,"欲祛除邪恶,必先祛除神秘",传统禁毒宣传教育往往具有说教性、恐吓性的不足,并不适合这一代青少年。以通俗易懂而有吸引力的方式告诉青少年一个真实的毒品世界,才能真正产生宣传教育的效果。《生命的禁区》专以毒草事件这一童话故事,串联起青少年尤其是未成年学生感兴趣并且应当知晓的禁毒常识,揭露了毒品的真实面目。专刊图文并茂,融故事性与知识性为一体,相信一定会成为青少年朋友喜爱的禁毒宣传教育读物。

本文系为《十万个为什么》杂志2017年增刊(禁毒教育专刊)《生命的禁区》所作序言。

《团团历险记》后记

故事讲到了这里,团团的历险就算是告一段落了。然而我想团团这个在各地宣扬正义、打击毒品违法犯罪的禁毒小使者的形象却会长久地停留在小朋友们的脑海里,这也正是我和所有参与编撰的学生们的衷心希望。

这篇童话故事的面世,首先要感谢校团委的建议。校团委希望继《呼噜噜与独角兽的幸福生活》之后,可以模仿出一个小朋友能看得懂的童话故事,就这样团团参与到了孩子们的童年世界。

其次这个故事的成文也要感谢我院社会实践部志愿者队的同学们。在过去的一两年间他们不仅奔波于志愿者活动与禁毒活动的最前线,也通过一个刚刚成年并渴望去世界各地治愈疾病、打击邪恶毒品的精灵团团的视角,用充满着儿童情趣且通俗易懂的笔触,描绘出了一幅幅展现着正能量气息且极富教育意义的童话故事。而这种寓教于乐、寓学于乐的形式,也正是当代我国小学生教育的一大方向,其形式也更易于被孩子们、家长们所接受和认可。

回顾近些年我院所开展的志愿者活动,特别是禁毒教育这一块,虽陆陆续续进行了许多各式各样的活动,也取得了较为不错的成效,但却也在具体实施的过程中,遇到了不少困难。

尤其是在活动区域这方面,始终难以突破本校或本区的地域限制。而在服务年龄段这块,也是主要针对低龄段的少年、儿童人群。针对成年人的科普教育,也难以有效地开展。

出绘本的建议为我们带来了全新的思路。细想当代社会的家庭幼儿教育模式,讲述童话故事是父母与孩子间培养感情,并帮助孩子们认识世界不可或缺的一部分,而这一过程也绝非是单向的。有不少孩子并不仅仅喜欢听故事,更是喜欢讲故事给自己的父母听。而团团的历险也能起到这样的"小手拉大手"作用——不仅能在孩子们的童年就带给他们禁毒的相关知识,更能通过孩子们的口将有关的信息传递给他们的父母,以达到拓展服务年龄段的作用。

最后,真心地希望团团和它的禁毒故事能带给孩子们和家长们快乐与启迪。

《团团历险记》中团团以禁毒小使者的形象,通过历险记的形式讲解了毒品的常识,宣扬了正能量,为孩子的健康成长保驾护航。本绘本为上海政法学院刑事司法学院禁毒志愿者队编制、设计、绘图、制作。

低龄触法未成年人研究的新发展

近些年来,由低龄未成年人实施的恶性事件频发,但这不仅仅是少年司法所面对的挑战,也是家庭、学校和社会所应当重视和反思的问题。

若从少年法的视角来看,未成年人的罪错行为(美国称为delinquency,日本称为非行)可以划分为虞犯行为、违警行为、触法行为、犯罪行为四种类型[①],这四种行为虽然在广义上同属于未成年人罪错行为,但根据现行法律其在法律性质上却是存在重大甚至是根本性的差异。造成这种差异的原因在于我国目前尚无专门的少年法和独立的少年司法制度,并未将未成年人罪错行为从普通法(成人法)中分离出来予以特殊和专门的对待,而是仍然适用与成年人同样的《刑法》《刑事诉讼法》《治安管理处罚法》等。承受了诸多不白之冤骂名的《未成年人保护法》《预防未成年人犯罪法》并无"司法法"的性质,对于未成年人罪错行为的处置和干预没有实际的约束力。

未成年人是与成年人本质不同的独立的群体,而不是缩小的成年人,这是现代儿童观的基本立场。体现于法律与司法制度设计上,即要求将未成年人的罪错行为与成年人的违法犯罪行为区别对待,也就是要求有专门的少年法和独立的少年司法制度。但显然,我国目前的立法和司法

---

① 虞犯行为具备"成年人可为而未成年人不可为""自害性或轻微害他性""犯罪倾向性"三大实质特征,同时还应当具有法律明确规定的形式特征。违警行为即具有一定社会危害性,触犯治安管理处罚法,但尚不构成刑事犯罪危害程度的行为。触法行为是指因为未满刑事责任年龄或因刑事政策原因不予以刑事处罚的行为,其具有成年人实施即为刑事犯罪的特点。犯罪行为是指符合犯罪构成诸要件的未成年人刑事犯罪行为。详见姚建龙:《论〈预防未成年人犯罪法〉的修订》,载《法学评论》2014年第6期;姚建龙、李乾:《论虞犯行为的早期干预》,载《东南大学学报》2017年第2期;姚建龙、孙鉴:《触法行为干预与二元结构少年司法制度之设计》,载《浙江社会科学》2017年第4期等。

制度设计,与这样的要求还存在较大的差距。其结果是,对于未达到责任年龄的低龄但有危害社会行为的未成年人(主要是指有违警行为和触法行为的未成年人),根据现行法律既无法给予公众所期待的处罚,也无法给予必要的教育矫治措施,而只能陷入"养大了再打,养肥了再杀"的"养猪困局"。而另一个同样也需要重视的困局是,对于达到责任年龄、有危害社会行为的未成年人则实际是比照成年人从轻、减轻处罚——"一罚了之"。

近些年来,随着社会舆论对于以校园欺凌为代表的低龄未成年人恶性危害社会行为的关注——更准确地说是不满和愤怒,如何完善我国对于未成年人罪错行为的干预、教育与矫治机制,已经在一定程度上引起了学术界的重视,并且形成了主张降低刑事责任年龄的"严罚说"和反对降低刑事责任年龄但主张完善少年司法制度,特别是其中的保护处分制度的"宽容而不纵容说"两种观点的对立。但总体来看,学术界的研究仍然是十分薄弱的,而且基本上只限于法律界和法律视角的讨论,显然也还存在着学科视角的不足。

也正是因为如此,刘若谷博士的涉及多学科但偏重于教育学的《引领与成长——低龄触法未成年人教育矫正研究》一书不仅仅有力提升了国内对于未成年人罪错行为研究的力度,也因为其学科视角的综合性和特别性而给人以诸多启迪。在刘若谷博士看来,低龄触法未成年人的教育矫正问题是一个多学科综合的研究问题,需要打破学科的藩篱,从多元化的大教育视域出发,立足教育矫正的终极关怀,探究对低龄触法未成年人的教育矫正的价值预设、价值承诺和定位问题等;以此为理据,展开对低龄触法未成年人教育矫正价值本体探究,确立幸福成长作为教育矫正的价值本体;从价值定位的本体性承诺出发,在对低龄未成年人触法原因进行定量分析的基础上,进一步探究对低龄触法未成年人实施教育矫正的策略及途径问题,引领低龄触法未成年人个体价值观的重构,帮助低龄触法未成年人顺利成长、回归社会。

不能不说,这样的研究思路是有极大的难度和挑战性的,也在某种程度上体现了刘若谷博士的学术胆略甚至可以说是"雄心",而这也正是青年学者的可爱和可敬之处。通读该书,既有对低龄未成年人抽样问卷调查的实证分析,也有对低龄触法未成年人教育矫正的理论探讨,更有从法治教育、传统文化、人格完善、生态协调四个方面对触法低龄少年的教育矫正策略的探讨。如果按照严谨的少年法学视角尤其是根据现有法律规定,该书不乏不准确之处,但这种侧重于教育学的多学科视角研究,却可以为如何完善我国对于未成年人罪错行为的干预制度,特别是未成年人立法和少年司法制度提供独特的参考——毕竟在本质上,未成年人罪错行为不是法律问题,而是教育问题。据悉,全国人大已经将《未成年人保护法》和《预防未成年人犯罪法》的修订纳入立法规划,相信该书的出版也会对于促进我国未成年人立法的完善发挥积极的作用。

  2012 年 12 月,鲁东大学获批"问题青少年教育矫正管理"博士人才培养项目,成为首批服务国家特殊需求博士人才培养项目单位——迄今为止仍然是国内唯一专门培养问题青少年教育矫正管理方向的博士点。由于长期从事青少年犯罪与司法研究的原因,我有幸兼任鲁东大学博士生导师,见证和参与了鲁东大学博士点的建设和发展。可以说,鲁东大学已经成为国内青少年犯罪研究和人才培养的重镇,在服务国家青少年犯罪治理中发挥了日益重要的影响。刘若谷博士虽然并非我直接指导的博士生,但其虚心好学、刻苦钻研的学风给我留下了深刻的印象,相信他在未来学术发展道路上必有所成。

  本文系为刘若谷博士《引领与成长:低龄触法未成年人教育矫正研究》一书所作序言。

理性认识和应对校园欺凌

校园欺凌是与校园暴力常常混用的一个概念,但实际上两者之间是有区别的。校园暴力是"发生在中小学幼儿园及其合理辐射地域,学生、教师或校外侵入人员故意侵害师生人身以及学校和师生财产,破坏学校教学管理秩序的行为"。[①] 我国的校园暴力常见和多发的类型主要有四种:外侵型校园暴力、师源型校园暴力、伤师型校园暴力、校园欺凌。四种类型的校园暴力主要区别在于加害人与被害人的差异性,校园欺凌具有加害人是学生,被害人也是学生的特点。可见,尽管学界通常将狭义的校园暴力等同于校园欺凌,但在广义上校园欺凌仅仅属于校园暴力的一种类型。

一、校园欺凌的特征

如果进一步分析,可以提炼出校园欺凌的几个特征。例如,研究校园欺凌的权威挪威学者丹·奥维斯(Dan Olweus)将之定义为一名学生长期反复地受到另一名或多名学生的负面行为的影响。这一定义强调了校园欺凌的三个特征:行为的重复性、行为的伤害性以及力量的非均衡性。国务院教育督导委员会办公室发布的《关于开展校园欺凌专项治理的通知》将校园欺凌界定为"发生在学生之间蓄意或恶意通过肢体、语言及网络等手段,实施欺负、侮辱造成伤害的"行为。

笔者曾经将校园欺凌提炼为五个要素:一是发生在学生之间,即同辈群体性;二是故意侵害,也就是排除了过失或意外造成的情况,即故意

---

① 姚建龙:《校园暴力:一个概念的界定》,载《中国青年政治学院学报》2008年第4期。

侵害性;三是"欺"的行为,即以大欺小、以强凌弱、以多欺少等,强调"强对弱"的态势,不存在这个态势就不叫"欺",即力量不均衡性;四是行为方式不限于暴力,还包括其他一些表现手法,比如说语言、孤立、歧视等这些都算,即方式多样性;五是对孩子造成伤害,在这里"伤害"的界定有两个标准,第一个是客观标准,第二个是主观标准,就是以孩子的感受为中心。我主张第二个标准,即受害自感性。① 和丹·奥威斯的定义相比,笔者的五要素说根据我国通常对校园欺凌的理解,排除了"重复性",并且强调了以被欺凌者为中心来界定校园欺凌。

二、校园欺凌的状况

我国校园欺凌问题状况究竟如何?是否如公众和媒体所宣扬的已经到了极为严重的地步?2016年,我受教育部政策法规司委托开展"学校安全风险防控机制研究"。课题组在全国抽取了29个县区涉及22个省,以自我报告方式对所抽取的104834位学生所做的调查发现:校园欺凌发生率为33.36%,其中28.66%的学生报告偶尔被欺负,4.7%的学生报告经常被欺负。就欺凌的实施来看,16.04%的学生报告偶尔欺负同学,2.69%经常欺负同学。这一调查客观反映了我国目前校园欺凌的发生状况。

尽管相对一些国家类似调研高达80%左右的校园欺凌发生率,这一调查数据尚难以得出我国校园欺凌问题极其严重的结论,但是1/3学生遭受校园欺凌的发现已经足以证实高度重视校园欺凌防治的必要性和迫切性。

三、校园欺凌防治的司法困境

校园欺凌,无疑是最近几年最为牵动人心的话题。一些性质恶劣的校园欺凌个案通过视频、网络等方式的广为传播和社会舆论的高度关注,甚至在很大程度上潜移默化地改变了公众对于"孩子"的观念和看法。以前,一提到孩子,人们通常联想到的是:未来、可爱的、纯洁的等形象,而现在,人们通常想到的是三个字:"熊孩子",这在很大程度上影响着对校园欺凌的防治观念和实践。

---

① 姚建龙:《应尽可能让校园欺凌问题不出校园》,载《民主与法制时报》2017年5月19日。

从现行法律的视角看校园欺凌的防治,存在一罚了之和一放了之的困境。"一罚了之"是指对于那些符合《刑法》所规定的入罪条件的恶性校园欺凌行为,只有刑罚这一最为严厉的刑事责任承担方式,并且在处罚完后没有后续的跟进措施。"一放了之"是指对于未达到刑事责任年龄的低龄未成年人所实施的恶性校园欺凌行为或情节尚轻的校园欺凌行为,没有必要且有效的干预措施。[①] 在法律未做修改的情况下,司法机关应当如何在校园欺凌治理中发挥应有的作用,始终是一个困扰性的难题,也因为社会舆论的压力而在一定程度上损害了司法机关的社会形象。

四、海淀经验:人民法院的合理作为与担当

2015年4月16日,一段与校园暴力有关的视频在网上传播。视频中,一女生边动手边叫嚣谩骂,一女生则遭多人掌掴,该视频引发热议和公众的强烈愤慨。[②] 2016年11月23日,北京市海淀区人民法院依法公开宣判被告人刘某、邬某、贾某寻衅滋事一案,判处被告人刘某有期徒刑8个月,判处被告人邬某有期徒刑6个月,判处被告人贾某有期徒刑7个月。[③]

值得注意的是,海淀法院在对这一案件的处理过程中有以下几个特点:一是该罚则罚,该宽则宽。对于三名成年被告人入刑处理,而对于未成年学生则仍然保持了宽容。在依法打击校园欺凌犯罪的同时,没有违法迎合"严罚的舆论"对未成年人法外施刑;二是践行恢复性司法理念。三名被告人及部分未成年同案人通过经济赔偿、赔礼道歉等形式获得被害人小丽的谅解;三是注重预防性干预。海淀法院就该案没有一判了之,而是结合辖区中小学众多的特殊区情,发挥自20世纪90年代以来即已开展法院与校园法制共建的传统优势,探索出了"2+3+3"的校园暴力预防机制,即以法制校长和亲职教育(对家长进行"如何为人父母"的教育)两项特色工作为抓手,针对学生、家长、老师三类重点群体,采取家庭、学校、法院三位一体的多维度、立体化措施防控校园欺凌。

在笔者看来,北京市海淀区人民法院通过刘某、邬某、贾某寻衅滋事

---

① 详见颜湘颖、姚建龙:《宽容而不纵容的校园欺凌治理机制研究》,载《中国教育学刊》2017年第1期。
② 《新京报》2015年4月18日。
③ 《新京报》2016年11月24日。

一案的审理生动诠释了人民法院在校园欺凌防治中应有的作为与担当,对其经验值得认真总结和研究,也值得其他地区人民法院处理类似案件时借鉴。

载《中国审判》2017年第35、36期。

校园暴力的冷思考

一、校园暴力如何成为公共议题？

其实在近十五年之内，校园暴力并没有淡出公众的视野，只不过没有像今天一样成为热点，甚至引起高层和中央的重视。

校园暴力在中国进入公众的视野，有几个代表性的时间节点和几个关键性的案例。早在 2004 年北大附幼发生的校园屠童事件中，就有六七个孩子被砍伤，有一个重伤死亡。从那个时候起，国内开始关注校外人员侵入学校杀害儿童的事件，我们将其称为屠童事件，但总体来看还不是十分重视。到 2010 年，福建南平事件成为转折点，这起事件中砍死砍伤 15 个孩子，其中 8 死 7 重伤。这个案件之所以成为转折点，是因为在此之前发生的校园屠童事件一般只是死伤一人，这一次死伤人数很多，于是辅之国内媒体的报道，这一事件成为校园暴力作为公共议题的转折点。

也正是这一起案件，公安部要求加强校园警务、一校一警、专项治理等等。这是使校园暴力成为一项公共议题的标志性案件，又因为高规格媒体的介入和中央的关注，产生了一个意想不到的效果，那就是并没有像大家所想象的那样，在短时间内起到遏制校园暴力的效果，相反，在一个非常短的时间之内导致了类似事件的蔓延，由于各种原因而去校园里伤害小孩成为吸引媒体注意、宣泄情绪的手段，当时媒体的高度关注导致校园屠童事件不仅没有得到遏制，反而引起暴力的传染性效应。

第二个事件是 2009 年的"熊姐"事件，是一群女孩围殴另外一个女孩，当时在微博、微信等还没有兴起的时候，是通过网络跟帖的方式，在线上、线下形成了舆论的互动，当时没有新媒体的介入，同样形成了非常强的舆论效应,线下网友甚至发起了"屠熊事件",两百多个网友在同一天上午聚集在某职校的门口,要求交出"凶手"。这是当时关于校园欺凌非常典型的事件。

促使校园暴力成为公共议题的第三个事件,是海南校长带小学生开房事件,这也引起了全国性的舆论,后来这个校长和一名公职人员被分别判处了超过十年的有期徒刑,我将这起案件称为师源型校园暴力。

以上三个例子是校园暴力成为公共议题的标志性事件,也恰恰说明了中国的"校园暴力"跟国外"校园暴力"的概念之间存在一个非常大的区别。在我国,校园暴力早期主要是指外侵型校园暴力,过了一段时间之后,开始关注校园欺凌,后来又把师源型校园暴力(即来自于教师、教职员工的侵害)也纳入其中。所以中国的校园暴力要比国外的概念宽得多,这也体现了中国校园暴力事件的复杂性。国外的绝大多数法律法规等,对校园暴力的界定主要是指校园欺凌,而我们国家的校园暴力不仅仅是校园欺凌,甚至曾经一度主要关注的不是校园欺凌,而是外侵型校园暴力以及师源型校园暴力,这是存在的非常大的一个差异。

二、校园暴力是否具有建构色彩?

在美留学生凌虐案被国内媒体炒作得非常激烈。在国内的媒体对此事报道时,一般报道称此事在美国会被判终身监禁,而在中国会被教育释放。其实这个案子如果发生在中国,对这个案件的处罚并不会比美国轻,甚至会比美国重。媒体的解读已经设定了一个语境,那就是中国的法律有问题,对这个案件会形成一种误导。这起案件中的几个行为人的凌虐行为,放在国内会按照强制猥亵,判处五到十五年有期徒刑,其实际处罚肯定要比在美国重。更重要的是,对这起案件中的三个未成年人的处罚,在中国要远远重于美国。在美国对这几个未成年人并没有作为刑事案件来处理,更没有被判终身监禁,而是作为保护事件来处理,最终的处理是被送到少年训练营九个月。但是在我国未成年人却是要承担刑事责任的,至少会被判三年左右,绝对不可能不作为犯罪处理。因此在美留学生凌虐案,在中国判得不会比美国轻,而是远比美国重。但是几乎所有的媒体在炒作说"美国人在教中国孩子怎么做人"。

国内的媒体对这类事件的关注和报道,都在给大家一个这样的印象,那就是现在的法律是软弱无力的。很多人将我国的《未成年人保护法》称为"未成年人渣保护法"或"未成年人罪犯保护法",表达的是一种非常情绪化的宣泄和社会反应,这使得强调未成年人保护的人感到了极端的压力。校园欺凌和校园暴力是否真的如媒体所宣扬的那样严重?

犯罪学研究中一个基本的判断,那就是大部分未成年人在青春期时都会做一些坏事,在美国、德国都有这样的研究,很多研究结论都强调一点:"青春期做坏事,是一件非常浪漫的事",如果在青春期什么坏事都没做过,那反倒可能说明你生活在畸形的、高压的环境之中,那样的青春是不正常的。很多时候,未成年人只有通过越轨的方式才知道行为的边界在哪里。其实,我们每个人都可以反省一下,是否做过《预防未成年人犯罪法》所规定的九种"不良行为"和九种"严重不良行为"? 因此,孩子的世界是不能细看的。在犯罪学理论中,青春期的越轨,包括欺凌发生率很高,当然指出这一规律并不是为这种行为辩护。但因为新媒体的出现,使得很多行为不能细看。

同时,你会发现,绝大多数人并不会把其青春期的越轨行为带入成人期,一旦进入成人社会后会自动放弃这种行为,在犯罪学中称为"自愈"。也许有些观点绝对了一点,但只是想说明一个基本的观点,那就是校园暴力在现阶段的讨论具有明显的建构色彩,而我们做研究的人要保持警醒。

三、校园暴力防治的障碍:养猪困局

前述两个理论前提的建立,只是为了让大家能够理性、平和地去面对校园暴力现象。但是,我们仍然要理性去面对法律的不足以及现行的制度困境。到底问题是出在什么地方? 现行的法律有一点是值得我们反思的,那就是对于未成年人过度越界的严重不良行为,缺乏有效的干预机制。这里所说的不是一般的打打闹闹或欺负行为,而是说造成了严重后果的"越界"行为,如重庆摔童案,由于未到刑事责任年龄,公安机关介入之后不予立案,对于这些极度恶性的案件,仍然缺乏干预机制,这是问题之所在,也就是我所说的"养猪困局"。因他(她)的年龄没达到,不得不等到年龄大了之后再干预;他(她)的行为还没有达到刑事犯罪的程度,不得不等到达到了刑事犯罪的程度再惩罚。比如广西的"恶童"案,在其十九岁杀了至少第二个孩子时,才被抓起来,在这之前一直没人管,因为他精神上是有点问题再加上他的年龄一直没有达到。他成了整个村庄的"噩梦",但是一直要等到他十九岁奸杀另一个小姑娘的时候才把他抓起来,这是要反思的。

在我们国家确实存在"养猪困局",比如对于未达到刑事责任年龄,或者社会危害性程度尚未达到严重刑事犯罪的有严重不良行为的未成年人,现在的确缺乏有效的干预措施。《刑法》第十七条所规定的"因不满十六周岁不予刑事处罚的,责令他的家长或者监护人加以管教;在必要的时候,也可以由政府收容教养",《预防未成年人犯罪法》也规定了工读教育。但这三种措施在司法实践中基本上处于空转状态,基本用不了。比如"责令父母严加管教",很多孩子根本就没有父母,而且如果父母能管教得好,也就不会干坏事,所以这些法律规定基本不管用。民国时期,1935年的刑法典规定,要求父母缴纳一定的保证金,在一到三年之内兼顾其品行。这个规定比现在的法律规定更完善:第一,责令父母严加管教有期限;第二,需要交保证金,来督促父母履行好这个职责。在劳教制度废止之后,收容教养就没有执行场所了。送工读学校因不具有强制性,很多该收进去的收不进去,而且工读学校本身还面临着很多问题。由校园暴力事件所引发的思考,我国确实存在"养猪困局"这样的制度设计的困境。其实很多老百姓并不是恨某一个孩子,并不是恨那些欺负孩子的孩子,其背后是对过界的极度恶性行为缺乏有效的干预措施的焦灼。因此,很多人下意识的反应是主张降低刑事责任年龄。

四、司法纵容论:降低刑事责任年龄?

因此,有观点认为,不是因年龄没达到、行为危害性没达到而不能处罚吗?那么把刑事责任年龄降下来、把入罪的标准降下来,把这些孩子都按照刑法处理。这个观点看似很有道理,主张降低刑事责任年龄的观点认为,目前的生活条件改善了,孩子的发育成熟也提前了,因此,刑事责任年龄应当降下来,似乎是很有道理的逻辑。但是,首先便不具有任何可操作性。认为目前刑法所规定的十四周岁的刑事责任年龄太高,若主张降低,那降到几岁?降到十三岁,还有十一岁孩子发生的恶性案件,降低到十一岁,也还会有更低的,到最后干脆不要刑事责任年龄得了,这种操作性是不可能的。这种观点只是在宣泄一种情绪,不具有任何可操作性。第二,我国的刑事责任年龄是在一百年的历史演变中逐步确立的,可以说是通过一百多年检验,符合我们国家的国情。而且如果拉长历史,还会发现,刑事责任年龄总体趋势不是下降,而是上升的。1910年《大清新刑律》所规定的刑事责任年龄起点是十二周岁,1928年民国旧刑法提到了十三周岁,1935年民国新刑法提到了十四周岁,被我国1997年的《刑法》所承继。第三,国际社会,如《联合国少年司法最低限度标准规则》特别强调,要求各个国家不能把刑事责任年龄定得过低。现在很多媒体炒作称,英国最低刑事责任年龄才十岁,其实英国花了很多年的努力从七岁提高到了十岁,而且英国一直在努力继续提高,其实英国是在向中国学习。国际社会对我国的刑事责任年龄的设定普遍给予高度评价,联合国儿童基金会认为中国在这个问题上为全世界树立了典范。但我们自己却说要降低,这是一个非常值得反思的现象,那么问题出在什么地方?问题不在于年龄。

五、校园暴力防控的思考和建议

面对这种现象,降低刑事责任年龄并不是最理性的主张。针对校园暴力,如何进行制度完善,我提一个基本的主张:宽容而不纵容。当社会都在对未成年人发泄不良情绪,主张用刑罚去处罚仍然年幼的孩子的时候,这个社会已经充满了戾气。如果我们作为专业人士都在附和这种观点,为这种戾气煽风点火的时候,我觉得这是一种悲哀。所以,学者在这种所谓的社会热点事件中,应保持应有的理性。打一个很简单的比方,那就是如果用降低刑事责任年龄的方式,主张用刑罚去处罚这些低龄的恶性的未成年人,只是类似于主张用成年人的药来治孩子的病。这是很简单的道理,孩子的病要设计孩子的药物,用儿科的方法,用专门儿童医院来治疗,而不是机械地将生病的孩子全部扔进医院,用成人的药来治疗。如果主张以降低刑事责任年龄的方式,用刑罚去处罚,那就是用成年人的药治未成年人的病。

针对校园暴力所引发的思考,我们需要去考虑如何完善我国的少年司法制度,如何改变"养猪困局",以建立宽容而不纵容的校园暴力防控机制。如何实现宽容而不纵容?首先,要坚决反对降低刑事责任年龄,我认为我国的刑事责任年龄未来的发展还要往上提至十六周岁。留下的空间就是少年司法制度的空间,对于这些未达到刑事责任年龄的人的危害社会的行为,我的主张是要采取"以教代刑"的措施,不用刑罚去处罚,也绝不意味着不管。请注意这个观点,现在很多人认为,用刑罚处罚才是管。这是两个截然不同的观点。因此,决不能一放了之,也不能一罚了之,而是要设计完善的教育保护措施,在国外统称为保护处分措施,来干预所谓的"恶少"和有不良行为的未成年人。这是我的一个基本主张。

第二,未成年人的问题从来都是社会问题的折射,尤其是家庭问题的折射。当我们在关注这些所谓的坏孩子的时候,更重要的是要关注这些孩子背后的家庭以及他们的父母。要防控校园欺凌、防控校园暴力,更重要的是要对家长这个环节施加相应的措施,例如要引入国外的强制亲职教育制度。孩子有问题,父母要承担相应的责任,具体有三种责任承担方式:第一种是民事连带责任,我国侵权责任法、民法总则均有规定;第二是行政责任,行政责任规定的不明确,《预防未成年人犯罪法》规定可以对父母进行训诫,但是训诫是不起作用的,还应当进一步完善;第三,还有一些国家有规定刑事责任。当务之急,可以借鉴大多数国家所采取的强制亲职教育制度,孩子有问题,法院可以决定对父母进行强制亲职教育。台湾地区的法律就有这样的规定,父母不接受强制亲职教育的,每次可以罚款一万到三万台币;超过两次,可以公告父母姓名;再不履行,还可以继续加重处罚。对于孩子的问题,不能仅仅把棒子砸在孩子的头上,应该还要去考虑其背后的家庭教育和家庭环境的欠缺。另外,还可以考虑我国是否需要进一步完善和建立独立的少年司法制度。

总之,一个基本的观点是:校园暴力的问题在现在的语境下是一个非常值得探讨的话题,面对校园暴力、校园欺凌,我们更加要保持一种理性,考虑如何去完善我国相应的法律防控措施,而且校园暴力的防控是一个综合性的系统工程,不能仅仅针对这些"恶少"主张用刑罚的方法来进行处罚,甚至非理性地主张降低刑事责任年龄,加重这个社会的戾气。一个社会如果连孩子犯的错、犯的罪,都不能宽容,这个社会是不正常的。

2016 年 5 月 11 日,为上海团市委、上海市预防青少年犯罪研究会所做讲座的记录。

应尽可能让校园欺凌问题不出校园
——民主与法制社记者专访

上海政法学院教授、博士生导师姚建龙负责的"学校安全风险防控机制研究"课题组,对 104834 名学生所做的调查发现:校园欺凌发生率为 33.36%,但相比他国,我国的校园欺凌发生率总体上还是比较低。为何得出这个结论,本社记者对姚建龙进行了专访。

2016 年,上海政法学院教授、博士生导师姚建龙作为负责人承担了教育部政策法规司的委托课题"学校安全风险防控机制研究",在全国抽取了 29 个县区涉及 22 个省开展了问卷调查,课题成果之一是提出了加强学校安全风险防控体系建设的专家建议稿。2017 年 4 月 25 日,国务院办公厅正式印发《国务院办公厅关于加强中小学幼儿园安全风险防控体系建设的意见》,就建立健全学校安全风险防控体系提出意见。

近日,姚建龙接受民主与法制社记者专访,就校园欺凌的相关问题给出了自己的看法。

一、如何定义校园欺凌?

记者:2016 年 4 月份国务院教育督导委员会办公室发布的《关于开展校园欺凌专项治理的通知》中所使用的是"校园欺凌"一词,2016 年 6 月国务院总理李克强对校园暴力频发做出重要批示时使用的是"校园暴力"一词,而 11 月教育部等九部门发布的《关于防治中小学生欺凌和暴力的指导意见》中则用的是"学生欺凌"一词。这些概念如何区分?该如何定义校园欺凌?

姚建龙:这三个概念既有联系又有所区别。

国务院教育督导委员会办公室的《通知》将校园欺凌界定为"发生在学生之间蓄意或恶意通过肢体、语言及网络等手段,实施欺负、侮辱造成伤害的"行为。这一界定大体反映了理论界、实务部门及一般公众对校园欺凌的通常理解,指出了校园欺凌具有发生于学生之间的特点,也指出了欺凌的方式不只限于身体暴力,还包括语言暴力、网络暴力等具有欺负、侮辱性质的伤害行为。

校园欺凌属于校园暴力的一种类型。校园暴力是"发生在中小学幼儿园及其合理辐射地域,学生、教师或校外侵入人员故意侵害师生人身以及学校和师生财产,破坏学校教学管理秩序的行为"。

我国的校园暴力常见和多发的类型主要有四种:外侵型校园暴力、师源型校园暴力、伤师型校园暴力、校园欺凌。四种类型的校园暴力主要区别在于加害人与被害人的差异性,校园欺凌的加害人是学生,被害人也是学生。

由教育部主导制定和发布的《指导意见》使用"学生欺凌和暴力"的新提法,可能主要是基于以下考虑:一是认为学生之间的欺凌行为大多数并非发生在校园内,使用"学生"欺凌而非"校园"欺凌的提法,一方面更准确,另一方面也是对学校责任的"合理规避";二是将"欺凌"与"暴力"并列,突出了对学生之间身体暴力治理的重点关注。

记者:什么样的行为才是校园欺凌?有哪些特点?

姚建龙:我认为有五个要素,一是发生在学生之间;二是故意侵害,也就是排除了过失或意外造成的情况;三是"欺"的行为,即以大欺小、以强凌弱、以多欺少等,强调"强对弱"的态势,不存在这个态势就不叫"欺";四是行为方式不限于暴力,还包括其他一些表现手法,比如说语言、孤立、歧视等这些都算;五是对孩子造成伤害,在这里"伤害"的界定有两个标准,一个是客观标准,另一个是主观标准,就是以孩子的感受为中心。

很多学者主张应当以客观伤害结果为标准界定校园欺凌,但是判断孩子有没有被欺凌,最有发言权的不是父母、不是老师,也不是法官、检察官,甚至不是司法鉴定结果,而是孩子自己。因为每个孩子的主观感受不一样,成长经历也不一样,他们心里对被欺凌的判断也不一样。因此,我主张界定校园欺凌必须充分考虑学生的主观感受。我们课题组在抽样调查时,正是坚持了以学生自我判断为中心的校园欺凌界定标准。

二、如何正视校园欺凌？

记者：最近几年，多地频频曝出校园欺凌事件，社会公众表现出焦虑的心态，国家针对校园欺凌和校园暴力问题连续出台政策，各地方也出台新规整治校园欺凌，是否说明我国的校园欺凌现象呈现上升趋势，已经到了不得不重视的地步？

姚建龙：在网络自媒体时代，校园欺凌视频在网络上的广泛传播，在一定程度上夸大了成人社会对校园欺凌的焦虑。事实上，学生欺凌并非舆论所认为的那样严重。从横向比较来看，使用自我报告方式进行调查的国家校园欺凌发生率基本在80%以上，相较而言，我国的校园欺凌发生率总体上还是比较低的。

欺凌行为是成长中的自然现象。孩子在成长过程中，打打闹闹都是很正常的。我们对学生欺凌要有理性认识。在成长过程中，青少年往往需要通过越轨行为去探寻行为的边界，需要通过互相之间的欺凌寻求存在感与成人意识。学生欺凌，在某种程度上可以说是青少年的一种"正常"成长现象。

所以，成年人也要用发展的眼光去看待孩子成长过程之中的一些互相欺凌的事情。

大部分青少年在度过青春期后并不会把罪错行为带入以后的人生，而会出现"自愈"现象，实际上绝大多数校园欺凌行为也具有自愈的特征。

从这个角度看，对青少年的不良行为包括欺凌行为，应当保持必要的宽容和"容错率"，尤其是刑法的干预要保留必要的"谦抑"。

记者：在处理校园欺凌问题的过程中，怎样才能真正保护青少年的权益？

姚建龙：最简单的就是"儿童本位"。要从儿童的视角看待校园欺凌问题，不夸大，也不能漠视。同时，要尊重校园欺凌是孩子成长过程中的一种自然现象，不能也不宜采取极端性反应，要"宽容而不纵容"。

最核心的就是"不出校门"原则，按照校园内的解决方式来解决问题。过去在校园里发生学生之间的打闹问题时，老师、班主任就能解决，因为他们有很高的权威性。而现在，老师根本不敢管孩子，甚至在调查中我们发现，孩子打骂老师的现象也占有一部分比例。

客观地说，学校在应对校园欺凌案件时，也很纠结很为难，因为没有手段。我国法律明确规定禁止体罚虐待学生,又强调学校有教育的责任。问题在于现在的老师对学生不敢管、不能管,但是又给老师责任压力。因此,现在需要"重塑教师的权威",赋予老师、学校以惩戒权,让家长、学校,尤其是校园成为校园欺凌防范的主要中心。实在不行再上升到司法环节。

不过,目前我们国家对校园欺凌的治理并未纠缠于"严罚"还是"教育"的争议,也并未陷入刑事责任年龄是否应当降低的争论,而是基于理性和现实的角度采取了防治的举措,这一点是值得肯定的。

三、如何应对校园欺凌?

记者:校园欺凌事件该如何进行责任的划分?处理校园欺凌事件应该有一个什么样的步骤和程序?目前哪个环节最需要加强?

姚建龙:校园欺凌事件很难笼统地讲谁的责任更大,应该根据具体的个案来判断,一般可以概括为预防的责任和处置的责任。预防方面家长、学校负核心的责任,但是处置的话,公安部门和司法机关不能缺位。

现在很多地方上的公安机关对于校园欺凌问题没有合理的站位。一些地方公安机关片面理解打击违法犯罪的职能,在没有造成严重危害后果达到违法犯罪程度时,一般是不介入的。我认为公安机关在未成年人违法犯罪的治理,尤其是校园欺凌的防治上,应当强化预防职能。国家需要考虑建立少年警察制度,在学校派驻校园警察,以及通过法治副校长、辅导员的方式,介入校园欺凌事件,维护校园的安全。也就是要引入权威来维护校园安全,对校园欺凌行为形成震慑和威慑的作用,这就需要在校园内有一定的见警率(见到警察的比率和频率),这是非常重要的。

及时发现、应急处置、惩戒处置、辅导帮教(包括欺凌的双方),这是一整套完整的环节,是一个处置校园欺凌的专门体制。现在我们国家还是在预防环节上最为缺乏,在没有出现严重后果时往往没有作为,这也是需要重视的地方。

记者:要减少甚至避免校园欺凌的发生,需要在哪些方面做出努力?

姚建龙:要更多地反思家长、学校、社会乃至国家的责任,并进行相应的制度完善。

首先,要坚持宽容而不纵容的刑事政策,一方面完善未成年人不良行为的早期干预制度,另一方面,对于未达到刑事责任年龄而不予刑事处罚的低龄未成年人，要有"以教代刑"的教育措施，绝不能一放了之。

为此，除了要考虑完善和激活已有的责令父母管教、工读教育、收容教养等非刑罚措施外，还要考虑设计更加完善、系统且适合未成年人身心特点的教育措施。

预防和解决校园暴力问题的根本是家庭教育。"熊孩子"的产生与父母的失职密切相关，对于失职的父母要有必要的约束与教育措施。一方面要完善家庭教育指导制度，另一方面可以借鉴国外强制亲职教育制度，对放任未成年人违法犯罪的父母进行强制亲职教育，教他们怎么做父母，直至给予必要的处罚。

学校也要切实履行好对学生的教育、管理责任，尤其是法治教育的责任。要教育学生尊重生命，树立行为底线意识。每所学校均应当对本校校园欺凌发生状况进行调查评估，并在此基础上制定专门的校园欺凌防治方案。将校园欺凌防治列为法治教育、生命教育的重要组成部分，加强对校园欺凌的预防性教育，教育学生尊重他人及掌握同学之间纠纷的正确解决方式。

社会各界也要营造未成年人成长的良好环境，例如对于网络上随处可见、肆意传播的校园欺凌视频，有关部门不应坐视不管。

本文由记者李卓谦采写，徐振杰对本文亦有贡献，载 2017 年 5 月 14 日《民主与法制时报》。

关于李某某抢劫案的几点意见

以下意见仅供参考：

1. 从所提供材料判断，李某某虽然未实际到某地实施抢劫行为，但具有与甲事前共谋、提供作案枪支、积极联络同伙乙并促成共同抢劫行为的实施等行为，共同构成抢劫罪。鉴于李某某在抢劫犯罪中主要起帮助作用，且未实际参与实施抢劫行为，可认定为从犯。当然，由于李某某在共同犯罪中的态度积极、地位重要，也可不区分主从犯。

2. 根据最高人民法院量刑指导意见，尽管李某某为高一在校学生，但综合考虑本案的严重社会危害性（入户、持枪、涉案金额及被害人数等）、李某某在庭审中的表现、心理专家介入的实际效果（根据材料判断）、犯罪人格可能已经初步成型且重犯可能性较大（长期被父亲打骂、逃学、不良交往、推崇暴力、拉帮结派、沉迷网络等），对其判处缓刑恐有难度。当然，作为一种大胆的尝试，也未尝不可。如果使用缓刑，可以考虑附加针对性的禁止令（禁止一定时间内使用 QQ、上网等），对父母实施亲职教育。

3. 从所提供的材料来看，本案最关键性的考虑因素即"心理专家"的介入与努力，但根据已有的心理测评和心理疏导很难得出消除了李某某再犯危险性的判断。

首先工具的科学性不强。（1）菲儿人格测试：该测试虽然在国际上比较流行，许多企业在招聘时使用，但该测验不是科学的心理测验，缺乏信度与效度的相关检验，从心理学的角度来看，娱乐的成分比较多。（2）其他测试工具，如 15 道题目测试、回归社会需求量表等，由于报告中没有明确说明，所以不知是何人编制、信效度如何。建议：第一，选取心理学家编制的、经过实践检验的、科学化程度高的测验;第二,在测评报告中应明确说明所用测验的性质、适用范围、信效度标准等,从而使测评报告具有更强的信服力。

其次,工具的针对性需要增强。(1)一般来讲,应该先确定测验目的,然后根据目的来选择相应的测验。就本案来讲,对再犯风险高低的判断显然是目的之一,而且是首要目的。从报告来看,无论是警官、检察官还是法官都着重提到:对人的生命极其漠视,毫无怜悯和尊重。这种态度是其犯罪行为背后的深层原因,但该测评显然对此并没有足够的重视。如果其态度不改变,虽然暂时认罪悔罪,但以后再犯的可能性还是比较高的。(2)对态度的测评,使用自评问卷的信效度是比较低的。目前心理学界使用内隐联想测验来测试态度,比如是否对女性有歧视、是否认为瘦就是美等方面,取得了很好的效果,可以把这种方法引入进来,弥补自评问卷的缺陷。

再次,测评结果的解释值得商榷。报告中提到其自尊比较高、自我关怀程度比较高、社会支持比较好,因此,再犯可能性比较低。但此判断是否合理,是值得商榷的。任何事物都有利有弊,同样自尊高、自我关怀程度比较高、社会支持比较好也是这样。对于大部分人来讲,这些肯定是犯罪的保护性因素,但对于该案主却未必如此。李某某为什么对生命如此漠视,与他的高自尊、高自我关怀有没有关系,是需要认真思考的。

最后,测评程序的设计存在瑕疵。为了保证测评的客观性,一般采用自评和他评相结合的方式。该测试也使用了这两种方式,是应该肯定的。心理学中对于他评的方式,至少要求两个评定者同时评估、独立评分。如果评定者的意见比较一致,那就采用评定的结果。如果评定者之间有差别、尤其是差别非常大的时候,不能轻易相信哪一方的评定,应该再找专家来评定。将心理测评应用在少年司法领域,其测评结果可能对定罪、量刑产生比较大的影响,因此,更应该非常谨慎。建议引入多人同时评定的机制。

4. 对未成年人犯罪的定罪量刑首先应当考虑其回归社会的需求,但在我国尚缺乏独立的少年司法制度,仍然是以普通刑法为依据的情况下,行为的社会危害程度仍然是无法逾越的法律障碍。

5. 能否适用转处的关键因素并非在于是否涉嫌重罪,而取决于犯罪行为的社会危害性尤其是再犯危险性。如果再犯危险性较低,可以在法律允许的幅度内尽可能适用转处判处非监禁刑——保护过一些,也不会受到太大的质疑,但是如果不能确定再犯危害性是否消除,则宜慎重。这是理想与现实的博弈及衡量。

因未到现场了解此案具体情况,仅仅根据所提供材料提供意见,难免存在偏颇,仅供参考。

2017年6月26日,就某检察院疑难案件提供的论证意见。

教育帮助与预防重点青少年群体犯罪的若干思考

在讲这个之前我先讲个小故事：大街上有一群人，他们敲锣打鼓，路人很奇怪地问：你们在干什么啦？敲锣的人说：我们在预防老虎伤人，路人就说：我从来没有见过老虎啊，敲锣的人说：这就是我们预防的效果。那么这里面有几个问题，第一，谁应当成为犯罪预防的对象；第二，什么样的犯罪预防方法是有用的；第三，如何评价犯罪预防的效果。

为什么要把五类青少年作为犯罪预防的重点群体？需要注意的是，为了孩子也是一个重要的社会管理手段，这也是一种政治智慧。正如美国学者帕金翰所言：成人的政治策略都是借着童年的名义来实施的。

首先来看下中央倡导进行预防青少年违法犯罪的工作提出的社会背景。我国目前正处在一个社会转型期，其特点是跨越式的城市化，跨越式的工业化。国际上对跨越式的社会转型有个非常重要的理论叫作GDP危机论，意思是说一个国家的人均国民生产总值处在特殊时期时，这个国家会属于社会矛盾最突出、维护社会治安和秩序的压力最大的时期，大部分国家在现代化社会转型期都出现过这样的状况。目前我国正处于这一阶段，所以，现阶段我国社会矛盾凸显特别是群体性事件较为突出，这一系列社会矛盾给基层的压力特别大。重点青少年群体预防违法犯罪工作是社会管理创新的一种方式，是完善社会管理网络的一种非常重要的途径。有效的犯罪预防通常是从三个方面入手：一是从人入手，就是对重点人群的管控；二是对犯罪工具的管控；三是对被害人的预防和保护。目前所推动的重点青少年群体的犯罪预防工作是符合犯罪预防基本理论的。

第二个问题,怎样深入理解重点青少年群体的犯罪预防工作。

对于五类重点青少年群体,初期的提法是:第一类,中、小学生;第二类,流浪儿童;第三类,闲散青少年;第四类,违法犯罪青少年;第五类,进城务工青年。现在的提法把第四类违法犯罪青少年改为有不良行为和严重不良行为的青少年,实际上这次改动就是把预防工作的重点提前了。还有就是以前叫流浪儿童,现在的提法叫流浪乞讨青少年和服刑在教人员未成年子女,还有一个新增加的是农村留守儿童,替换了原来的第一类中小学生。这五类群体大致可分为两类,一是闲散青少年、服刑在教人员未成年子女和流浪乞讨青少年与农村留守儿童,二是有不良行为和严重不良行为青少年。前面的四种有个共同的特点,即都是弱势群体,大体均属于社会的底层。这些青少年的监护都处于缺失或是非常弱的状态,不仅仅是犯罪的高危群体而且还是权利易受害的高危群体,这点希望大家要注意。有不良行为和严重不良行为的青少年的特点是,他们的一只脚已经迈进了犯罪的大门口了,再往前发展就是犯罪了。

针对重点青少年群体的上述特点,同时基于赫希的社会控制理论视角,预防工作的着力点首先在于"情感"。情感是预防工作的重要抓手,有了情感纽带,重点青少年群体就不太可能犯罪。预防工作着力点之二是提高青少年犯罪的成本,让他们不舍得犯罪。如果高危人群有了稳定的收入来源、社会地位,你叫他去犯罪他都不愿意去。预防工作的着力点之三是用各种活动充实青少年的课余和生活时间使他们没有犯罪的时间。预防工作的着力点之四是利用道德观念来预防犯罪,传统的说法就是加强思想道德教育,让他们认同主流价值观念。

对五类重点青少年群体的犯罪预防有必要做进一步的解读。

首先来看闲散青少年。这一群体的特点是已满6周岁尚不满26周岁处于失学失业失管的状态。这个群体有着悠久的历史,20世纪五六十年代把这些人叫作社会青年,"文革"期间叫作知青,80年代叫作问题青少年,此后叫作闲散青少年。值得注意的是,大约在2003年上海改称社区青少年,这样叫的好处是容易接近工作对象,避免标签效应,上海的做法值得借鉴。这个群体有个鲜明的特点,已经具备社会破坏能力和破坏的精力,但是还没有真正地进入成人社会,这些人管理教育不好确实有容易成为社会不安定因素的一面——至少会容易产生这种担忧。

再来看有不良行为和严重不良行为的青少年群体。严格意义上讲,应该称为有不良行为和严重不良行为的未成年人群体,因为"不良行为"是特定适用于未成年人的法律概念。比如我成年了,那抽烟还能叫有不良行为吗?按照《预防未成年人犯罪法》的规定,不良行为分为两个层次,一个是一般不良行为,包括九种。《预防未成年人犯罪法》将这些行为的特点界定为违反社会公德,但既不能采取行政处罚措施也不能采取刑事处罚措施,还没有达到法律处罚的行为程度。青春期不良行为的高发率是正常的,如果一个人在青春期没有发生过任何不良行为的话,这个人肯定是生活在一个高压的畸形环境中。所以,我们要心平气和地去看待未成年人的不良行为。另一类是严重不良行为,已经具有一定甚至是严重社会危害性。按照《预防未成年人犯罪法》的规定,具有一般不良行为的未成年人一般由家庭、学校和社区进行干预、制止和教育。对于严重不良行为则需要国家采取强制性的干预措施,包括治安处罚、工读教育、收容教养等。

第三类,流浪乞讨青少年群体。流浪儿童一般是指不满18周岁离开家人监护在外游荡超过24小时且无生存保障的人。目前我国有多少流浪儿童,还没有一个权威和信服的说法,流浪儿童多伴随乞讨等行为,给公众的感受是强行乞讨、职业化乞讨,其实背后往往有成年人控制的因素,要注重打击幕后黑手。我在调研中发现,相对于回家,很多儿童更"喜欢"流浪,因为这些儿童的家庭问题很严重,不解决家庭问题,流浪儿童问题难以解决。

第四类,服刑在教人员未成年子女。2004年司法部曾经做过一次大调查发现当时中国在押罪犯156万,其未成年子女约有60万,这60万孩子的生存状况非常令人担忧。有个个案令人唏嘘:父亲吸毒死了,妈妈由于盗窃被判刑,丢下两个小孩。这两个小孩5岁多就没人管了,10岁的时候妈妈刑满释放,于是两个孩子去接他们的母亲,接母亲的同时他们带去了很多礼物给妈妈,其中有漂亮的大衣、首饰和好吃的蛋糕。母亲问,这些东西哪来的,孩子就说偷来的。这个母亲就跪在小孩面前给他们磕头说你们以后别再偷了,小孩也跪下了说,妈妈如果我们不偷早就饿死了。这个政府是有责任的,最近一些年政府行动起来了,把服刑在教人员未成年子女纳入了社会保障体系享受低保,值得肯定。犯罪到底是遗传还是环境造成的呢?这些小孩没东西吃没人管去偷,你说是谁的责任呢?所以我们在对这类群体开展工作的时候一定要看到他们的合法权益无法得到保障的情况,在这方面有很多工作需要做,要注重解决他们基本的生存问题。

第五类,农村留守儿童。我个人认为农村这个词局限了工作范围,城市留守儿童问题也很突出,也要关心。从中国的情况来看留守儿童是很严重的社会问题,数以千万计。这些孩子如果教育不好很容易出问题。留守儿童的工作重点说白了就是要关心他们,加强情感纽带,而不能简单污名化。

最后再强调一下工作的落脚点。中央的文件落在预防犯罪,但是我需要提醒大家单纯按照文件来做工作会有偏差,权益的维护更重要。虽然重点青少年群体被认为是预防犯罪的重点,但是维护他们的权益更为重要。我们不要给这些群体贴上犯罪预防重点群体的标签,而是要在加强管理的同时注重关心关爱他们。

约在2011年为江苏团省委培训班所作讲座记录摘要。

保护处分：从理论到实践

点评谈不上，我介绍一点背景知识，可能有助于大家理解和讨论。

一、保护处分词源考

保护处分这个词，是从日本1922年颁布（1948年修改）的《少年法》中的日文汉字移植到中国来的。1922年日本《少年法》中规定了九种保护处分措施。1936年5月份，当时民国时期司法行政部所拟定的少年法草案主要借鉴的是日本《少年法》，也是第一次在中国的正式法律文本中，使用保护处分这个词。

这部法律草案中，规定了六种保护处分措施，和刑事处分是并列的：第一种是训诫。第二种有点拗口，简单来说类似于现在的责令具结悔过。第三种是委托校长加以训诫。第四种是附条件交予有监护责任的人。第五种是委托于自治团体或保护团体或其他适当之人，类似于现在的观护、社会观护处分。第六种是送入感化院或者医院。尽管早在1936年保护处分就在中国的法律草案文本中出现，但真正变为法律上的措施首先是在1997年的我国台湾地区。20世纪60年代，台湾地区的《少年事件处理法》是以1936年的《少年法案》为底稿的。当年因为各种争议，当时的《少年事件处理法》没有用"保护处分"这四个字，而用的是"管训处分"，直到1997年修订该法时才将管训处分改为了保护处分，并且规定了大概六七种保护处分措施。

在大陆，保护处分这个词是怎样成为学术研究的对象的呢？在2004年之前，保护处分从来没有人研究过，只在马克昌教授组织编写的《刑罚通论》这本书里面，在介绍到日本少年法的时候提到了保护处分。2003

年到 2004 年,我在写《少年刑法和刑法变革》这本书的时候,穷尽所有的汉语言的资料,发现台湾有一个叫陈敏男的研究生在其 2002 年硕士论文中,简单地提到了保护处分这个词,但是没有进行过系统的论证,但给了我很大启发。后来我写了一篇专题论文《犯罪后的第三种法律后果:保护处分》,也是《少年刑法与刑法变革》这本书的一个章节。记得当时投稿发表很难,被很多杂志拒绝了,后来终于在《法学论坛》2006 年第 1 期发表,这篇论文也是国内第一篇关于保护处分研究的专题论文。此后,保护处分这个概念开始被学术界接受,成为一个理论研究对象。但是作为一种制度探索和实践,特别是正式使用"保护处分"为名的试点,则是最近两三年在上海的未成年人检察系统开始的。

二、保护处分的内涵

保护处分的内涵是什么呢?我觉得有必要作一些解释。保护处分和保安处分是两个容易混同,但有着重大差别的概念。一个用的词是"保护",一个用的词是"保安"。在刑法学界关于保安处分的研究相对还丰富,但对保护处分的研究则十分薄弱。

保安处分是以社会为本位,注重的是人身危险性,但是保护处分这个词注重的是儿童本位,注重的是少年的福利和康复,这两者之间的立场是有本质区别的,一个社会本位,一个儿童本位。所以,在少年法中我从来都是主张用"保护"而不用"保安"。"保安"这个词对应的是处罚和控制,规定在成人刑法中,是对刑罚的补充。但是在少年法中用的是"保护",强调的不是处罚,而是采用受益性处分、教育性措施,让他重新回归社会,是超越刑罚、超越保安处分的这样一个概念。所以,在第一篇有研究保护处分的论文中我将它称为"犯罪后的第三种法律后果"。

对于保护处分的本质内涵做个简单的提炼就是八个字——"提前干预、以教代刑",这就是保护处分。"提前干预"就是行为还没有达到刑事犯罪的程度或者行为人责任年龄未达到时,基于预防的需要进行干预。所以,在国外的少年法中有"status offense"的概念,日本少年法中有"虞犯行为""触法行为"等概念,都强调的是你还没有达到刑事犯罪的程度或者还没有达到刑事责任年龄,就可以进行干预,来避免"养猪困局"。"以教代刑"是指对于已经构成了刑事犯罪的行为,主张可以用保护处分来替代刑罚。所以,这就是为什么在西方国家,尤其是英美法系国家,包括日本和我国台湾地区,制度设计是二元的——少年司法与刑事司法的二元体系。绝大多数少年案件走的是保护处分程序,最后都是用保护处分来替代刑罚的,只有极少数特别严重的案件,才按照恶意补足年龄规则,递送给检察官向普通刑事法院起诉,这个时候,这个孩子没有被当作未成年人来对待,而是适用成年人的刑罚。需要强调一下,我在很多年前介绍恶意补足年龄规则的时候,可能没有介绍清楚,所以,国内很多人在用这个概念的时候,把这个前提弄错了。在我们国家刑罚一元化的刑事司法体系下也要搞恶意补足年龄规则,这绝对是一种非常滑稽的误解。

从这个角度看,在我们国家不存在降低刑事责任年龄的问题,而是存在如何完善我们少年司法体系的问题,这两者完全是两回事,这就是我说的以教代刑。所以说,行为即便是构成刑事犯罪,也可以用保护处分来代替刑罚。大家可能会注意,台湾地区依据《少年事件处理法》处理的少年案件比例非常高,其中真正受到刑事处分的占3%左右,美国也基本上是这样的,当成刑事犯罪追究刑事责任的 delinquent 实际上只有3%左右,也就是这些国家对于少年的罪错行为,实际上最后走刑事司法程序的比例非常低,绝大多数都是用保护处分来代替刑罚。所以,大家可能注意到,我们国家现在的刑罚一元体系制度设计,80%以上甚至将近90%的案子是判3年以下有期徒刑,或者说5年以下有期徒刑,严格意义上来讲,如果我们国家有保护处分和保护处分的程序设计,这些案件全部都可以"出罪免刑",用保护处分来代替刑罚,这将会大大降低我们国家用刑罚来处理未成年人案件的这样一个现状。必须说明的是,即便是对适用于少年的刑罚,也需要进行改造,而不能和成年人一样。早在1936年所提出的少年法草案中,就已经拟规定少年刑罚最高为有期徒刑十年。1935年民国新刑法中也已经禁止对未成年人判处死刑、无期徒刑。这是我想介绍的第二个问题——什么是保护处分的含义,直白一点就八个字:"提前干预,以教代刑"。

三、中国问题

第三个要讨论的是什么是中国问题。在我看来,我国的问题主要是现行整个少年司法体系的设计没有独立的少年法支撑,现行适用的办理未成年人的法律都是以理性的成年人为假设对象所制定的,例如刑法、刑诉法、治安管理处罚法等,最多仅仅是做了一些少年化的改造,也就是我常说的"少儿酌减模式"。比如说，刑诉法第五编第一章搞了十一个条文，大家还觉得进步非常大，刑法中搞了几个比照成年人从轻减轻的条文规定，我们也觉得进步非常大。我必须强调，这些根本不是少年法，而只是小儿酌减的成人法。

由于没有独立的少年法，国家缺乏刑罚之外的保护处分制度设计，所以，出现了严重的问题，直接带来的就是两种后果：第一种是"养猪困局"，养大了再杀，养大了再打，这是舆论媒体经常批评的问题。第二个就是"逗鼠困局"。别看我们国家现在有少年警务、有未检科还有少年法庭，还有未成年犯管教所，但是仔细琢磨你会发现一个很奇特的现象：把一个孩子弄进少年司法体系之后，又请合适成年人到场，又给他法律援助，又给他法庭教育，折腾了半天，最后该判十年判十年，该判无期判无期。不像其他国家在经过这个少年司法程序之后，以教代刑，走保护处分程序就结束了，不会留下刑事记录，也不以刑罚惩罚为目标，因为它背后的理论基础是国家亲权。所以，中国少年司法改革的首要问题是要建立独立少年法、独立少年司法体系，其标志是要设计有"提前干预，以教代刑"性质的保护处分。从这个角度看，上海率先开展的以保护处分为名的探索，意义重大。

国家层面目前也在考虑改革的突破点。我现在在团中央挂职，正在做的一项重要工作就是推动出台关于加强专门学校专门教育的文件，如果可能的话，我们想争取中办、国办发文。如果成功了，后边会在保护处分的名义下，进一步推动建立中间意义的保护处分措施，把治安处罚、收容教育、收容教养、工读教育这些所有措施进行整合，进行少年法化改造，让它真正变成儿童本位、少年本位的教育性保护措施，在"一放了之"和"刑罚处罚"的中间建立保护处分制度体系。

具体的改革思路，首先推动拘禁性的保护处分措施的单一化——要大幅度整合，把少年收容教养、工读学校、行政拘留，还有类似于强制隔离戒毒等这些具有剥夺限制人身自由的措施，全部把它整合成一种单一性的拘禁性的保护处分措施。这个不能多，因为监狱现在都是强制限制人身自由，名义上不是惩罚但实际上都是，这个就有问题。其次是社区性保护措施的多元化。我们需要大量地设计出社区性的保护措施，比如说训诫、责令具结悔过、还有就是假日生活辅导、社会服务令等等，尽量"多元化"来适应未成年人罪错行为矫正的特殊性。最后是中间性保护处分措施的社会化,也就是安置于特定的机构,这种措施的特点是作为社区性保护处分与拘禁保护处分之间的中间性措施。比如说,安置到福利院或其他特定的机构。

这是整体改革的方向,也是我个人不成熟的建议和介绍的一些供参考的背景知识。

2017年8月26日,在"未成年人保护处分制度研讨会"(中国刑事诉讼法学研究会少年司法专业委员会和上海市人民检察院主办)上的点评,根据录音整理。

关于保护处分以及未检命运的问答

问题一：

各位领导、各位专家好，我是上海市浦东检察代表，借这个机会想跟各位领导和专家汇报一些想法，但是同时也提出一个困惑的问题。我们在2013年的时候，有一起作了保护处分的案例，这起案件是二十几个未成年人聚众斗殴，其中有6名未达刑事责任年龄的未成年人，当时我们对这6名未成年人是做了司法训诫、心理和行为矫治，家庭监护监督、加强和建档跟踪帮教的这样一些措施，通过这个案件包括之后我们建立的一些正面成长计划的项目都是对未成年人作保护处分的一些实践和尝试，包括我们自己做的一些理论研究，在这个过程中有三个体会，可能是特别需要加强之处。

第一个是早期介入很重要。因为我们在实践当中，通过数据的实证，包括国外犯罪学数据实证的研究，都证实越早期出现越轨、不良行为的，没有合适的矫正，之后重犯的可能性越高。所以，我们觉得这个早期介入的重要性非常大。那么我们现在的困惑就是跟公安机关的对接，我们常常是跟行政部门在对接，但是实际上对于未成年人这一块不管是不良行为的出现，还是一些轻微违法行为的出现，包括一些我们说的虞犯行为，都是公安的社会治理、综治这一块的工作。那么，我们要跟治安这一块的对接，工作过程中可能是存在一些问题的。

第二个是觉得方式的柔性多样性、期限的弹性很重要。因为目前在现实当中，我们对未成年人的教育手段，依据法律的规定不管是训诫教育，还是说一些亲职教育，手段比较单一，那么，特别是刚才姚老师讲到的这个专门机构、特殊机构，这一块我们比较欠缺。然后，刚才高教授讲到说这个children in need，每一个孩子的需求都是不一样的，那么我们在社区当中呢，如何能够有更多样性、更柔性化的措施，可能也是我们当前困惑的一个问题，包括期限的弹性问题。就像我们对这个未成年人作保护处分的话，期限怎么设定，是设定一个固定的期限还是说设定一个弹性的，根据实际教育保护需要的这样一个期限。这个问题我觉得也是我们实践当中，比较需要解决的。

第三个是强化司法属性很重要。因为在保护处分当中，如果说我们只强调这个柔性的部分，没有法律刚性的部分，那么实践当中的感受是教育效果不好，未成年人不一定接受，他的法定代理人不一定引起重视，而且对于现在我们未检来说也事关生死存亡。其实对于保护处分这一大批的案件，如果做案件化处理，特别是其中对于拘禁性的保护处分措施，要做程序上的重新改造，包括收容教养，我们对他进行一些司法化的处理，那么，把他推到一个诉讼程序当中，这方面我们觉得可能也是目前现实当中比较急于解决的。那么，我最大的困惑，特别是我们去国外做一些实证考察之后，就有一个问题，就是国外少年司法一般是二元体系，我们这边是一个一元体系，在这种情况下，我们检察机关或者说我们检察官在未成年人保护处分措施当中到底是什么样的一个角色和定位，刚才季科长认为检察机关应作为主导者，作为决定者，那么，我们到底是提议者、决定者、执行者还是监督者这个问题，我也想请各位专家指教，特别是想请姚建龙教授再给我们做一些指教和讲述，谢谢。

姚建龙：

要回答你这个问题，首先有必要补充谈几个想法或者观点，因为这样有助于理解你的问题。其实讲这个东西，归根结底是一个先议权的问题。我知道史厅长很怕我谈先议权，因为在很多年前我一直主张少年司法本质上跟检察院没啥关系，全世界所有国家只有中国的少年司法体系中检察院能够拥有如此庞大的权力和如此重要的地位。检察机关在本质上它是一个追诉机关，它与少年司法的保护主义理念是背道而驰的，所以，很多国家在早期少年司法程序中是完全排斥检察官的，觉得你跑过来就不对，因为你的立场是"控诉"。举一个例子，最近媒体热传的所谓日本未成年人死刑第一案。大家会发现，检察院是始终是站在控方立场的，其角色就是要把犯罪少年往死里整，最后还成功了。检察机关具有与生俱来的追诉主义欲望，所以，你可以想象一下，它基于这样的追诉主义的欲望，怎样能一变脸又变成了代表国家保护未成年人的保护者呢?如果一定要在追诉职能的同时加一个保护主义优先的职能,最终只会有一个结果——那就是人格分裂。

我曾多次感受过那种人格分裂的感觉。我在长宁检察院挂职近三年,在出庭公诉未成年人案件时对人格分裂体验深刻:最开始宣读起诉书,声色俱厉要求严肃追究被告少年的刑事责任。然后一变脸又开始和颜悦色、情真意切地教育他,你要好好做人,你要怎样怎样。前边当坏人,后边又装好人,还把这个孩子弄得鼻涕眼泪一大堆。检察权的运作如何和少年司法的理念不去产生对冲,这是中国未检制度改革必须要去解决的挑战性问题。

而其他国家则很简单,少年司法程序就不让你检察官主导,检察机关只是过一下手,没有实质的处分权。国外的少年司法体系,对少年案件的先议权是交给法院的。不管是大陆法系还是英美法系国家的少年司法体系,都是以法院为中心,以真正意义上的法院中心主义来设计整个少年司法程序,这就是所谓的先议权的核心问题。当然,21世纪以来有些国家也开始出现了强化检察官在少年司法中角色的改革趋势。比如日本在少年法修改中就对少年司法程序做了一些调整,原因是发现一些较为严重的少年非行案件如果没有检察官的参与,可能会对于一些罪错行为的事实认定出问题,所以感觉太排斥检察官也不行。所以,2000年之后,检察官在少年司法体系中的地位有逐渐提高的趋势,但是它并没有改变由法院享有少年案件先议权的这样一个本质特征。

这是比较研究发现的一个客观情况,你不能说这么多国家在少年司法中警惕检察官是完全没有道理的。也正是基于这样的比较视角,我一直说如果未检改革发展得不好,未来中国的少年司法体系基本上没有检察官什么事,也不是没有可能的。因为国际上几乎没有一个国家的先议权是交给检察院的。但是呢,卫忠同志总是和我交流,讲了很多中国特色和优势,以至于我跟他说,这是我十几年前的观点,现在有所改变了,因为中国的司法制度特别是检察制度,的确跟国外的不一样。

中国的检察机关在宪法上的定位是法律监督机关,按照高检领导的说法,它也是唯一一个全程参与每个司法程序的机关,这种角色和国外的检察机关不一样。的确,可以考虑通过一些制度设计,来克服检察机关与生俱来的追诉主义欲望,来凸显未成年人检察的国家监护人、儿童保护监察官这样的角色。所以,我觉得在中国特色检察制度体系下,未检还是非常有前途的。为了把这个问题说清楚,需要跳出刑事司法的思维。立足保护处分,需要补充谈几个观点,大家可能容易理解。

第一,保护处分的对象是什么?保护处分的对象不应只限于那些不作为犯罪处理的行为,而是范围很宽,我统称叫"罪错行为"。之所以没有用《预防未成年人犯罪法》规定的不良行为这样的概念,是因为我觉得这个概念不是太准确。罪错行为包括四类行为:第一个是虞犯行为,也就是有犯罪之虞的行为,比如说逃课、夜不归宿、与不良人员交往、出入不适宜未成年人进入的场所等,这一类行为有点类似于《预防未成年人犯罪法》第十四条所规定的不良行为。虞犯行为的特点是成年人可以做,未成年人不能做,除了前面说的那些还包括抽烟、饮酒等。第二种行为我把它称为违警行为,也就是触犯《治安管理处罚法》的行为。目前违警行为是由警察来处理的,包括适用涉及人身自由的拘留,这是要重点改革的。第三种是触法行为,就是《刑法》第十七条第四款的规定,因为不满16周岁不予刑事处罚的行为。这种行为已经触犯了《刑法》,有严重社会危害性,只是因为责任年龄未达到而不予刑事处罚。触法行为这个概念是从日本《少年法》中借鉴而来的。第四种,犯罪行为,就是我们现在通常意义上讨论的少年刑事犯罪的这个概念。这四类行为都应当纳入少年司法的干预对象和范围中去,而且绝大多数都应当走保护处分程序,适用保护处分措施。

现在,出现了少年司法举步维艰特别是少年法庭生存不下去的严重挑战,有些地方对未检机构也存在争议,很多省市也打算撤、并掉好不容易建立的未检机构,理由是受案量那么少。其实这是因为制度设计存在严重偏差造成的,如果罪错行为案件都进入少年司法程序,少年法庭、未检机构的所谓生存根本就不是问题。我估计,如果把罪错行为均纳入少年司法的干预范围,案件量至少超过百万。当然,我要特别指出,这并不是为了生存而生存才主张的观点,而是认为少年司法制度要遵循少年司法规律。在起草加强专门学校专门教育意见这个文件的时候,我专门加了一条,专门学校改革方向是司法化。这不仅仅是工读教育改革的方向,其实也是整个少年司法改革的方向。举个例子,像低龄未成年人触法行为的数量很大,但是都没有进入少年司法的视野,结果一放了之。再如未成年人的违警行为也数量庞大,但是目前由公安机关依据《治安管理处罚法》处理,但客观上警察其实根本没有精力进行教育,一些涉及人身自由强制性措施直接由公安机关决定也不合适。

如果不努力,估计要不了几年未检会非常堪忧。但是,如果未检改革能推动创设出真正的中国特色社会主义少年司法体系——真的叫中国特色,全世界没有,那么可以说是历史性贡献。检察机关在这个过程之中,能不能"凤凰涅槃",我们拭目以待。

问题二:

作为主持人,我先提一个问题,因为对这个研究不是很深入,所以想请教一下我们的老师、专家们。一个就是关于收容教养和工读学校的问题,我们知道现在的收容教养审批的人数很少,基于各种原因,公安机关也担忧,没地方放,也是一个主要的原因,决定程序上可能涉及刑事诉讼的问题;还有就是工读学校,有的大城市我觉得办得很好,有的已经向着豪华化的方向发展,还有就是大部分地方的工读学校开始逐渐式微,这是摆在我们面前的现状,我们一直在思考的一个问题就是上午的时候,姚教授说我们要建立一个单一化的监禁性的保安处分措施,然后我今天听袁博士好像讲地跟这个观点有点相左,我的问题就是关于收容教养和工读学校这两种措施我们应该如何进行改造和完善,是往整合的方向还是向分别化的方向走,我想听一听大家的意见。这是第一个问题。

还有一个问题,就是关于我们现在的保护处分,我们在讨论保护处分制度,更多的是去了解刑法的作用,包括很多的非监禁刑措施、缓刑以及检察机关的附条件不起诉等,其实还有我们现在正在试点的社区矫正制度,大家有没有想过针对保护处分制度,在缓刑、社区矫正包括附条件不起诉,特别是在犯罪记录封存如果能执行得很好的情况下,这两种制度对青少年,对未成年人的影响,哪个大哪个小?我没有多少的研究所以想请教一下大家。

姚建龙:

关于专门学校、专门教育的问题,因为文件正在起草,今天也带有征求意见的考虑。其实我们也考虑过这个问题,大的思路是不相左的。对于各类实际存在的剥夺或者限制人身自由的场所,不管是叫工读学校、法治教育中心等,是否可以统称其为专门学校。然后,在现行法律不做大的调整前,就是没改之前采用分级的方式,去把收容教养吸收掉。比如说,如果已经被政府决定收容教养的孩子,尽管也放到专门学校去,但是要和其他专门学校的学生分开来进行管理和教育。在起草文件时,我们正在考虑在专门学校、专门教育的规则下,把其他的具有拘禁性的一些所谓的实际上不能称之为保护处分的措施吸收进去,然后为下一步的法律修改提供一个过渡。当然,这是一种意见。因此,我们现在起草意见里面是把分级办法交给地方,由省一级教育行政部门去制定,每个地方怎么分级,我们现在没有明确的规定,因为考虑到还有一些地方的程序。我个人觉得就拘禁性保护处分单一化这一点思路而言,是不冲突的。很少有国家把具有实际长期剥夺限制人身自由的保护处分措施,还弄了好几种的。我觉得没有必要。这是我对你第一个问题的回复。

第二个问题,我估计很多人都有这个想法,好像觉得在现行刑法中对刑罚进行变通似乎也能达到保护处分的一个效果,或者说可能更合适一些。对此,我个人持保留意见。保护处分,如果一定要跟您刚才提到的类似于附条件不起诉,包括犯罪记录封存等进行比较,好像表面上效果都差不多,但是我觉得这两者之间的前提、性质存在本质上的区别,差别巨大。一个是总体上在刑事司法的体系里考虑问题,以刑罚处罚为重心;另一个是在少年司法体系里考虑问题,保护处分严格意义上讲它是一个福利性、受益性处分。这两者在立场上,实际有着重大差异的,由此形成的标签效果、惩罚效果、教育效果和保护效果都是差别非常大的。比如说,为什么一定要先贴一个罪犯标签,然后再封存犯罪前科呢?为什么不能直接把他犯罪的标签给揭掉呢?这两者之间实际上是有很大的差异性的。当然这是一些不成熟的想法,仅供参考。总之,未成年人罪错情况是比较复杂的,应该用多元化的处分机制,可能更加适合一些。

问题三:

今天上午有个专家介绍说好像我们检察官的权力就是限制在起诉,但是据我了解,我不知道这个变化是从什么时候开始的,这在美国,是不是一个整体的趋势呢,还是个别州,想请教姚老师。在美国个别州有这种情况,就是它的检察官参加未成年人处置的讨论,参加的不仅是触法未成年人,还包括受侵害的未成年人,以及有保护照顾需求的未成年人的相关讨论。就是在处理这些案件的时候,虽然法官为主来做这个主持,但是检察官在很多时候也是参与的。另外,就是在社区预防宣传里面检察官也扮演重要角色,检察官甚至被看成家庭有问题或者是家庭暴力下的孩子的求助对象,所以我不知道这个是不是代表美国检察官的职责,也是随着社会的需要和社会的发展在变化呢？谢谢。

姚建龙：

你看到的是现在的情况，我的博士论文正好写的是美国少年司法史，最后出版了一本书。实际上你看到的这种情形是美国1967年高尔特案件之后美国少年司法制度转向后出现的检察官权力的扩大，以及在少年司法中检察官角色和地位提高的现象，这是1967年之后开始的。1967年之前呢，美国少年司法是福利机构，是非常典型的保护处分，所以，在1967年之前，没有你说的情况。当时的少年法院在福利机构那一栏，不在司法机构这一栏。1967年之后，因为高尔特案件，这个案件基本情形很多同志都知道，我就不介绍了，这个案件导致了美国少年司法的司法化。就是原来主要是偏福利，然后在1967年之后开始强调类似于正当法律程序，强调律师辩护的介入，还有检察官在少年司法中地位的提高，也就是从那个时候开始的。正因为如此，被评价为少年司法开始日益向成人司法靠拢。结果是，在20世纪60年代之后，尤其是在80年代，美国有所谓在20世纪末废除少年司法体系的这样一个呼声，但是很遗憾，少年司法这些本源性的东西，以福利为本的这些东西，在尽管跟刑事司法之间有一些融合的情况下，仍然被保留下来，所以你会看到现在的美国的检察院包括检察官的现状。日本主要是从2000年之后开始的，我今天好像已经讲到了，检察官在整个少年司法体系中已然参与其中，也在体现它的一些角色地位，甚至包括对一些案件的处理。

在早期我一直主张先议权是法院的权力，但是十几年后，我发现法院不太靠得住。自1984年以来第一个少年法庭设置以来，改革了几十年，现在少年法庭还在为生存而奋斗，要想让法院挑起推动独立少年司法制度建立的重任，我看够呛。所以，最近几年，我的观点有变化，检察机关基于法律监督权，它的权力具有非常强的"延展性"，这是中国的实际，而且你可以看到检察机关尤其是2012年刑诉法的修改后，在拥有了附条件不起诉权之后，实际上掌握了我们国家少年案件的主要先议权。所以，在某种程度上，现在检察院已经把生米煮成了大半个熟饭，就差把严重不良行为等罪错案件纳入进来了。

但是这里面还有一个问题，就是这个程序怎么设计，因为在典型的少年司法体系国家，它是一个双轨制的"逆送"程序。比如说所有的少年案子要先到法院进行先议。而先议就是进行审查——"需保护性"审查，就是评价未成年人健康成长、重新回归社会的需求,而不仅是他的人身危险性。在经过"需保护性审查"之后,如果发现行为危害性很大,但是觉得还具有保护的必要性和可行性,就可以继续留在少年司法体系中,走保护处分程序,不作为犯罪处理,也就是给予保护处分就解决掉了这个案子。只有极严重的案子才通过"逆送"程序交给检察官向普通刑事法院起诉,这个时候检察院会把这个案子中的未成年人完全当作成年人来对待,不再适用少年法,而是适用成年人的刑法和刑诉法。所以换句话是什么意思呢? 就是传统国家的这些少年司法,检察官永远是做坏人的,坏人都是检察院做的,好人都是法院做的。中国现在的阶段是检察院既做好人又做坏人。那么,未来的发展呢? 我一直说,未检一定要单列,评价体系要单列,包括整个机构也要单列。原因就是,制度设计上一定要设计成能够抑制住检察官一直想做"坏人"的冲动,也就是追诉欲望,否则未检改革不会成功,中国特色少年司法体系也建立不起来。

现在最高检的顶层设计还有一些欠缺,现在很多地方的检察院尤其是基层院分管的一些领导看未检还是当作公诉来看待,也就是仍然把它定位成一个主要是国家公诉人的角色。如果未检在进行改革和转向之后,能够突出国家监护人的角色,真的履行好先议权,中国特色少年司法体系是可以建成的。但是我觉得还有很长的一段路要走。而且一直存在着分歧,比如未检在2015年时差点就废掉了,幸好经过大家的共同努力把这件事情扭转过来了,但是这种潜在的威胁仍然存在,所以,我说为什么我们要努力,就是这个意思。谢谢大家。

2017年8月26日,在"未成年人保护处分制度研讨会"(中国刑事诉讼法学研究会少年司法专业委员会和上海市人民检察院主办)上的答问。

办案中的情、理、法

听了今天的庭审,我觉得首先要回答这样一个问题:这起案件为何值得检察长亲自出庭支持公诉?我个人认为理由有二:

第一,本案是一起典型的利用世博会的召开破坏金融管理秩序,并且涉及众多被害人的案件。上海"两个中心"建设目标之一是建设成为国际金融中心,因此,维护好金融秩序是我们检察机关义不容辞的责任。我想,这是检察长身体力行地对我们提出的第一个要求。

第二,我简单总结了一下,今天公诉的这起案件有以下几个特殊性:一是本案发生的时间特殊,正值全球瞩目、全国人民关注的世博会举办期间;二是本案利用的对象特殊,利用的是世博概念,出售的也是有收藏、投资价值的相关世博纪念币等物品;三是犯罪窝点所处的地域特殊,犯罪窝点设在正在举办世博会的上海,并且犯罪分子冒用上海收藏协会名义,用电话随机拨打收藏会员的方式进行售假,仿真性高,欺骗性强;四为完成犯罪,犯罪分子还进行了精心犯罪准备,其手段也系违法犯罪行为,包括网上购买收藏会员信息,购买假发票以应付购买者需求,从快递公司拿取空白快递单以完成自行送货等等。

这些特殊性都与"世博"紧紧挂钩。确保世博期间社会的安全、稳定,保障世博会的顺利进行是我们近期的头等大事。把涉世博案件办成铁案、办成精品案,是检察机关对于举办一届"精彩、成功、难忘"的世博会所应做出的贡献。这应当是检察长出庭对我们提出的第二个要求。

下面我对案件定性做一个简要的法理分析。办理这起案件的难点主要有这样几个方面:一是本案罪名是诈骗还是出售伪造的货币;二是特定纪念货币定罪时,面额如何计算;三是被告人的主观明知如何判断;四是各被告人之间主从犯地位如何确立。

本案属于利用出售伪造的纪念币骗取钱财的案件,严格说,同时满足了我国刑法中诈骗罪和出售假币罪的构成要件,即同时构成诈骗罪和出售假币罪。按照特别法优于普通法的原则,在这种情形下,诈骗罪是普通法,出售假币罪是特别法,应当以出售假币罪提起公诉。

在对这种贵金属纪念币的认定和价值选择上,主要是适用《最高人民检察院公安部关于公安机关管辖的刑事案件立案追诉标准的规定(二)》第十九条,该条明确了假币类案件中的"货币"包括流通中的贵金属纪念币,贵金属纪念币的面额以中国人民银行授权中国金币总公司的初始发售价格为准,从而可以认定贵金属纪念币也是"货币",伪造的贵金属纪念币属于我国刑法规定中的假币的范畴,同时也解决了定量判断涉案金额的难题。

在主观认定上,把犯罪分子的纪念币出售、发行的详细过程和途径与正常的纪念币出售发行方式相比对,可以发现诸多不合常理之处,例如:(1)价格明显不合理;(2)销售过程中明显借用上海收藏家协会名义,本身没有任何资质,工作地点不符,且空口许诺众多优惠条件;(3)在工作过程中员工之间互相议论,知晓系虚假;(4)为推销采取设圈套诈骗的手段;(5)根据视频证据,保管方式为堆放杂物间;(6)销售方式中不同意买家上门等等。据此,能够推断被告人是明知假币而予以销售。

在主从犯的区分上,则主要考虑到本案的两名被告人属于接受邀约或者雇佣,在团伙销售中起到的是次要和帮助的作用,因而认定为从犯。

另外,我注意到,本案的两名被告人都是90后,刚刚成年,年纪轻轻,初入社会,在求职、担任销售人员过程中迷失了自己。面对这一特殊群体,公诉人在庭审时要特别注重情、理、法的兼顾。

公诉人出庭公诉时既要表现出检察机关严格依照法律,打击犯罪,保一方平安的基本立场,同时,也要展现出检察人员顾情理、讲道理的良好工作态度。一方面,要明确说明量刑标准,体现公诉机关量刑建议提出的有理有据。在说明量刑标准时,不仅要从犯罪动因、犯罪收益分配、具体犯罪行为和犯罪造成的社会危害性等方面来确定被告人应当适用的刑期幅度。另一方面,还应综合相关法定和酌定情节对其具体量刑,深入分析被告人的内心世界,既体现其犯罪的应受处罚性,又分析其犯罪根源,有的放矢、因人而异地劝其改过自新。

本案中，针对两名被告人涉世未深、可塑性强的特殊之处，检察长的公诉意见表达出了一种长辈对于年轻人的语重心长地告诫，这要远比纯粹的冷冰冰的定罪量刑分析更有助于帮助这些失足的年轻人在今后的人生道路上明确是非界限，积极向善。

应当说，此次庭审能够帮助社会公众了解公诉机关公正执法、依靠证据定案的执法原则，体现出法律对于金融秩序的保障，对于世博安全的全力保护。另外，此类案件越来越多，呈高发态势，以此案直播能够宣传司法机关打击金融类犯罪的力度，有利于广大社会公众从中吸取教训，学会保护自身利益。今天的公开庭是一场具有模范效应的庭审，值得我们公诉部门的同志进一步深入总结、学习。

2010年10月14日，对上海市某区检察院检察长出庭公诉卢某、韩某出售假币案的解读。

希望大家对未成年人教育更有耐心

在孩子的教育中,尊重孩子是教育的前提,父母的心态很重要,不能以势压人,不能站在道德制高点,或者是能力的制高点来教育孩子。尊严、安全是我们在和孩子打交道的时候容易被忽视、容易被漠视的。对儿童权益需要保持一定的敬畏,一切对孩子的伤害,往往都是以爱的名义进行的。孩子喜欢打游戏,喜欢一样东西本身并没有错,其实也很重要,但是更重要的是如何教会他能收能放。

我们每个人都应该去唤醒自己内心的良善,而儿童就是重要的载体。当未成年人的事件发生的时候,谁都有责,就会变成谁都不负责。应"遵循近距离保护原则",作为一个成年人,知晓了未成年人的事件,有能力改变他的命运时,就有这个责任,机构亦然。

能够保护孩子的首要监护方仍然是父母,需要强调父母对孩子监护责任,孩子犯罪父母也必须承担法律责任。所有的孩子在成长过程中都会有这样或那样的问题。只要不太过,我们的社会,包括法律要给这些孩子一些犯错和纠正错误的空间,不能一犯错就"一棒子打死"。所以,未成年人犯罪的刑事政策,要坚持教育、感化、挽救,教育为主,惩罚为辅。

以前大家聊起孩子都是"善良""纯洁"的,现在的话题都是"熊孩子"。希望大家对未成年人教育更有耐心。对于未成年人犯罪,仅靠惩罚是解决不了问题的,需要宽容但不纵容的机制。

本文系上海市青联、喜马拉雅 FM 共同推出"筑梦力量"系列音频访谈节目六期专访概要,载全国青联 2017 年 9 月 12 日微信公众号。

第三辑
法之改正将于少年法始肇其端

少年司法的理想与理念

我曾经是重庆市劳教戒毒所的管教民警,也曾经担任过上海市长宁区人民检察院的副检察长,还在华东政法大学教了近十年的书,后来又调到上海政法学院刑事司法学院任教。今天站在这里讲的很多东西都是我自己的一些切身的体会与经验。很高兴吴娅娟书记邀请我来合肥,之前吴钊同志在合肥团市委工作时我就通过他与合肥团市委建立了长期的合作关系。比如,当年合肥社会调查员的试点,合适成年人的探索,涉案未成年人犯罪记录封存制度的试点,我都在一定程度上有所参与,也常被合肥团市委、合肥市委、市政府对未成年人保护工作的重视以及少年司法领域的改革和探索的精神所感动。

今天在这里,我想谈谈少年司法的理想与理念。

2003年6月,在成都发生过这样一件事:在某小区,邻居闻到尸体腐臭的味道后报警,民警从阳台入门后,结果发现了一个惨痛的场景:一具小尸体已经高度腐烂,孩子只有3岁,名叫李思怡。后来的调查发现,李思怡被一个人关在房间里将近20天,直到她痛苦地死去。在这个过程中,小女孩采取了一切可能采取的方式求生,包括抠衣柜的木板导致留下很多痕迹都表明这个小女孩在死前因为饥渴孤独和恐惧绝望而经历过极为痛苦的挣扎——在近20天时间里,她一直在求生,但最后她仍然没办法获得生存的机会。

调查还发现,李思怡的母亲李桂芳是名吸毒者,在超市因为涉嫌盗窃被民警带回派出所。凭着警察的直觉,民警发现她是吸毒者,在很短的时间里派出所和公安局就做出了强制戒毒的决定。实际上在讯问过程中,李桂芳就告诉民警家里有一个3岁的孩子在家等她,如果不放她回家,孩子会被饿死,但是民警不为所动,派出所和公安局审批的领导漠然地做出了强制戒毒的决定。送往戒毒所的途中经过李桂芳家所在的青白江区,途中李桂芳多次请求民警帮忙打电话给二姐帮忙照顾孩子,但民警无动于衷。警车经过青白区时,李桂芳用头撞门希望能下车救她的孩子,但是民警仍然不为所动。在戒毒所,她仍然用头撞强制戒毒所的铁栏杆并经过多次请求后民警终于给当地的派出所打了个电话——派出所离小女孩家只有200米,但很遗憾派出所民警也没有去他家进行查看,最后悲剧性的事情终于发生了。这就是震惊全市乃至全国的李思怡事件。

当时的成都市政法委书记批了这样一段话:"一个无辜的小生命就活活饿死在我们这些'冷血者'手中。"尽管后来的两名涉事民警被以玩忽职守罪分别判处三年和两年有期徒刑,但这件事给我们留下了惨痛的记忆,很多人在这件事情之后都在反思:这个世界到底怎么了?执法者何以冷血到如此程度?!面对李思怡这样的孩子,难道我们就不能做点什么?

李思怡案最大的警示是,我们的执法者缺乏最基本的儿童意识,根本就没有对儿童生命的最底线的敬畏。除了批评民警外,也有很多人认为吸毒的母亲不是合适的监护人,并且想起中国早在1987年《民法通则》和1991年《未成年人保护法》中就有这样的规定:如果父母侵害被监护未成年子女的合法权益,经教育不改的,经有关单位或个人申请,可以剥夺其监护权,另行指定监护人。但很奇怪的一件事是虽然法律有规定,但这样的条文属于在司法实践中基本不会被执行的僵尸条款。

2013年6月,正好十年一个轮回,南京市又有两个小女孩被活活饿死在家里,而这件悲剧性事件和李思怡事件最大的区别是:如果李思怡是被民警的冷漠活活饿死的话,那么这两个小女孩则是在众目睽睽之下被活活饿死在家里。小女孩的父亲早就被判处刑罚,母亲也是因为吸毒常年不回家。曾有亲属带两个小女孩到民政部门,请求说如果民政部门再不收下这两个小女孩,那么迟早会出事,但民政部门回复,我们不能管,她们有母亲,不是我们管辖的范围。在两个小女孩的父亲被抓之后,这两个小女孩曾经有一次差点被饿死在家,因为侥幸推开了门,光着身子,跑到了小区。这件事情发生之后,居委会为她们申请了800元的补贴,居委会说我的职责尽到了。片区的民警也完全知道这件事情,所有的邻居也知道这件事,但所有的人都没有阻止这件悲剧的发生。当两个小女孩被活活饿死在家里时，所有的责任人都说我们感到很遗憾，但我们该做的都做了，这件事和我们没有关系。

那么，我想问在座的各位，难道这件事真的和他们没有关系吗？

为什么法律早在1987年和1991年就有如此详细的转移监护权的规定，还不能阻止如此悲剧性事件的发生？中国的GDP已经上升为全世界第二位，据说很快要超越美国成为世界第一位了，我们有着如此富强的祖国，为什么却不能阻止孩子一而再再而三地被活活饿死在家中？从2013年6月份至2014年2月份，我又收集到多起孩子被活活饿死在家中的惨痛案例。很多时候我们都在想，为什么会出现这样的情况？我国的法律怎么了？我们从事未成年人保护工作的人怎么了？

今天我们坐在这里讨论未成年人保护，讨论少年司法，我不得不跟大家讲这样一些案例。今天接到电话了解到两高两部联合制定的《关于依法处理监护人侵害未成年人权益行为若干问题的意见》将在下周二正式公布——终于要出台了。我想说的是，我们还需要多少孩子的生命再受到威胁，才能让国家的法律有所变革，才会促动相关部门有所行动。

这项规定将在下周二正式出台，但我们仍需要深思的是，仅仅有法律规定就能防止类似悲剧性事件的发生吗？

这项规定在出台之前有两项争议性问题，那就是法律能不能剥夺父母的监护权，我们的法院能不能进行这样的裁决。从1987年至今，我收集到的转移监护权的判例全国只有三件，即便如此，还是会有很多人质疑，国家能这么做吗？孩子是父母的，国家怎么能剥夺其监护权另行指定监护人呢？

大家都看过影片《刮痧》，其中有这样一个情节：孩子被发现有受到父母虐待的嫌疑后，立即有人报警，警察立即到现场抓父母，民政部门或是儿童福利院的社工或代表立即将孩子从父母身边带走安置在寄养家庭。我们呼吁在我国建立类似制度的过程中，常常会有很多人反对，认为民政部门不能将孩子带走，因为孩子需要和父母生活在一起，你怎么能随便把孩子的监护权剥夺呢？另行指定监护人不利于孩子的健康成长。

在2006年参与《未成年人保护法》的修订过程中，我当时极力主张写进两项基本的原则：一是国家亲权原则，另一个是儿童最大利益原则，但是遭到很多人的反对。比如有人质疑什么是儿童最大利益原则，难道其他利益就不用保护了？什么是国家亲权？父母就不用养孩子了？这样的观念不改变，未成年人受侵害的悲剧性事件将不会停止。

无论是弃婴岛或是转移监护权制度的建立，其背后所奉行的理念有两点：一个是国家亲权原则，另一个是儿童最大利益原则。国家亲权原则有三个基本的观点：一是认为国家是孩子的最终监护人，父母不是孩子的最终监护人；二是主张在父母不能、不宜或拒绝担任监护人时，国家有权力也有责任进行干预制止并接替担任监护人；三是认为国家对监护权的干预必须是为了孩子的最大利益而不能滥用，也就是要受到儿童最大利益原则的约束。但这项原则在引入中国时很多人提出反对的意见，说在中国不适用。

实际上，国家亲权原则在19世纪的西方开始确立的过程中也受到了很大的争议，其中有一个标志性的判例即1839年美国的克劳斯案件。在这个案例中，法院首次在判决中引用国家亲权理论来为政府剥夺监护权这样一个做法进行辩护。这个判例对儿童福利制度和少年司法制度的建立和完善起到了关键性的作用。

1839年，美国有一个留守女童，父亲在外面打工，母亲在家养孩子，这个小女孩非常不懂事，经常做坏事，母亲管不住，母亲就把孩子送到了费城的庇护所，庇护所就把孩子收下来了。结果父亲打工回来发现女儿不见了，发疯似的要求庇护所将女儿还给自己，结果庇护所拒绝了，庇护所拒绝的理由是家庭养不好孩子，我们可以代表国家接管你的监护权。父亲不服将案子一直打到类似于宾夕法尼亚州高级法院，结果高院驳回了父亲的请求，并且在判决书中为国家强制接管孩子的监护权这种做法进行辩护，认为当父母不能很好地保护孩子时，难道国家就不能接手吗？如果再将孩子放回父母的身边，这将是一个残酷的行为。克劳斯案件正式确立了国家亲权的原则，并且随着19世纪的拯救儿童运动和20世纪的少年法院运动传播开来，并逐渐被世界上绝大多数国家采用，作为儿童福利制度和少年司法制度建立的理论基础。

我们今天在此讨论少年司法的很多制度，很多人会觉得很奇怪，例如审案子就审案子，为什么需要社会调查？讯问就讯问，为什么需要通知法定代理人或合适成年人到场呢？判决就判决，为什么还要弄个犯罪记录封存呢？有机会我再做详细的解释，其实这些都和国家亲权原则有着很深的渊源。

需要正视的是,国家亲权并不都是最好的,国家亲权在适用过程中也可能存在很大的弊端。例如,在19世纪末至20世纪初,澳大利亚政府曾运用国家亲权理论去剥夺土著人的监护权。政府认为土著人的文化水平较低,生活条件差,对孩子成长不利。因此孩子一出生,政府就把孩子从土著人身边带走,送往白人家庭抚养。前前后后有几十万儿童被从父母身边强制带走,但事实证明这种违背儿童最大利益原则任意把孩子从父母身边带走的做法造成了灾难性的后果。这一代人被称为"偷走的一代",对他们的研究发现自杀率、犯罪率远比侥幸留在父母身边的要高得多。为此,澳大利亚政府的两任总理都为这项政策道歉,并称这项政策是一个悲剧。这件事表明国家亲权原则也是一把双刃剑。

我的观点是剥夺父母监护权必须是两害相权取其轻,是不得已而为之。为了防止国家亲权理念产生负面的效果,它需要受到儿童最大利益原则的约束。也就是说对父母监护权的干预必须是为了孩子的最大利益,否则不能任意干涉父母的监护权。

儿童最大利益原则正式确立于1989年联合国所颁布的《儿童权利公约》。波兰教授洛帕萨倡导并经过10年的努力,最终使得《儿童权利公约》在联合国通过。此公约是世界上所有公约中签署国最多的一个公约,目前仅美国和索马里两国没加入。索马里因为常年战乱,没有政府代表索马里在公约上签字;美国作为儿童保护的天堂,因为南北分立,南部很多州保留对未满18周岁的人可以判处死刑的州立法,而《儿童权利公约》不允许保留此项规定,所以使美国没法在这个公约上签字。当然,2005年3月份,在洛普诉西蒙斯一案中美国联邦法院做出不满18周岁的未成年人被判处死刑的规定是违宪的判决,这扫除了美国加入《儿童权利公约》的最大障碍。

《儿童权利公约》所确定的保护未成年人的理念几乎为世界上所有的国家认同,甚至超越政治、经济、历史、文化上存在的各种差异。也就是人类社会在保护儿童方面具有高度的统一,没有政治偏见,没有种族差异。而《儿童权利公约》最重要的一条规定是第三条,该条明确规定:关于儿童的一些行为,无论是公私、社会福利机构,法院立法当局执行,都应当以儿童最大利益为首要考虑,这就是世界各国普遍认同的儿童最大利益原则。儿童利益最大化原则被认为是各国在未成年人保护工作方面的基本指针。

国家亲权原则和儿童最大利益原则是少年司法工作和制度所追求的理想和理念。这两项原则在我国的确立是漫长而艰难的。事实上,早在20世纪80年代,在我国考虑制定全国性未成年人保护法的时候,已经有一些专家学者通过不同的表述方式试图引进这两项原则,但是很遗憾没有人能够接受。1991年的未成年人保护法中,没有看到国家亲权原则的表述,也没有看到儿童最大利益原则的表述。2006年修订未成年人保护法的时候,包括我在内的很多学者都试图将国家亲权理念和儿童最大利益理念写进我国的未成年人保护法当中,但是在当时的背景下,并不是所有人都认同,这非常遗憾。

不过,欣慰的是在下个星期二将正式公布《关于依法处理监护人侵害未成年人权益行为的若干意见》。由两高(最高法、最高检)、两部(公安部、民政部)颁布的这一《意见》中明确规定要遵循未成年人最大利益原则,而且在全文中都强调了国家亲权原则——也就是强调国家的监护责任,这是一个非常难得的进步。在法律中是否表述这两项原则非常重要,但《意见》仅仅是规范性文件,和法律的效力还是存在差别的。当然,不管法律和规范性文件如何规定这两项原则,更为重要的是这两项原则能进入每一个人的脑海之中,印在我们的心中,只有这样,我国未成年人保护的水平才能真正地提高。

在2011年,广东佛山发生了小悦悦事件。一个两岁的孩子被车子轧死,司机逃逸,18个过路人经过此处却没有一个人施以援手,当这件事发生时,我正在瑞典访问,正在考察北欧国家的儿童福利制度和少年司法制度。我接到记者的电话让我对这件事做出评论,了解情况后,我感到很讶异,讶异的是所有的人包括主流媒体都在批评18个过路的人见死不救,在反思中国人心不古,把中国的民族性提到了一个很高的高度。后来我实在忍不住写了一篇小文章《父母法律责任越小,孩子越危险》发表在《南方周末》上。文中提出了一个简单的观点,小悦悦的死亡和这18人之间没有任何关系,这件事的处理应该是把父母抓起来,然后通缉肇事司机。这是一起典型的监护人监护失职的事件:父亲不在家,母亲在阳台上晒衣服,然后孩子跑出去,走出几百米,穿过多条马路,惨剧最终发生。所有的网友都在同情这个母亲,还给小悦悦父母捐了将近30万。我当时觉得很奇怪,任何国家发生这样的事情都应该先把父母抓起来,追究监护人失职的责任,你怎么还一转身变成了被害人了呢?当时我指出父母监护不当,应当追究父母监护责任时,大部分网友都在指责我,用恶毒的语言去诅咒我。我感到很奇怪,我只是讲了一个很浅显的道理,为什么会受到如此批判?

所以,我们现在谈未成年人保护、谈少年司法,更重要的是我们的观念。我们强调国家亲权原则,更要强调儿童最大利益原则,国家亲权原则的前提是首先父母要尽责,如果父母不能尽责,国家就要接管父母的监护权。

再举一个例子:全国很多地方都出现了小孩从楼上掉下来的事件,很多媒体都在炒作快递哥托举事件,媒体都在大力讴歌救人的精神。这样的事件大家应该关注两点:一是监护人失职,谁的责任就要追究谁的责任;二是房屋质量问题,是否考虑到了孩子的安全,也就是说房管部门是有一定责任的。留学美国的一位朋友和我分享了美国的这样一项规定:在有未成年人居住的房子,房东必须仔细检查房子,如不适合孩子居住,就必须整改不得出租,如不整改就出租将受到很重的处罚。我国并没有这样一项机制,所以,孩子动不动就从楼上掉下来。

这告诉我们未成年人保护观念很重要,理念很重要,其实未成年人保护在很多时候就是一个意识的问题。未成年人是幼弱的,基于国家亲权和儿童最大利益原则的理念要求我们在一些具体制度设计上精细化,这也是为什么我在2008年的《权利的细微关怀》一书中使用"细微关怀"一词的原因。其实在未成年人保护方面,不需要讲大道理,每一个细节都要做好。

在国际上有一种说法,未成年人保护是一项费心又费钱的事,很多领导会说我们缺钱,难道我们真的缺钱吗?在未成年人保护领域多投入一点经费有问题吗?在弃婴岛的试点过程中,很多人提出质疑。对于某市关闭弃婴岛,我是明确反对的。也有很多人对我提出批评,说很多父母开着豪车把孩子送到弃婴岛,如果都把孩子送到弃婴岛,国家怎么养得起?所以,我们必须关闭弃婴岛,把孩子硬逼回父母的身边,不能纵容那些不负责任的父母。

请大家注意这样一个浅显的道理:当父母不想要孩子时,国家和父母之间进行博弈,两者在博弈的时候被撕裂的永远是无助的未成年人,这也是为什么很多国家的儿童福利法中都规定无伤害弃婴原则的原因。无伤害弃婴原则首先规定父母有抚养孩子的权利和责任,但父母不想养孩子或是没有能力养孩子时,你可以把孩子交给国家、教堂、医院或弃婴岛,但有一个前提是在这个过程中你不能伤害孩子,只要你没有伤害孩子,政府就不追究父母遗弃罪的责任,然后政府迅速地通过寄养、助养、收养的方式让孩子重新回归家庭。新家庭是政府经过筛选的,肯定是适合抚养孩子的家庭。为什么要做出无伤害弃婴原则的立法规定呢?难道那些不负责任的父母不应该受到谴责吗?——当然要受到谴责,但这是国家基于国家亲权和儿童最大利益原则所做出的两害相权取其轻的选择,因为你不这么做,最后伤害的是孩子。我在很多的报道中看到,我国遗弃孩子是很随意的:孩子被扔到垃圾桶、厕所、菜市场,当有人发现时,孩子的眼睛被老鼠咬掉了,或者冻死了,被狗吃了。当看到这些时,你还能说弃婴岛不行,要关闭吗?难道国家就不应该承担这样一种责任吗?

我们今天在这里讨论的是不是一个很庞大的话题,一个离我们很遥远的话题?在我讲述每一个案例时,我相信每一个人都会有所触动,因为这些案件放在每一个人的面前,你都无法保持内心的平静,我相信每一个人都不可能是无动于衷的。有一些法官在审理儿童伤害案件后都感觉自己不正常了,都要接受心理辅导。难道这些案件还需要重复发生吗?国家的未成年人保护立法必须做出改变,我国的未成年人保护制度必须完善,更重要的是,我国的未成年人保护观念必须更新,必须确立国家亲权与儿童最大利益原则。

李思怡事件后我专门写了一篇文章,叫《吸毒人员未成年子女监护缺失与干预》,提出了一整套的干预机制,包括监护权转移的具体设想,但很可惜没有人理会,10年后又发生了南京饿死女童事件。

我经常在想,到底问题出在哪?我想问题主要还是出在我们的头脑中。

很多人抱怨法律的不完善,很多的部门面对孩子受害不管的理由是认为法律没有规定。谁规定在未成年人保护领域,必须有法律的规定,你才能去做?没有法律规定,或者法律规定不细,那就按照良心办,按照理念办。良心和理念就是国家亲权和儿童最大利益原则。我们不要抱怨法律没有规定,法律不健全。在任何一个国家,都是基于国家亲权和儿童最大利益原则去做出选择,只有这样才能避免悲剧性事件的发生。

这就是我今天想和大家一起交流的一些肤浅的想法。为什么用理想和理念一词?因为在我国现阶段,对于国家亲权与儿童最大利益原则的确立与确信,我们还有很长的一段路要走。

2014年12月20日,在长三角都市群少年司法研讨会(合肥市未成年人保护委员会、共青团合肥市委员会、合肥市预防青少年犯罪研究会联合主办)上的演讲,根据录音整理。

中国少年司法的回顾与展望

今天讨论的题目是"中国少年司法的历史、现状与未来",主要也是想和来自国外以及台湾地区的学者能够有一个共同讨论的话题。今天包括昨天很多国外的专家在讨论少年犯罪与少年司法的时候,其实有很多概念、术语,包括他们所说的一些理论,翻译成中文跟我们现在国内立法都差不多。但其实中国整个少年司法体系跟国外有一个非常大的区别,如果翻译成同样类似的专业术语的话,有可能会产生很多理解上的偏差。比如说昨天有一位教授提到他们把责任年龄从12岁降到了10岁,我们有很多同行都表示很欣慰,因为我们大陆现在也在主张降低责任年龄,要把刑事责任年龄从14周岁降到12周岁或者10周岁,所以他们好像又在今天这个国际研讨会上找到了来自于外国学者的理论和实践支撑,但如果你们仔细探讨的话,这两者完全是不同的概念,它并不是一个纯刑事犯罪的概念,有很多理论问题包括实务部门的问题,有时候我们需要有一个共同的话语平台。所以,我定了这个发言题目,更多是想给大家提供一个能够共同交流和对话的平台,避免一些理解上的偏差或者说误会。

我想给大家总体介绍一下中国大陆少年司法的一些现状以及未来当代中国少年司法的改革方向。我本人曾经做过副检察长,然后在多所大学担任教授,现在主要是在共青团中央权益部,挂职权益部的副部长,现在分管的两个部门正好包括国家层面预防青少年违法犯罪工作领导小组的办公室。我现在在做的很多事,就是努力把预防青少年犯罪的一些理论的东西放在国家层面来操作。不过,我今天谈的纯粹是个人的一些学术观点,仅供参考。

一、少年矫正机构的先行

中国的少年司法改革有一个特点,是从少年矫正机构的改革开始的。早在20世纪50年代的时候,那时候中华人民共和国刚建立,少年司法改革还没有提出来,但在50年代我国就专门建立了未成年人管教所来改造未成年犯,这是一个非常早的时间,发展到现在,中国每一个省市都有一所专门的未成年犯管教所,目前全国未成年人管教所中的未成年犯约7000人。

从2003年左右开始,中国在推进社区矫正改革,未成年人的社区矫正也在同时发展,尽管目前未成年人社区矫正还远远没成为一个独立的社区矫正体系,没有和成年人社区矫正完全分开,但是未成年人社区矫正也开始受到重视。目前在全国社区中矫正的未成年犯大概是1.2万,高峰时期实际上已经有3万人了。在抗战胜利70周年的时候,一次性特赦的将近2万人,所以,目前未成年犯在未管所服刑的大约7000人,在社区中服刑的未成年犯大约是1.2万左右。那么,想想看,中国是14亿人口,2.79亿是未成年人,如果你仅看这些纯刑事率,其实并不是很高,可以说还是一个比较低的国家。

除了未成年人管教所及未成年人社区矫正之外,其实我们中国还有一个很典型的不在司法体系范围之内的对有严重不良行为的未成年人的矫正机构。主要是工读学校,现在改称为专门学校。全国目前理论上有110所左右,实际上正在运行的是80所左右。第一所是1955年的北京香山工读学校,它是由教育行政部门主管的,其所教育矫治的对象是已满12周岁未满18周岁的这部分群体。所以,请大家注意,我刚才说刑事责任年龄是14周岁,但是我们国家可以采取强制性干预措施的,集中进行矫治的这个年龄实际上已经下降到了12周岁,只是用的是不良行为或者严重不良行为的概念。昨天那位学者,他提到说要把12周岁降到10周岁,他可能是指有严重不良行为的未成年人国家可以对其采取干预措施的这样一个群体,它不是一个刑事责任年龄的概念。当然我们现在国家专门学校的建设非常不平衡,比如在上海目前有十多所,但在全国实际上正在运行的只有80多所,分布很不平衡,很多地方是没有专门学校的。

其实在我国原来还有一种特殊类型的未成年人矫正机构叫未成年人劳动教养管理所。在2013年废除劳动教养之后,这种机构已经没有了,没有了之后,其中因为未满 16 周岁不予刑事处罚的这部分未成年人的收容教养措施目前在全国层面基本上是名存实亡,因为它没有执行的场所。每年因为未满 16 周岁不予刑事处罚最终被收容教养的比例很低,这部分人实际上缺乏必要的教育矫治措施,也就是任其处于一放了之的状态,只能等养肥了以后再把它"干掉",这是目前的实际情况。

二、少年法庭的兴起与危机

除了矫正机构以外,通常在研究当代中国少年司法改革的时候会将 1984 年作为重要的起点。那一年上海市长宁区人民法院建立了中国第一个少年法庭,当时还叫少年犯合议庭。发展到高峰期的时候,中国的少年法庭有 3300 多个,但是这些少年法庭成立后,有一个很严重的问题,就是受案量严重不足,即没有案子。少年法庭在 20 世纪 90 年代初期就已经遭受了第一次生存危机,表面上是收案量不足,实际上这只是表象。

1996 年刑诉法的修改,把中国传统的纠问式诉讼模式改革为抗辩式诉讼模式,直接造成少年法庭传统的审理方式受到了合法性的质疑。比如说,有观点批评少年审判在搞有罪推定,违反司法的被动性原则等等。1996 年刑诉法的修正对少年法庭的整个发展造成了重大冲击,形成了少年法庭的第二次危机。为了渡过这次危机,一些地方对少年法庭进行改革探索,比如"少年综合庭模式"——少年法庭不仅仅受理刑事案件,还受理民事案件和行政案件,在 90 年代初那时候还受理经济案件——当然这种探索在当时没有得到最高人民法院的肯定。到了 2006 年的时候,最高人民法院基于稳定发展少年法庭等因素的考虑,对曾经不太支持的"综合庭模式"又进行了肯定,然后在 2006 年搞了自上而下的一次规模比较大的少年综合法庭改革。有些奇怪的是,这次试点试了很多年一直没有一个明确的说法。

最近一些年,最高人民法院又有了一次很大的动作,就是推动家事审判改革,并且开始将少年审判与家事审判合在一起。据我所知好像是向台湾地区学习而来,但这次改革的推动者似乎只看到了两者合一的形式,并没有搞清楚它实质的内涵。我的评价不一定准确——学了一个表面的东西,但并没有合理地研究清楚家事审判和少年审判的关系。结果家事审判改革实际带来了少年法庭的第三次危机,很多地方又开始撤并少年法庭,大有重新回到 1984 年的趋势。

今天会场有几位来自于少年法庭的法官，你们也知道现在少年法庭的状况是很尴尬的，到底未来如何发展不确定性很大。这是少年法庭的一个情况。目前我国大概还有少年法庭两千个左右，但是大部分所谓少年法庭的独立性是很差的，合议庭的形式居多。

三、少年检察与少年警务改革的进展

我们再来看少年检察。少年检察制度的创建始于1986年6月。最高人民检察院曾经在1992年建立少年犯罪检察处，是一个不小的突破，但在1996年《刑事诉讼法》修改后的第二年即被撤销。在很长一段时间内，只有上海市独树一帜在各个区县均建立和保留了专门的少年检察机构，并且在2009年于市检察院设置了独立的未检处，形成了三级少年检察机构，但其他省市的少年检察机构与制度建设则长期基本处于空白状态。这种状况在2012年《刑事诉讼法》第二次修改增设未成年人刑事案件特别程序专章后有所改变，多个省市在省级检察机关设置了独立的未检处，北京等多个省市成功推动了独立少年检察机构在基层检察机关的建立。遗憾的是，这种少年检察蓬勃发展的势头很快受到了本轮司法改革的冲击。在员额制、大部制改革的影响下，一些省市开始考虑或者已经将刚刚发展起来的少年检察机构撤并入公诉部门，少年检察制度面临夭折的危机。2015年12月最高人民检察院成立未成年人检察工作办公室，少年检察改革迈出了关键一步。目前来看全国少年检察发展总体还是比较好的，但仍然充满不确定性。截至2016年3月，全国共有独立建制的少年检察机构1027个，其中省级检察机关19个，在公诉部门下设未检办案组1400多个，专门的少年检察官达到七千余人，这是令人惊讶的发展势头。

少年警务的发展总体上是比较滞后的，到目前为止基本上是处于空白状态。可能因为我们的公安民警工作太忙了，他们现在忙着还没有时间精力去专门保护未成年人。

这是我大体上介绍了的中国少年司法改革与少年司法发展的一个基本历史情况。

四、少年司法的现状

把视线拉回当下，目前是一个什么状况呢？

关于少年司法的整个现状,我觉得还是有很多比较大的问题,其中最突出的是还没有独立的少年法。办理少年案件仍然依照的是以理性的成年人为假设对象所制定的普通《刑法》《刑诉法》,矫正也依照的是《监狱法》和《社区矫正实施办法》。这一点我必须要给大家强调。形式上我们有少年机构,而且这些机构看上去数量还不少,但最关键的东西是缺的。早在20世纪30年代的时候,中国就有制定独立少年法的考虑,但是直到今天独立少年法仍然是一个梦想。由于没有独立的少年法,办少年案件仍然是按照成年人的模式来办理,这会直接造成很多问题。

雪上加霜的是,近些年媒体特别喜欢炒作一些比较极端的恶性案件,尤其是未成年人恶性案件,包括校园欺凌、低龄未成年人恶性事件等,以至于现在大家一提到孩子,首先想到的不是纯洁和美好的形象,而是想到了"熊孩子"。舆论开始呼吁严厉打击青少年犯罪,包括公开呼吁降低刑事责任年龄。我们这些搞少年法研究的学者,由于一直在强调教育、感化、挽救,也遭受了公众舆论的严厉的批评,甚至是威胁。我本人在新浪微博有实名认证的号,而且我发表过好几次关于反对降低刑事责任年龄的观点,包括关于校园欺凌防治的一些看法,结果收到了很多恐吓的私信,其中包括要派未满14周岁的杀手来把我干掉,以及要弄清楚我儿子就读的学校,要派人去对他进行校园欺凌,大家不要觉得这是在搞笑。

现在无论是领导还是专家,只要讲到青少年犯罪、校园欺凌,必须讲严厉打击,如果他不讲严厉打击的话,舆论就会予以抨击,这是一个让我感到非常遗憾或者说担忧的问题。甚至舆论在有意曲解、歪曲一些案件事实,来迎合支持所谓严打的观点。比如,前段时间国内媒体广泛传播关于美国2015年的一起所谓的"在美留学生凌虐案",说中国的小留学生在美国被判了终身监禁,其实压根没有那回事。还有广泛传播的所谓日本判了未成年人死刑第一案的新闻。日本少年法规定的未成年人是20岁以下,这个新闻的传播会给人造成误解说日本把未满18周岁的人给判死刑了,所以中国也要恢复对未成年人的死刑,要给未成年人一点颜色看看。我对这两个广为传播新闻进行观察,发现媒体舆论在有意、刻意地误导公众观念。我发表过两篇专门的辟谣文章,转载和阅读量不过数千,而那两篇我刚刚提到的微信上传播的虚假文章,只要你转出来都是10万+的阅读量。后来我明白了,原来大家更愿意去相信谎言,而不愿意去面对事实。而与此相关的一个非常奇特的现象是,其实中国目前整个未成年人犯罪的基本状况是好转的。目前未成年人犯罪占整个刑事犯罪总数的2.93%，绝对人数是3万多，这是2016年的数据。而在高峰期，未成年人犯罪在整个刑事犯罪中的比重将近10%，每年判决未成年人犯罪将近10万人。从统计数据来看，目前未成年人犯罪状况是历史上最好的时期。但是，恰恰是严打未成人犯罪呼声最高的时期。为什么会出现这些情况？值得我们每个人反思。

第三个大的问题是目前我国少年司法的干预范围太窄，目光仅仅及于涉罪的少年。我在少年司法研究中一直主张用"罪错"而不是"犯罪"一词，来强调少年司法的干预范围不只是少年刑事犯罪。我在学理上将罪错行为分为虞犯行为、违警行为、触法行为和犯罪行为四种，比目前《预防未成年人犯罪法》所笼统规定的不良行为、严重不良行为的划分更细。

"罪错"这个概念和英美国家的delinquency，日本少年法的"非行"，台湾地区讲的"少年事件"差不多，它不是一个犯罪的概念。今天包括昨天来的外国学者所介绍的少年犯罪、少年司法的一些研究理论，其实都用的是一个"罪错"的概念，不是一个犯罪的概念。不看到这个差别，就容易产生很多误解。

比如，根据我国《刑法》《预防未成年人犯罪法》，对未成年人罪错可以采取强制性干预措施的年龄不是14周岁，而是12周岁，12周岁就可以决定工读教育进入专门学校。同时，由于收容教养措施的存在，而且没有做任何最低年龄限制，8岁杀人可以进行收容教养，5岁杀人理论上也可以进行收容教养，是没有最低年龄限制的。而在国外讨论的所谓降低责任年龄多是在这个维度上的概念，我们竟然还在讨论要把刑事责任年龄从14周岁降下来，这是一个理解上的偏差，请大家尤其要注意。当然，需要反思的是，工读教育、收容教养这类措施走的都不是司法程序而是行政程序，这是有严重问题的，也是我们最近几年倡导要进行改革的问题。

刑法规定的刑事责任年龄有14、16和18三个关键的年龄节点。未满14周岁对一切犯罪不承担刑事责任；已满14周岁不满16周岁只对故意杀人、故意伤害致人重伤或死亡、强奸、抢劫、放火、爆炸、投放危险物质和贩毒八类犯罪承担刑事责任，其他犯罪不承担刑事责任；已满16周岁的为完全刑事责任年龄，但是未满18周岁要从轻、减轻处罚。有很多媒体，甚至包括专业人士，只看到刑事责任年龄的概念，而没有看到对非刑事犯罪的罪错行为的干预矫治体系。而纵观国外的少年司法体系，核心、重心反倒落脚在我们国家不甚关注的非刑事犯罪罪错行为之上。

第四个要讨论的问题是中国少年司法还存在一个"二元结构",就是除了少年刑事司法体系外,对严重不良行为采取的是行政干预体系。干预措施包括责令父母严加管教、治安处罚、收容教养、强制戒毒、收容教育、工读教育、训诫等,只是所有的这些干预措施都不是走司法程序而是走行政程序。这些措施很多是名存实亡的需要进一步健全,比如工读教育按照法律规定是非强制性的,要进专门学校要本人和监护人家长同意,因而如果真正依法操作是难以进入的。再如,由于缺乏合法执行场所,现在很多地方已经不做收容教养了,而还在做的省市把被收容教养的孩子放到监狱去执行,这个是有问题的。

五、少年司法改革的方向

最后我想谈一些有关改革的问题。中国少年司法改革有一个核心——进行"一体化改革",也就是说不能仅仅盯着那一部分进入刑事司法中的纯刑事犯罪行为,更多地要关注那些还没有达到刑事犯罪的"罪错"行为,这个恰恰是少年司法的真正出路。对于这一部分群体,我们主张的一个基本政策是"提前干预、以教代刑"。比如像现在大家讨论的校园欺凌,争议最大的是对严重的校园欺凌行为,因为没有达到责任年龄,而没办法处理。这个提醒我们要去完善少年司法体系,去建立和完善具有提前干预和以教代刑特点的保护处分措施,而且要在改革的过程中,致力于确保儿童利益的最大化。

接下来我们讲的稍微简单一点,谈谈我现在借助团中央挂职平台正在重点推进的工读教育与专门学校改革。专门学校改革的一个基本的思路就是要畅通专门学校的招生程序。现在的问题是,应该进去的进不去,不该进去的进去了不少。现在有很多专门学校它不是在矫治有严重不良行为的未成年人,而是主要在矫治有网瘾的少年,这个是很奇特的现象。改革还处于过渡阶段,但是未来的发展方向应该在于专门学校招生的司法化,由法院来做针对有严重不良行为的未成年人的矫治决定。专门学校要改革,除了招生对象和招生程序外,还有一个是运作模式。现在很多地方是以类似看守所的模式建专门学校,使其更像是一个军营、一个监狱,而不是一个学校。要把专门学校真正地转化为"学校"的模式,这也是一个基本的方向。

刚刚谈了一些改革的基本方向，还有一项我希望能办成的事是在国家层面实际性地建立少年司法改革工作办公室。现在中央有预防青少年违法犯罪专项组，办公室很庆幸地设在我们团中央，也就是我现在分管的一个处。我一直希望能让它更多地承担起国家少年司法改革办公室的这样一个责任。我希望能悄悄地把这件事干成，用好中央综治委预防青少年违法犯罪专项组这个平台，把公、检、法、司，包括其他的一些相关部门整合在一起，去共同研究和探讨关于少年司法改革的共同方案以及进一步推行的方案。一个好消息是，马上在10月份左右，团中央将有一项举措就是要和最高检专门签一个关于如何推动未成年人检察社会支持体系的协议。再比如说，我们也已经在和民政部谈，打算和民政部专门出一个关于建立未成年人保护联动反应机制的文件，在全国层面聚焦困境儿童的保护。还有，我们正在起草的专门学校意见，如果顺利，会以中办、国办的名义发。此外，我们现在已经召集了将近20个部委共同在推行"双零社区"试点，文件已经发下去了，要从社区层面来建设或者说推动去创设无未成年人罪错和无未成年人受害的社区。我们联合将近20个部门一个村庄一个村庄地做，一个社区一个社区地做。

今天的发言我顺便也介绍了我到团中央之后做的一些事，也是为了回应学术界对我的一些关心，因为有些人说你这个教授做得好好的，抛妻弃子跑到那里去受苦干吗？原因很简单，就是想为我将近20年的理论研究找一个转化的平台，把学术观点变成国家的政策、国家的法律和国家的制度。

谢谢大家！

2017年8月20日，在首届问题青少年教育矫正管理国际研讨会（中国预防青少年犯罪研究会、鲁东大学主办）上的发言，由研究生王盼盼根据录音整理。

将来包含在过去之中

学界大都将上海市长宁区人民法院在1984年建立第一个少年法庭视为中国少年司法改革的起点,在过去的三十余年中,少年司法改革的成就举世公认。近期最高人民检察院正式成立了第九(未成年人)检察厅,民政部也宣布设置专门的儿童福利司,少年司法改革取得了突破性进步。但是,少年司法改革仍然面临着诸多困惑、疑虑甚至是挑战。例如,独立少年法依然缺位、少年警务改革严重滞后、少年法庭再次面临撤并的浪潮……少年司法的道路通向何方,这仍然是一个问题。

艾略特说,"现在和过去,两者都可能存在于将来,而将来则包含在过去之中。"当代中国少年司法改革所面临的问题和挑战,事实上都可以在历史中寻找到参考答案。一个被忽略的史实是,中国曾经是世界少年法院运动的组成部分——早在清末即已经接受了少年法院的观念,并开始推行少年司法改革,而且近代中国的少年司法改革也曾经达到了令人赞叹的高度。滥觞于清末的少年司法改革取法美日,奠定了中国少年司法的"司法模式"走向。至20世纪40年代,中国的少年司法已经发展到以刑罚之外的方法处置少年犯罪、制定独立少年法的阶段,并已经开始进行了建立少年法院的论证与准备,现代少年司法制度可谓呼之欲出。[①] 当代中国的少年司法改革不应该割裂这一历史,而应接续近代少年司法改革的传统,体会先行者曾经的艰辛、成就与方向,并应充分予以注意、借鉴和尊重。

自1984年以来,当代中国的少年司法改革虽然具有移植国外尤其是英美法系国家少年司法经验的特点,但更有鲜明地摸着石头过河的特色。

[①] 姚建龙:《近代中国少年司法改革的进展与高度》,载《预防青少年犯罪研究》2014年第4期。

长期以来,学术界一直忽视了对少年司法改革历史的研究,尤其是未能认真总结近代少年司法改革的经验与教训。对这一缺憾,我一直感到痛心。因此,当周颖博士当年征求我对以近代少年司法史为博士论文选题意见的时候,我是十分肯定和支持的。而在著名法律史学家徐永康教授的指导下,周颖博士经过艰苦努力所完成的《近代少年司法制度研究》也的确不负众望,成为国内迄今为止最系统、完整和深入研究近代中国少年司法史的成果。

为了完成本书,周颖博士深入大陆和台湾地区档案馆,挖掘了大量近代以来尘封已久但却是弥足珍贵的少年司法史料,例如《儿童法院组织大纲》《少年法院组织计划大纲》《少年法草案》等。这些珍贵史料,对于当代中国的推动少年立法和司法改革的借鉴意义是不言而喻的。在扎实史料挖掘的基础上,本书以少年法庭、少年监狱、少年感化院等少年司法机构的创建过程为线索,全景式展示了近代中国少年司法改革的历史进程,并得出了"与当代少年司法制度远远落后于其他国家相比,近代的中国在这方面的设计和发展已经达到了相当的水平"的结论。这一经过严谨史料整理、挖掘而客观呈现的结论,可以说也是对当代中国少年司法改革最好的激励和鞭策。

周颖博士研究生期间的学习方向是青少年犯罪专业,毕业后也长期关注当代中国的少年司法改革,这为本书的历史比较研究奠定了很好的基础。本书在对近代少年司法进行评析比较的基础上,将可借鉴的经验归纳为三点:第一,少年司法制度的构建,需要合理谨慎、立法先行的策略;第二,少年司法制度的发展,有赖于对少年矫正体系的重视;第三,少年司法制度的发展,需要加强对儿童福利事业的培育。周颖博士特别指出:"少年司法的价值不仅体现在司法程序之中,更体现在司法程序之外。少年司法的良性发展必然要以现代儿童观、儿童福利事业的同步为前提。少年司法与儿童福利事业的良好互动,是近代少年司法这段历史中令人最为深刻的印象,这也正是当今少年司法得以突破发展瓶颈的关键所在。"这些从历史比较中得出的判断,也正是我从事少年司法研究二十年最深刻的感悟。

是为序。

本文系为周颖博士《近代少年司法制度研究》一书所作序言。

未成年人司法改革进入新时代

2018年2月9日,中央综治委预防青少年违法犯罪专项组全体会议在北京召开,会议的一大引人注目成果是最高人民检察院与共青团中央共同签署了《关于构建未成年人检察社会支持体系的合作框架协议》。

这一始于未成年人检察的改革将完美综合司法体制改革和群团改革,实现专业化办案与社会保护的配合衔接,充分发挥共青团作为群团组织、未成年人保护委员会办公室单位(在全国绝大多数省市)、综治委预防青少年违法犯罪专项组组长单位的优势,按照"一门受理"的思路,实现未成年人检察社会支持体系的专业化、规范化和共享化。

按照制度推动者的设想,从未成年人检察切入只是开始、示范和支点,这一构建未成年人司法社会支持体系的努力,还将拓展到未成年人审判、未成年人警务、未成年人司法行政等未成年人司法的全过程,并且还将逐步拓展至儿童福利体系和整个未成年人保护体系中去。其远景目标是形成国家与社会良性互动、互补的未成年人保护二元制度格局。

未成年人司法不应是司法官包揽一切的"全能司法"。正是在这个意义上,社会支持体系的建设状况是检验一个国家未成年人司法制度现代化程度的标尺。如果说自1984年上海市长宁区人民法院建立新中国第一个少年法庭以来三十余年,我国未成年人司法改革的重心在于推动公、检、法、司建立未成年人司法专办机制上,那么,以最高人民检察院与共青团中央共同签署的《合作框架协议》为标志,我国的未成年人司法改革将正式进入未成年人司法专办机制与社会支持体系建设并重的新时代,这也正是《合作框架协议》签署的重大历史性意义。

2018年2月24日,发表于团中央权益部"青少年维权在线"。

法律移植是少年司法改革的重要路径

很高兴受邀来参加此次研讨会。上海市法学会未成年人法研究会和上海市预防未成年人犯罪研究会很荣幸协办、支持这个大会。上海是中国少年司法研究的重镇,也是中国少年司法制度的发源地。1984年11月,上海市长宁区人民法院成为少年法庭踏上新中国大陆的第一个阵地。1986年6月份,上海市长宁区人民检察院建立了中国第一个少年检察专门机构。1986年,上海市公安局长宁分局建立了第一个少年庭——后来在改革中撤销。

我本人曾经是华东政法大学青少年犯罪研究所的研究人员,虽然已经离开很多年,但很怀念在华政工作的日子。也是在这栋楼,也是在这个校园里,我们曾经和英国、欧盟、日本、德国等等很多国家的同行一起开展有关少年司法的比较研究。2012年中国刑事诉讼法的修改,正式增设了合适成年人参与制度,这项制度也正是我在华政工作时协助徐建教授在2003年的3月和10月通过两次研讨会,将英国的经验引入到中国的——正是在这个美丽的校园。现在这项制度已经在中国生根发芽,成为中国少年司法制度非常重要的组成部分。

今天,我们又迈出了少年司法比较研究的重大一步,邀请到了苏格兰的少年司法专家。苏格兰和英格兰不一样,尽管它们有着非常深远的历史渊源。我相信,苏格兰少年司法改革的经验,尤其是少年司法社会工作领域的做法同样值得借鉴。从几位苏格兰专家身上,我看到了他们深厚的专业素养。

这么多年在和国际少年司法学者长期对话的过程中,很多时候我有一种深刻的感受,就是中国的少年司法一直处于迷茫状态,很多政府机构、相关部门并不是很重视少年司法的发展。在学术界,也并不把少年司法的研究作为一个重要的领域,这种情况必须改变。

在司法实务领域,少年法庭一直被戏称为"小儿科",未检的发展也充满不确定性。今天会议现场来了几位中国著名的少年司法法官和检察官,我相信他们对这一点有更深的感受。少年司法饱受争议的一点就是认为从事少年司法的法官、检察官在不务正业。因为在很多人看来,作为法官、检察官,只需要根据事实证据、法律法规判案即可,至于这个孩子是死是活、能不能重新融入社会这些问题在很多人看来不属于法官、检察官应该考虑的范围。而实际上少年司法遵循一个使命,就是确保儿童最大利益原则在司法中的实现。也就是与今天讨论的这个话题有非常密切的关系,让社会的公正、让司法的公正、让司法的温暖呈现于司法的每一环节,这也是少年司法的独特之处以及使命。我很高兴经过这么多年的发展,现在这样的观念已经开始得到理论界和实务界的认同。

在十几年前,大约 2007 年,我写过一篇文章,有人说这是中国第一篇提出少年司法社会工作整合的论文,这篇论文发表在《法学杂志》上,当时写这篇论文其实只是为了回应一个质疑——很多人质疑少年法庭的法官不务正业,法官就是法官,不是一个专业的社会工作者,怎么能做教育、感化、挽救这个事呢?在非常著名的一部电影《法官妈妈》中,我注意到一个非常有意思的细节,法官发现自己判的未成年人出狱之后没地方住,就把他带到自己的家里住,这个孩子回家没有钱,就自己出钱买票让他回家,这孩子心理有问题对社会有很多仇恨,法官便亲自帮他梳理对社会的仇恨进而使其能够释怀。很多人说,这不是法官应该做的事,那么我问大家,这是谁要做的事?曾经我们的司法官是全能的,什么都要做。所以,我当时写这篇文章就提出,法官要专注于审判,检察官要专注于检察官职能,但是法律之外的、又为少年司法所必需的一些工作,则必须要有专业力量来承担,这股力量便是社会工作者。

很高兴,现在我们国家已经有了一批像徐永祥教授、席小华教授这样的跨界学者,既在社会工作领域很有造诣,又在法律领域有很深的研究,这样一批整合性的专家已经出现了。在政策层面包括制度层面,也已经开始给予少年司法社会工作一席之地,这是一个非常重大的进步。我今天也非常高兴看到来自苏格兰的专家,将为我们分享来自苏格兰的一些非常值得借鉴的经验,我相信会比英格兰的经验更加值得借鉴。我们也会和来自苏格兰的专家一起分享中国在少年司法社会工作领域取得的成果,我相信每一位参会人员都能从中受益。

现在是 10 月,在中国这是收获的季节。我相信这次研讨会将会是这个秋天带给我们的最好回忆,预祝本次大会圆满成功。谢谢大家!

在"儿童与青少年:社会工作、社会服务于社会公正"研讨会上的致辞(2018 年 10 月 17 日,华东政法大学社会发展学院主办),根据录音整理。

少年法庭如何行稳致远

最近人民法院正在开展内设机构改革,由于认识的偏差、内设机构数量的限制等原因,很多地方出现了"关、停、并、转"少年法庭的现象。1984年上海市长宁区人民法院建立新中国第一个少年法庭,经过三十多年的发展,少年法庭赢得了人民法院工作中"一块温馨的园地,一片希望的沃土,一面鲜艳的旗帜""法院的金字招牌"等高度评价。尽管如此,这一次法院内设机构改革对少年法庭的影响仍不可小觑,少年法庭被大范围撤并的"灾难性"后果,估计难以避免。

建立独立的少年司法制度是百余年来的梦想。实际上,我国建立少年法庭的探索从1907年的清末就开始了。民国元年也将少年司法改革列为重大事项,抗战胜利后再次将建设少年法庭、筹建少年法院作为重要改革内容,甚至在1948年还请来庞德来帮助中国制定专门的少年法。中华人民共和国成立后,尤其是改革开放以来,少年司法改革才取得了实质性的进展,少年法庭成为我国司法改革和人权保障进步的标志性成果,在国际上也赢得了广泛的赞誉。

新时代应是少年司法改革取得突破性进步的时代,是实现少年司法改革百年梦想的时代,少年法庭的发展不能相背而行。少年法庭是法院的良心,更是司法文明、现代化的标尺。孩子的问题是社会问题的折射,少年司法的价值除了挽救孩子,还在于借由挽救孩子而"医治"其背后的社会问题。新时代的少年法庭应呈现新气象,在司法体制改革的背景下应有新作为,而不应让少年法庭面临生存危机。

对少年法庭的认识,应当放在时代背景下去理解。少年司法制度是社会变迁的产物,少年司法改革应与时代的需求相适应。在传统农业社会,少年法庭可能确实没有必要建立。但现代社会是风险社会,风险社会的一大特点是传统的家庭、学校、社区已经不能完全承担"保护孩子"和"管教孩子"这两项职责。前者催生了儿童福利制度,后者促进了少年司法制度的诞生。儿童福利制度类似"母亲"的角色,在家庭和社区养育、保护儿童的功能不足时,发挥着替代性的保护功能。少年司法制度类似"父亲"的角色,对于家庭管不住、学校管不了的罪错未成年人,发挥着类似"严父"的管教作用。儿童福利制度与少年司法制度的相互配合和衔接,共同践行着"国家亲权"理念,发挥着"国家监护人"的作用。

少年法庭的危机,在根源上是由于我国少年司法的顶层设计——立法存在硬伤所导致的。目前少年法庭并不享有对未成年人罪错行为的"先议权",进入少年法庭审理的仅仅是"未成年人刑事案件"。美国仅有三亿多人口,但每年进入少年法院审理的案件有近一百万。我国近十四亿人口,法院(还不全是由少年法庭)审理的未成年人刑事案件却不到四万件。差距如此之大,关键性的原因是大量应当由少年司法关注的未成年人罪错行为,包括不良行为(虞犯行为)、违警行为、触法行为和轻微犯罪行为等,并不在少年司法的干预范围,特别是不属于少年法庭"先议"的范围。而且,对于有罪错行为的未成年人,家庭、学校、社区等传统社会控制机制并不能够很好地发挥管教的功能,其结果基本上只是"养大了再打""养肥了再杀"。例如,近年来校园欺凌、低龄未成年人恶性事件突出,社会各界反应强烈,其原因即在于此。对于这种制度设计不足所造成的"养猪困境",必须要破解。

尽管我们一直强调,对于少年法庭不能以"案件量"作为评价标准,但是在当前司法体制改革的大背景下,如果没有必要的案件量,少年法庭将难以走出生死存亡的危机。同时,如果仅仅是为了"案件量"改革,而不在顶层设计的高度对少年司法干预范围做结构性调整,还继续走从其他法庭中"平移"案件的老路,也难以彻底避免少年法庭的危机。少年司法制度的发展,必须要在顶层制度设计高度进行结构性调整,赋予少年审判本应有的职能,只有这样才能让少年司法真正地呈现原本应有的面貌,并且真正适应未来、适应时代的需求。

在现阶段,一方面要坚持把少年综合审判改革坚持下去,坚持 2006 年以来"大少审"的改革思路,处理好家事审判与少年审判的关系,避免在家事审判改革的名义下"吃掉"少年审判。另一方面,最高人民法院要"以上率下"建立独立的少年法庭,为地方少年司法改革做好表率。与此同时,要下决心进行试点,通过人大授权或其他方式,让地方少年法庭试点受理本应该受理的案件——未成年人罪错案件,特别是收容教养、工读教育、治安拘留等涉及人身自由的案件,而不仅仅是未成年人刑事案件。在积累、总结试点经验的基础上,再通过修订《预防未成年人犯罪法》及《刑法》等相关法律,建立专门的少年法院,完成对我国少年司法制度的重构。

司法体制改革应该有前瞻性,本轮司法体制改革,特别是法院内设机构改革之所以会给少年法庭的生存乃至整个少年司法制度的发展带来如此重大的潜在危机,在很大程度上是对司法体制改革的理解存在偏差所造成的。专业化分工越来越细,是司法发展的规律和趋向。就如同医院一样,全科医生是需要的,但专科——越来越细分的专科才是医学进步的方向和体现。如果在法院内设机构调整中,导致法院审判退回到"全科"时代,我认为这种改革思路是值得商榷的。从历史发展来看,司法体制改革大体可以分为"技术"司法改革、"量化"司法改革和"专业化"司法改革三个阶段。本轮司法改革比较厚重地体现了"量化司法改革阶段"的特点,而少年司法制度天然就属于专业化司法,两者之间存在着"张力"。尊重少年司法的专业化特点,应当在本次法院内设机构调整改革中予以高度的重视。

习近平总书记深刻指出:"孩子们成长得更好,是我们共同的心愿。"司法体制改革一定要牢记总书记的嘱托,让涉案孩子以及没有涉案的孩子都能够感受到司法的温度,而不是相反。

2018年5月31日,在最高人民法院、北京市高级人民法院主办的全国法院少年法庭改革方向及路径研讨会上的专家点评,根据录音整理,载《人民法院报》2018年6月11日。

校园暴力防治与少年司法改革
——在最高人民法院"加强少年司法防治校园暴力"专题座谈会上的发言

尊敬的首席大法官,各位领导、同志们,很高兴和大家交流我对校园暴力和少年司法的一些看法。我注意到今天座谈会的主题直接使用了"校园暴力"的提法。我印象很深,大概是在十二三年前做校园暴力课题研究的时候,这个词还是很敏感的,我还曾经被某学校的校长"赶了出来",因为一提校园暴力,他就强调学校没有暴力。今天可以在这样重大的场合直面校园暴力及其他相关问题,可以说是一个巨大的进步。大家可能注意到,即便在去年出台的国家层面的一个规范性文件,还把"校园欺凌"的提法改成了"学生欺凌和暴力",意在强调欺凌和暴力是"学生"之间的,主要不是发生在"校园"里面,说明有关部门对于这个话题仍然还有一些避讳。所以我说,今天我们能坐在这里讨论校园暴力确实是一个进步,校园暴力的防治的确需要直面和正视。

如果今天我谈的一些观点有不准之处,请各位谅解,我纯粹是作为一个学者来表达自己的一些不成熟的想法和建议。首先,我想说说对校园欺凌的认识以及它和校园暴力的关系。

我非常赞同最高人民法院把"校园暴力"而不仅仅是"校园欺凌"作为座谈会的主题。校园应当是最阳光和最安全的地方,仅仅关注校园欺凌是不够的。按照社会关注热度的先后,校园暴力的主要类型至少包括以下四种典型类型:一是外侵型校园暴力——曾经有一段时间,校外人员侵入学校及周边伤害师生的案件发生了不少,引起社会各界的广泛关注。一定程度上可以说国家和社会对校园安全问题的高度关注,是从这种类型的校园暴力开始的。二是师源型校园暴力——教职员工尤其是教师侵犯学生的现象,其中以教师性侵学生问题最为社会关切。三是伤师型校园暴力——学生伤害甚至杀害老师的现象,国内也曾经发生了多起引起广泛关注的恶性案件,以湖南邵东发生的留守儿童虐杀老师的案件为例。第四种才是最近几年热烈讨论的校园欺凌,其特点是发生在学生之间,在行为方式上不限于身体暴力,还包括语言暴力、歧视、孤立等。这些都是属于校园暴力的范围,只不过最近社会关注的重心聚焦在校园欺凌上。

去年我受教育部政策法规司委托主持了学校安全风险防控课题研究,课题组对全国做了大样本抽样,抽了29个县市,涉及22省,问卷调查了学生104834人,老师18932人,校长1596人,家长76811人。通过这次全国性大样本调查,课题组按照发生频率提炼出了学校安全十大事件:第一是意外伤害;第二是学生欺凌;第三是学生之间打架;第四是流行疾病;第五是交通事故;第六是校外人员滋事;第七是教师打学生;第八是溺水;第九是地震;第十是学生伤害老师。

这十大类事件中一半属于校园暴力范畴,所以说如果要维护校园安全,校园暴力是无法回避的,也不能用校园欺凌来替代对校园暴力的关注。

最近媒体对校园欺凌炒得很厉害,给人们的感受是校园欺凌很严重,家长和学生的安全感很受影响。但是,客观地告诉大家,从我们做的实证调研包括横向比较来看,现在很多人对校园欺凌严重性的感受被放大了。

我曾经在《人民日报》上发表了一篇关于校园欺凌的文章,其中有一句话大意是相比较而言我国当前的校园欺凌发生率还是比较低的,结果被很多网友骂得够呛。尽管如此,我仍然要客观地向大家报告通过全国抽样且超过十万学生所调查的情况。这次调研我们采用的是"被害人自陈报告法",并且采用了以学生自我"主观感受"为标准的校园欺凌界定方式。目前关于什么是校园欺凌还存在很多争议,但显然,学生自己是最有发言权的。

我们问卷设计的题目是"你在学校有没有被人欺负",只要被抽到的学生觉得自己在学校被欺负就打钩,至于怎么被欺负没有做限定。当时我们做问卷调查的时候预估数据会非常高,结果通过这种方式调查出来的校园欺凌发生率是33.36%,其中经常被欺负的比率是4.7%,偶尔被欺负的比率是28.66%。用类似方法做调查的国家校园欺凌发生率通常都在80%以上,比如日本的调查。再比如美国有一项调查发现47%的学生在过去一年内被以非常难受的方式欺负、取笑或者嘲弄。我们的调查还没有加欺凌程度的限制,但发生率仍然低不少。

客观评估校园欺凌状况对于防治很重要,我们做横向比较绝对不是为了辩护什么,只是希望大家能客观评价我国校园欺凌的发生状况,既不夸大也不做鸵鸟。受国务院妇儿工委委托,今年我还会再对校园欺凌做一项实证研究,将对一些存在争议的重难点问题再做针对性的调研。

顺便和大家分享一些调研中有意思的发现:高中二年级学生报告经常被欺负和经常实施欺负的比例最高,小学四年级报告偶尔被欺负和偶尔实施欺负的比例最高。初二学生最容易争吵和打群架,小学五年级学生最容易互相打架;初二学生被老师骂和打的比率最高,骂老师和打老师的比率也最高。

另外,需要注意的是,刚才有很多校长和老师发言,并且有的还主张自己已经成为弱势群体。今天没有学生的声音,我代表学生说一下,教师伤害学生排在十大安全事件的第七位,而学生打老师排在最后一位。

其次,借今天这样一个重大的场合,请允许我就全国少年审判工作提一些粗浅的建议:

建议一:研究清晰少年司法的"先议权"问题,合理确定少年法庭的受案范围。

大家注意到,尽管我说横向比较我国校园欺凌发生率并不高,但是高达1/3的学生遭遇校园欺凌,就数量而言也已经很惊人了。然而,校园欺凌案件真正进入法院审理阶段的案件比例非常少。达到刑事犯罪程度,经过人民检察院审查逮捕、审查起诉程序,最后真正进入人民法院定罪程序的校园欺凌案件比例非常非常低。为什么会出现这个情况?

其中很重要的一点,在我国少年司法的现行制度设计中,有一个很基础的重要问题一直没有得到认真对待,即处理未成年人罪错案件的"先议权"应当由谁来享有。再说直接一些,也就是对于未成年人的不法及危害社会的罪错行为,最早该由哪个机构来进行实质审查并决定怎么处理。

未成年人的罪错行为包括四种类型,而不仅仅包括严重刑事犯罪行为:一是虞犯行为,即有可能导致未成年人更加堕落,有犯罪之虞的行为,例如抽烟、喝酒、逃课、逃学、夜不归宿等,大部分国家都将这类行为规定为少年法上的罪错行为,主张提前干预;二是违警行为,在我国主要是指触犯《治安管理处罚法》的行为；三是触法行为，也就是因为未达到刑事责任年龄而不予以刑事处罚的行为，在这里我借用了日本少年法上的一个概念；最后才是刑事犯罪行为。

在少年法理论上，这四类行为属于少年法上的"罪错"，属于少年司法管辖的范围，建立了少年司法制度的国家基本上都主张这些罪错行为应当区别于成年人单独和专门对待，主张应当从普通刑事司法体系（包括我们国家的治安管理处罚体系）中分离出来纳入独立的少年司法制度管辖的范围，并且统一由少年法庭或者其他类型的少年审判机构进行"先议"，而不是公安机关梳理一遍，检察机关梳理一遍，然后再把要惩罚的行为交给法院决定怎么处罚。相反，是由法院（专门的少年审判机构）首先进行审查，判断和决定这种罪错行为应该走什么样子的程序；法院"先议"遵循的是"保护优先"原则，只有极少数最为恶劣的、行为太严重的案件才会被递送给检察院，由检察院向刑事法院起诉；法院先议的结果是，绝大多数罪错案件都会被留在少年司法体系中，作为保护案件进行处理，以体现"保护优先"。

为什么大部分国家会把"先议权"交给法院？这是因为，在理论上包括实践中都认为公安机关和检察机关是追诉机关，它们都有着与生俱来的追诉主义欲望，所以"天然"不适宜代表国家去履行国家亲权责任和践行保护优先主义，所以要把先议权交给中立的法院。

在我国，到底公检法机关的哪一个最适合充当国家监护人角色承担先议职责，这个问题一直没有得到合理的关注和研究。我们会发现，现行制度设计对未成年人的罪错行为和成年人一样适用的是行政处罚与刑事司法程序，公安、检察首先遵循的是"追诉标准"——达到标准的处罚或者批捕、起诉、不起诉，达不到标准的不管，然后经过公安和检察院梳理出来的最严重的刑事案件交给法院去定罪量刑。这种机制设置和大部分国家不一样，这是我国的特色还是需要改革的方向需要思考。

从校园欺凌的防治角度来看，这可能更加值得我们反思。比如很多校园欺凌案件，例如今天很多专家代表提到并且表示不满的未达到刑事责任年龄的未成年人案件，按照我国刑法规定即便行为再恶劣甚至是故意杀人，也首先考虑的是责令父母严加管教，实在不行再考虑由政府收容教养。收容教养最高三年，而且不在司法的范围之内，是由公安机关决定的。请注意，由于劳教制度的废除，目前按照司法部的规定，收容教养的执行是由监狱负责的。收容教养可以剥夺和限制人身自由长达三年,这个决定竟然不是由法院做出,而是由公安机关来决定,从法治的角度来说,这是有严重问题的。还有一个糟糕的情况是,现在收容教养适用的很少,从社会防卫的角度来看,也是很成问题的。

再比如说工读教育。现在很多校园欺凌事件中,欺凌者大的错误不犯,但行为恶劣,家长社会反应强烈。按照我国预防未成年人犯罪法规定,这类严重不良行为可以送到工读学校进行矫治,但是现在预防法规定送工读学校要遵循三自愿原则(家长、学校和本人同意),导致这一部分孩子实际上又进不到专门学校,这就造成"养猪困局"(养大了再杀,养肥了再打)。为什么人民法院少年法庭不可以进行干预,就像很多国家那样,对于危险性的虞犯行为、没有达到刑事犯罪程度的违警行为,少年法庭也可以进行审理,并且采用不是刑罚的保护处分手段进行干预?包括前面所说触法案件,尽管没有达到刑事责任年龄,不能进行刑事处罚,但是可以采取保护处分措施进行干预,比如说强制性地送到专门学校进行矫治。

刚刚有校长发言时提到留美学生凌虐案,国内信息其实并不准确。中国小留学生在美国被判处终身监禁?其实根本不是那么回事,被判刑的都是三个成年人。被抓的三个未成年人(其中两个17岁)行为非常严重,但走的都是少年司法程序,没有作为刑事案件处理。处理最重的17岁少年被判处送到训练营9个月,类似于我国的工读学校,他们所有身份信息都是保密的,媒体上你看不到姓名、照片,根本不存在什么终身监禁,我们媒体的报道都是不负责任的。但我要请大家注意,美国少年司法奉行的是"宽容但是不纵容"原则,在未成年人保护和社会保护之间寻求最佳的平衡——尽管年龄小没有被当作刑事犯罪处罚,但还是要被强制送到类似工读学校的地方去。

由于校园欺凌这个话题引出的问题——我国已经到了认真研究、考虑人民法院对于未成年人罪错行为的先议权问题了。说得再直白一点,我国少年法庭的受案范围太窄,仅仅针对刑事案件,收容教养、工读教育、最长可到20天的治安拘留等等这些措施都不是少年法庭决定的,未成年人的虞犯行为、违警行为、触法行为都还没有纳入少年法庭的审理范围。我国目前在推行审判中心主义改革,少年司法如何推行审判中心主义,这是需要我们考虑的问题。法院享有未成年人罪错案件的先议权,这也是审判中心主义的要求。

同时我需要强调的是,大家注意刚刚提到的留美学生凌虐案,被抓的六个嫌疑人,三个成年人,三个未成年人,其中三个未成年人并没有当成刑事犯罪处理。从1899年美国伊利诺伊州芝加哥库克郡设立世界上第一个少年法院以来,各国少年司法制度的发展有一个最大的特点,那就是少年法庭(院)的"去刑事化",也就是不把未成年人的犯罪当作犯罪看,不像成年人刑事犯罪那样处理。

总结一下,少年司法制度的最大特点就是两句话八个字:一是"提前干预",虽然还没有达到刑事犯罪,少年司法也可以干预。二是"以教代刑",成年人要作为刑事犯罪处理,但未成年人则不当作刑事犯罪处理,不过不是一放了之,而是要用保护处分替代处罚。

现代国家都没有把少年法庭放在刑庭范畴内,都是"去刑事化",让少年司法从刑事司法中分离出来:一方面把还没有达到刑事犯罪程度的案件纳入管辖范围,另一方面不将未成年人的刑事犯罪当作犯罪那样处理。请注意,这是各国少年司法改革一百多年来的成功经验。

1984年10月,新中国建立了第一个少年法庭,当时是在刑庭中建立一个专门的"少年犯合议庭",后来少年法庭逐渐从刑庭中独立出来。我觉得这三十多年的方向是对的,但是没有走彻底,很多地方少年法庭仍然和刑庭是两块牌子一个班子,甚至还仍然把少年法庭放在刑庭中。少年司法改革了三十多年,去刑事化的方向一定要注意。

以上是我对于"先议权"问题提出的不成熟的想法。

建议二:认真对待少年审判和家事审判之间的关系。

少事(少年审判)、家事(家事审判)合一是二战以来少年司法改革的一个重大趋向。请大家注意,1922年日本旧少年法规定建立的是"少年裁判所",也就是少年法院,但是在美国少年司法改革的影响下,1948年新少年法把少年裁判所改成了少年及家事裁判所,国内也多翻译为"家庭法院"。1999年,我国台湾地区在高雄建立了第一个少年法院,2012年6月1日则改成了少年和家事法院。其实,很多国家在二战以后都出现了少事和家事合一的发展趋势。为什么会有这种改革趋势?

少年司法关注家事审判,一个很重要的原因是家庭是少年成长最重要的空间;对家事案件的处理同样要遵循儿童利益最大原则,同样不能仅仅关注案件裁判,而是应当要寓教于审和寓助于审;只有为孩子创造一个好的家庭环境,才能更好地预防和控制未成年人犯罪。"合一"体现的是预防和保护思维,这才是少事和家事合一趋势的内在原因和理论依据。

请注意,少事和家事的"合一"有一个很重要的特点——"合而不同"。一些同志去台湾地区或美国考察,发现少年审判和家事审判合在一起,但请注意在学习的时候不能只关注形式,还要看到实质,实质就是"合而不同"。什么是"合而不同",我曾经概括为 16 个字:"理念相通、程序相近、资源共享、相对独立"。

少审判和家事审判的"理念相通",即都遵循儿童最大利益原则;"程序相近"即都主张审前社会调查、审中寓教于审与寓助于审、审后回访考察;"资源共享",即专业力量和社会力量可以共享;"相对独立",也就是少年审判和家事审判虽然合在一起但是内部保持独立性,也就是说少年审判和家事审判互不干扰、干预对方的审判实务。各国的实际做法说形象一点就是,同聚在一个屋檐之下——少年及家事法院(少年法院、家事法院等),但是少事部和家事部保持相对独立,绝不会出现我国在推行家事审判改革中所出现的同一个法官既审理少年案件又审理家庭案件,一会儿审民事案件一会儿审刑事案件的情况。对改革中出现的这种"全能法官"现象,我个人是持保留意见的。

"合而不同",少审判和家事审判合一的改革趋势是对的,因为理念相通、程序相近、资源共享,但是一定要保持相对独立,这是改革中需要注意的问题。因为不强调相对独立,家事审判的庞大案件量肯定要冲垮少年审判,在以"量"为主要评价标准的情况下,法官基于利益权衡必然没有精力也不愿去坚持少年审判的教育感化和挽救工作,少年审判必然名存实亡。

三十多年的少年司法改革,就少年刑事审判而言,具有努力从刑事审判中独立出来的特点;近些年的少年综合庭改革和家事审判改革,则具有将涉少民事家事审判努力从普通民事审判中独立出来的特点。我觉得,这些方向都是对的。就少年司法的未来走向而言,不仅涉少民事、家事案件以及涉少刑事案件要纳入少年法庭受案范围,未成年人的其他罪错案件,也都应当进入少年司法的视野。

少年司法改革的方向是走向独立、稳定和专业,不把孩子当作成年人看,只要这个方向不错,怎么搞都是对的,反之如果方向错了,就一定要反思。

我很赞赏 2006 年开始,由最高院倡导的少年综合审判庭改革,这一改革通过涉少民事、刑事和行政案件的"三审合一"来强化少年法庭的独立性、专业性和稳定性。遗憾的是,试点超过十年了一直没有一个正式的说法。这几年的家事审判改革,方向是对的,但在具体操作中,一些地方对最高院推行的家事审判改革存在理解的偏差,客观上来说(也许我说的不对)对少年法庭的稳定性带来很大的影响,很多地方在家事审判改革的影响下,撤、并少年法庭。由于家事案件量特别大,少年案件被冲淡掉了,少年审判被淹没了,我对这种状况忧心忡忡。

建议三:少年法庭是人民法院的良心,一定要有切实的、特殊的措施来稳定和发展少年法庭。

周强院长明确指出:"少年法庭只能加强不能削弱。"很多人把少年法庭、少年审判评价为法院的金字招牌,希望的沃土,鲜艳的旗帜。在我看来,少年法庭是人民法院的良心。但是,没有特殊的措施,良心也是靠不住的。

比如说,去年大家高度关注的医院儿科资源紧缺问题,很多医院都不设置儿科了,医学院也不设儿科专业和方向了,为什么?因为儿科不挣钱、很累而且风险还很大。以前评三级医院的资格条件之一是必须10%的床位是儿科,但是很多医院拿到三级综合医院牌照以后就把儿科关了。

2016年初,上海市委书记韩正曾经评价,儿科资源紧张是"医院内部制度出了问题"。针对这一问题,上海市已经责令三甲医院必须恢复儿科,上海儿科十三五规划也已经明确要求二级以上综合医院必须建儿科,医学院也恢复或者增设了儿科医生培养方向。

谁都知道孩子生病要去看儿科,儿科医生很重要,儿童医院很重要,儿科业务很重要。但是,为什么医院会停掉儿科,医学院也不培养儿科医生?很简单,这都是利益衡量的结果。如果没有制度支撑,就算社会再需要,照样取消。你看,如果没有特殊的措施,连医院的儿科都靠不住。同样的道理,如果法院的少年法庭没有特殊措施,少年法庭的发展同样必然令人担忧。

成人社会的儿童观有三个发展阶段:第一阶段是认为儿童和成年人没有区别,第二阶段认为儿童是缩小的成年人,第三阶段认为儿童是与成年人本质不同的独立的个体,基于这种儿童观,在医学上主张不能由普通医院去给孩子看病,不能用成年人的药去医治儿童的病,而要有独立的、专门的、特殊的儿童医疗体系,包括专门培养的儿科医生、专门的儿科乃至儿童医院,专门研发的给儿童的专用药物、诊疗器具等。儿科医学是这样,少年审判亦是如此。难道一个孩子犯罪和一个孩子生病两者之间没有类同性吗?

参考儿科的发展以及它曾经面临的问题,我们对于少年法庭的发展也要有特殊制度、举措和要求。如果没有,讲得再好,在操作层面,法院也可能会根据利益权衡做出最有利于自己的选择,而不是最有利于儿童的选择。

讲了这么多,我的建议是最高院最好可以设置独立的少年法庭。未成年人保护法、预防未成年人犯罪法都有办理未成年人案件专门机制和专门机构设置的要求,2010年《关于进一步建立和完善办理未成年人刑事案件配套工作体系的若干意见》等也都有明确规定。最高法自己率先垂范,才好去要求地方。目前,最高法研究室内设有正处级的少年法庭指导处,级别是什么不重要,关键是这种设置模式没有将少年审判业务单列出来,也难以指导全国。少年审判不是纯粹的刑事业务也不是单纯的民事业务,它就是少年业务,孩子就是孩子,不是成人之下的刑事审判,也不是成人之下的民事审判。

如果最高院可以率先垂范建立独立的少年法庭,我觉得地方不做要求都好办,否则喊破嗓子也没有用,正所谓"喊破嗓子,不如甩开膀子"。

加强少年法庭工作的最好方式是"以上率下",在司法体制改革的背景下,这一点更加重要。司法改革大体有三个发展阶段:一是技术司法改革阶段,即强调技术性特征,例如司法考试、法袍、法槌;二是量化司法改革阶段,即强调以量作为改革的指向与评价标准,例如员额百分之多少,人均办案量百分之多少,工资加百分之多少;三是专业司法改革阶段,即强调司法的实质与专业性,而不是量化,也不是技术表象。

这次司法体制改革具有属于量化司法改革的色彩,而少年司法恰恰是典型的专业司法,无法以量来衡量。你说民庭一年人均审了三百个案子,但少年法庭一年就审了一个案子拯救了一个孩子,谁的价值和意义更大?仅仅因为审的案件量相对少,少年法庭就没有存在的意义了?

挽救孩子的工作投入往往无法量化,也不应当量化。少年法庭不是寓言故事中的那个主张"我业治驼,但管人直,哪管人死"的医生,其重心是挽救和保护孩子,而不是仅仅审理案件。然而,如果没有特殊的举措和明确的要求来稳定少年法庭,少年法庭必然变得很突兀,很难不受影响。

以上的想法还很不成熟,仅供参考。

2017年5月25日于最高人民法院中区二层中法庭,根据录音整理;主要观点以《少年法庭如何成长壮大》《认真对待少年审判与家事审判的关系》发表于《人民法院报》2018年1月2日、1月22日。

有新意的少年司法集中管辖实践

未成年人案件集中管辖始自20世纪90年代末连云港市法院的探索,故有"连云港模式"之称,其基本特点是由上级法院将跨行政地域的未成年人刑事案件指定至某基层人民法院少年法庭集中审理。尽管曾经有过论争,但是目前无论是理论界还是实务部门对集中管辖的合法性已经基本达成一致意见。从形式上看,集中管辖似乎具有增大收案量解决"吃不饱困境"以维持少年司法专门机构稳定性的考虑。但显然,如果仅仅从这个层面理解这一探索的意义是肤浅的。事实上,集中管辖的意义更在于强化少年司法专门机构的独立性、提高少年司法的专业性、统一办案标准与平等保护涉案未成年人,也是在为我国少年司法制度未来的发展从依附走向独立探路。

我注意到,贵州省检察机关探索的集中管辖与传统意义上的集中管辖实践相比有两点值得赞赏的新意和进步:

一是集中管辖更加彻底,实现了公检法的联动集中管辖。即不仅仅是指定少年法庭集中受理一定地域范围内的未成年人刑事案件,而且人民检察院也由相应基层人民检察院集中批捕起诉,公安机关由相应看守所集中羁押涉罪未成年人。而在传统集中管辖实践中,通常仅仅是少年法庭阶段的集中管辖,检察和公安机关并未同步集中。这样的做法,更有利于充分发挥集中管辖的积极意义,特别是有利于解决审前羁押阶段所长期存在的困扰性难题,也更接近于一些发达国家建立"羁、诉、审"于一体的"少年司法中心"的做法。

二是集中管辖不破属地帮教责任。我特别注意到,贵州省以安顺市为代表的集中管辖实践,特别规定了被附条件不起诉的未成年犯罪嫌人考察帮教仍然由原有管辖权检察院负责,原有管辖权检察院仍然要承担未成年人法制宣传、犯罪预防、矫治帮扶的责任,对帮教具有重大参考价值的社会调查仍由办案地公安机关负责,涉罪未成年人居住地司法局仍然负有对进入社区矫正未成年犯的帮教责任。这种对集中管辖不破属地帮教责任原则的坚持是值得肯定的,因为涉罪未成年人的帮教更适合在其居住、生活、学习的地方进行,原具有管辖权的地域也更具有整合帮教社会资源的能力。这样的制度设计既充分发挥了集中管辖的积极意义,又最大限度地规避了集中管辖可能的负面效应。

贵州省以"羁、诉、审"一体化及"不破属地帮教责任"为特点的集中管辖新模式的确令人耳目一新。近些年来,贵州省在未成年人检察改革中积极作为、成效显著,产生了广泛而积极的影响,作为经济发展相对滞后的西部省市实属不易。

本文写于 2017 年 5 月 22 日,部分观点载《法制日报》2017 年 6 月 13 日。

少年司法分流：中国语境下的悖论与反思

谢谢主持人，谢谢各位！我相信此时后排的同传翻译比我还要紧张，在我发言之前，他们再三提醒，让我的语速慢一些，因为在去年这个时候，翻译就见识了我说话的速度，至今仍令他们记忆犹新。不过请放心，我的语速依旧还是会很快地。（全场笑）

我今天给大家汇报的主题是"少年司法分流：中国语境下的悖论与反思"，这次报告的内容主要分为三个部分：第一部分"少年司法分流，移植而来的概念与理念"；第二部分"'分流'还是'入流'：中国语境下的悖论"；第三部分是"我国少年'刑事'司法中的'分流'"。

一、少年司法分流：移植而来的概念与理念

今天会议的主题中文用的是"转处"一词，不过之前跟林校长交流的时候，我提出不赞成把"diversion"这个单词翻译成"转处"来谈中国少年司法的看法，因为在中国少年司法中有"分流"，但没有"转处"。所以我主张在中国语境下用"分流"，介绍国外"diversion"制度时用"转处"，当然有时候难以进行那么严格的区分。

"diversion"这个词主要是起源于英美法系国家，我特别注意到德语中同样用"diversion"，所以我推断德国少年法体系下的"转处"也是从英美等国家借鉴而来的。

"diversion"——"分流"这个词传入中国并且在中国少年司法中正式受到重视大概是在2002年左右。中国最早的一个"分流"项目是英国救助儿童会与昆明市盘龙区人民政府在盘龙区合作推行的"少年司法分流

项目",我很有幸作为项目专家参与到了该项目的实施之中并对其保持持续关注,至今已经有十五年的时间了。

要理解好这一"舶来品",需要对国外,尤其是英美等国家推行"diversion"的历史、理论、制度、社会、刑事政策等背景做一了解。这些国家推行"diversion"的背景和中国相比有很大差异,如果不了解清楚这些差异,生搬硬套到中国的少年司法改革中,容易造成很多的误解与误区。

第一,就其历史背景而言,"diversion"这个词真正提出来是在1899年独立少年司法制度建立起来以后,也就是美国第一个少年法院建立之后。少年司法从传统的刑事司法分离出来以后,产生了一个我称之为"超级父母"的特征,也就是说父母管不了、学校管不了的事情,都进入了少年司法的视野当中。英语"delinquency"这个词的伸缩性很大,它跟"crime"这个词有很大差异。基本上,未成年人所实施的所有"越轨"行为都可以被"delinquency"所包含,并且可以纳入少年司法的管辖、干预当中去。然而,中国少年司法的管辖范围其实非常的窄,中国的少年司法并没有"超级父母"的特征,它只有危害性的概念,少年的罪错行为一定要达到刑事犯罪的程度、年龄一定要达到刑事责任年龄,少年司法才会进行干预与管辖。在英美等国家,它们的少年司法这个"超级父母"干预面十分宽泛,"吃得太撑""管得太宽",随着观念的变化和现实的需要,就有了"分流"——更准确地说是"转处"的现实必要性。但中国少年司法的管辖面本来就很窄,少年司法这个"放任父母"该管的没有管,不是吃太撑,而是吃不饱。这一点差异,一定要注意。

第二个是理论上的背景,外国的一些理论对我国的影响很大,甚至一些理论在现在也成了我们的常识,比方说"标签理论"。少年司法的干预会有它的"标签效应",而这样的"标签效应"对这些孩子日后的成长十分不利。于是在美国20世纪七八十年代出现了一场"4D"运动,即分流、非犯罪化、非机构化和正当法律程序,"4D"就是这四个词英文的首字母,在这里我不对这四个词进行解释,顺便考验一下翻译的专业水平(全场笑)。"4D"运动的目的就是尽量让那些罪错未成年人减轻或者不受到少年司法给他们带来的标签效应。第二个对"diversion"产生很大影响的理论,我称之为"自愈理论",也就是说绝大多数的孩子在青春期都会有一些越轨行为,甚至犯罪行为,但是绝大多数的孩子在度过青春期之后会主动放弃这些行为,不会将这些行为带入成人社会。所以,当孩子们在青春期实施一些越轨行为、犯罪行为时,即便不对他们进行干预,在青春期过后他们也会自愈,而不恰当的干预反而会适得其反,产生完全相反的效果,所以不主张对这些孩子进行过度的干预,而是要尊重青春期自愈的规律。当然第三个大家都很熟悉的理论,我概称为"染缸理论",也就是说坏孩子过多地集中在一起,比如将他们集中地关押在一起,他们会变得更坏而不是更好。这些理论,就是"diversion"在国外产生和推行的主要理论背景。

那么还有制度的背景,在英美国家,包括日本实际上也包括德国,少年司法和刑事司法具有二元分立的特点,两者之间存在重大差异。与此同时,少年司法也得到了发达的儿童福利制度的支撑,所以这些国家的制度设计令"diversion"没有了后顾之忧。回到今天的研讨主题"转处"——在将这些孩子丢出少年司法体系之后,他们有多元替代处理措施,有完善的儿童福利体系进行支持,不会出现"宽容"(分流)就等于"纵容"的现象。这样的制度设计,令这些国家的"分流"具有可行性,"diversion"也具有了"转处"的实际内涵。

当然还有刑事政策的原因。例如,在美国上世纪80年代之后出现的所谓"轻轻重重刑事政策",也即轻微犯罪处置更轻,严重犯罪处罚更重。

所以"diversion"这种理念在移植到中国的时候,我们需要知道这些背景细节。"diversion"制度在英、美等国家出现是有其特定历史背景与原因的,那么在分析清楚英美等国家的理论与背景之后,我们国家是否有相同的历史背景、理论背景、制度背景以及刑事政策背景呢?显然,我们很难得到肯定的回答。因此我提出一个观点,在目前的中国最迫切的问题不是"分流"而是"入流"。那么很多人就会问,什么是"入流",接下来我给大家做一个解释。

二、"分流"还是"入流":中国语境下的悖论

当前中国的少年司法制度设计是一个典型的"小刑事司法制度",如果我们规定少年罪错行为中只有最严重的刑事犯罪行为才会被纳入中国少年司法的干预范围,而其他行为并没有成为中国少年司法管辖的对象。举例来说,刚刚博乐女士提到的那个德国少年偷自行车的案件如果发生在中国,是不太可能会进入到中国少年司法的视野当中来的,因为在中国一般的自行车大约几百人民币,好一些的自行车也不过一千多块钱,而在

中国的绝大多数地方盗窃罪的立案标准是两千人民币,因此它并不是一个刑事案件而是一个一般的治安违法案件,不会被纳入到少年司法当中,因此也就不会存在博乐女士论证的分流问题——本来就不在少年司法的干预范围,何来分流?

那么少年的罪错行为具体包括哪些呢?我概括为四种:第一种我将其称为"虞犯行为",就是成年人可以做,未成年人不可以做的身份罪错行为,典型的有抽烟、逃课、夜不归宿等行为;第二种我称其为"违警行为",也就是未成年人实施的违反《治安管理处罚法》的行为;第三种我叫作"触法行为",也就是因为不满16周岁不予刑事处罚的行为,它的特点是若是成年人实施相同行为一定构成犯罪;第四种才是刑事犯罪行为,是指未成年人达到刑事责任年龄,实施符合立案标准、追诉标准的成立犯罪的行为。当今中国的少年司法制度仅仅管辖所谓的刑事犯罪行为,而且最终干预的其实大体相当于德国刑法规定的重罪行为,因为如果实施的犯罪行为有可能判处一年有期徒刑以下刑罚的,还很有可能被分流出去。换句话说,如果换算成德国法的语境,中国的少年司法只管重罪。刚刚博乐女士还在讨论德国的重罪能不能分流,而中国的少年司法只管重罪。

那么中国少年司法的关注面如此之窄会带来什么样的问题呢?这会产生很严重的一个悖论,我将其称之为"犯罪控制的中国悖论",也就是所谓的"养猪困局"或者说"养猪理论"。

由于绝大多数少年的罪错行为并没有纳入少年司法的视野,少年司法并没有进行干预,实际上基本处于放任不管的状态,所以会出现一种"养大了再打,养肥了再杀"的情况。由此可以发现,在刑事犯罪的统计数据上出现了一种十分奇特的现象,那就是未成年人犯罪率持续下降,但整体刑事犯罪高位运行。

2016年中国的未成年人犯罪人数降到了35743人,在整个刑事犯罪中的比例只占2.93%。在我的学生时代,犯罪学老师告诉我,一个社会只要把未成年人犯罪控制好了,那么整个国家的刑事犯罪就会得到好转,结果我发现,老师是骗我的。因为在今天,从司法统计数字看,中国的未成年人犯罪控制得很好,未成年人绝对犯罪人数和在刑事犯罪中的比例都在下降,但是国家刑事犯罪发展的趋势与未成年人犯罪率下降的情况完全相反——刑事犯罪持续高位运行,近些年来我国每年判处的犯罪人数都超过了100万,并且有逐年增长的态势。这就是我在上面提出的一个悖论：未成年人犯罪状况不断好转，但是国家整体犯罪情况却没有好转甚至还日益严重。造成这种悖论的原因有很多，但是我们国家少年司法的干预范围过度狭窄是一个关键性的原因。

所以，在中国讨论少年司法改革，我们关注的点和博乐女士会不太一样，因为当今中国少年司法改革最迫切关注的议题应当是"入流"的问题而并非"分流"的问题。也就是说我们要将更多孩子的罪错行为纳入少年司法的视野，使之成为少年司法的干预对象，而不是将他们踢出少年司法这个范围。除去犯罪行为外，我认为虞犯行为（严重的）、违警行为以及触法行为这三种未成年人罪错行为都应当考虑纳入少年司法的干预范围，讲得更直接一些，上述行为都应当成为少年法庭的受案范围，当然也应当成为检察机关审查案件的范围。

三、我国少年"刑事"司法中的"分流"

尽管我在上一部分一直强调中国语境下的少年司法的实际情况，但这并不意味着当今中国少年刑事司法中不存在"分流"的情况，而且中国少年刑事司法中的"分流"问题更是出现了一种奇特的现象。

请注意，在中国进入到少年刑事司法体系中的未成年人绝大多数都是涉嫌犯罪的，所以我将其简称为"涉罪未成年人"或者"涉罪少年"。中国的刑事司法制度存在一个"漏斗效应"，即随着刑事司法的进程而被"漏出"刑事司法。举例来说，在侦查阶段，公安机关会因立案标准、初查，将一部分未成年犯罪嫌疑人分流出去；在审查起诉阶段，检察机关主要通过不起诉又将一部分未成年犯罪嫌疑人分流了出去。那么今天在这里，我想请大家猜一猜，涉罪未成年人的分流率会达到多少呢？

我以一个直辖市为研究样本。刚刚甄贞教授谈到北京在起诉阶段分流率大概为40%，其实这里的两种算法有一些差异，因为甄教授计算的是移送审查起诉之后的分流率，而不是少年刑事司法的分流率。

大家请看 PPT 上的这张表，里面有一些数字没有显示，当然没有显示是有一定的原因。我放了最近几年的一些数据，如果拿公安机关查获的未成年犯罪嫌疑人数与最终法院定罪的未成年犯人数对比，被分流的涉罪未成年人的比例会是多少呢？在 2013 年的时候是 40.7%，2014 年是 53%，2015 年是 58.3%，到了 2016 年分流率达到了 66%。也就是说，按照 2016 年的统计数据，公安机关查获的未成年犯罪嫌疑人最后到法院真正定罪的其实只有34%。

那么这些涉嫌犯罪的孩子都是怎样被丢出刑事司法体系的呢？是不是林教授、甄教授所说的主要是由检察机关的不起诉造成的呢？这66%的分流率检察机关的贡献是多少呢？我算了一下，其实66%的分流率，检察机关只贡献了27%，而39%的涉罪未成年人是在公安机关分流出去的——换句话说这些被查获的"未成年刑事作案人员"根本就没有被移送检察机关审查起诉。公安机关分流的孩子远远超过了检察机关分流孩子的数量。

那么问题来了。检察机关的分流有两种形式：一种是相对不起诉，一种是附条件不起诉。附条件不起诉贡献的分流率是多少呢？只有12.78%，附条件不起诉的这一部分涉罪未成年人是会进行考察帮教的，而另外将近88%的孩子是怎么被分流出去的呢？我很遗憾地告诉大家："一放了之！"没有帮教，更别说考察。

一个我们必须正视的现实是，实际上只有12%点多的涉罪未成年人在分流的同时有防止纵容的机制，而绝大多数尽管涉嫌刑事犯罪，但他们在分流之后实际是"一放了之"——这就是我所要说的中国少年司法的实际状态。在中国语境下，我们不得不面对这样一个尴尬的处境：对于不能动用刑罚的涉罪未成年人，我们基本只是"一放了之"。这就是我在之前所说的"养猪困局"：养大了再打，养肥了再杀。这也可以在一定程度上解释，为什么在司法统计数字中，未成年人犯罪率在下降、犯罪人数也在下降，而整个刑事犯罪在增长，甚至高位运行，我想这是一个很关键的因素。这也是我一直强调的：在中国，少年"刑事司法"改革的重点也是"入流"，而并非"分流"的一个原因。

有的专家可能会说：姚老师您说得不对，我们对那些最后没有受到法院处理的未成年犯罪嫌疑人也有措施，比如说刑法第十七条第四款规定，因不满16周岁不予刑事处罚的，责令他的家长或者监护人加以管教。你看我们有责令父母严加管教的措施。但是大家有没有想过，如果这个孩子的父母严加管教有效，那么这个孩子还会涉嫌刑事犯罪吗？所以这个措施基本上算是一个心理安慰。

有人会说，我们还可以对这些孩子进行收容教养。大家都知道，劳动教养制度废除之后，收容教养已经没有了执行的场所，所以各个地方通常的做法是：第一，不再进行收容教养；第二，即使做收容教养，也是把这些孩子送到未成年犯管教所进行执行，而这样的做法显然是违法的。尽管如此，我还是要对因不满16周岁不予刑事处罚的未成年人数与收容教养的人数进行一个比较：根据法院系统初步统计的数字显示，每年大约有××至××的未成年犯罪嫌疑人因不满16周岁不予刑事处罚而被分流，但每年真正被决定收容教养的只有不到××人，大约6%——这还是很不完全的统计。

还有的人说我们还有工读教育措施，可以把这些孩子送到专门学校中去啊。据统计全国明面上有110多所工读学校，实际上运行的只有80多所，而这些专门学校中又有多少人因严重不良行为在其中受教育的呢？教育部的统计数据是××多人。而在2009年至2010年间对全国有严重不良行为的未成年人进行摸底排查时发现，具有严重不良行为的未成年人的数量为××万。

这就是我国当前少年司法所面临的一个困境：不能给予重刑处罚，则一放了之——等养大了、养肥了再来干掉他们。正是在这个意义上，我主张在中国语境下谈少年司法改革，其重心应当是"入流"——扩大少年司法的干预范围，而并非是"分流"。

当然，我国少年司法改革应当"入流"而非"分流"还有一个很重要的、现实而客观的原因。基于当前的少年司法的设计，无论是未检还是少年法庭，受理的少年案件数量很少。在司法体制改革的背景下，中国自上而下所初步构建的少年司法体系存在的必要性正在受到极大的挑战。最近一段时间，全国各级法院都在撤、并少年法庭。中国理论上有2400多个少年法庭，实际上具有独立性质的不多，而且还处在撤、并状态之中。检察系统的未检机构也号称有一千多个，但因为目前大部制、员额制改革的冲击，很多地方的检察机关也在撤、并未检部门。如果不是因为最高检察院的"力挺"，这样的趋势更加难以转变。所以我认为：少年司法干预范围太过狭窄的状况，不仅仅造成了我国当下犯罪控制的中国悖论，同时也正在毁掉好不容易初步构建起来的少年司法体系。两者叠加，令人堪忧。

总的来说，今天以少年司法分流为主题的中德刑事法研讨会（因为我不同意将"diversion"在目前中国的语境下翻译成"转处"）给了我们极大的启发。我们现在最迫切需要考虑的不是怎样减少"标签"和"干预"对罪错少年的负面影响，"中国语境"下的核心问题是在应该坚持宽容的同时如何构建起一个防止纵容的机制。中国少年司法改革的基本方向应当是将更多的具有罪错行为的未成年人纳入少年司法体系干预的对象和范围。

当然,我的观点并不是主张降低刑事责任年龄用刑罚来干预这些有罪错的孩子,而应当坚持提前干预的原则,将有可能进一步发展为刑事犯罪的罪错未成年人纳入"少年司法"而不是"刑事司法"的干预范围。要坚持"以教代刑"的原则,即以教育性措施代替刑罚的方式,来构建更加完善的"保护处分"制度。说得再直接一点,就是要在"一放了之"和"刑罚处罚"之间构建起一个中间性的干预体系,这个中间性的干预体系我将其称之为"保护处分体系"。它所适用的主要是保护处分措施而不是刑事处分措施;它的程序设计也不同于现在的对严重不良行为未成年人有一定干预的行政体系,而仍是一个司法体系——走的是司法程序,遵循正当法律程序原则。同时,这个程序又不同于现在刑事诉讼法所确立的未成年人刑事诉讼特别程序。更重要的是,这些保护处分措施主要是以非羁押性的社区处置措施为主,是根据未成年人的特点所设计的多样化的教育性措施。比如说假日生活辅导——平时正常上学,在放假时间指派社工对其进行生活辅导;比如说社会服务;比如说观护——由特殊机构或专业人员对其进行观察、保护;再比如说可以借鉴德国少年刑法中的禁闭措施——到看守所体验半天或一天。当然还有很多多样化的保护处分措施,这都需要我们去进行认真的研究、设计。

总而言之,我们所追求的目标是在"一放了之"与"刑罚处罚"之间构建一个专门的保护处分体系。这在形式上是"入流"的改革——将更多的孩子纳入少年司法干预的范围,但实际上达到的是"分流"的效果——那就是提前采取措施避免这些孩子进入刑事司法体系,避免遭受刑罚处罚。这就是我今天的主要观点,谢谢大家!

2017年11月25日在"第三届中德刑事法论坛暨中德少年司法转处机制研讨会"上的演讲,由研究生郁培植根据录音整理。

少年司法配套工作体系的新进展

今天我主要讲以下几个问题：第一，少年司法为什么要另起炉灶。第二，少年司法的图景及少年司法和刑事司法的关系。第三，结合近期出台的《关于进一步建立和完善办理未成年人刑事案件配套工作体系的若干意见》（以下简称《若干意见》）谈一下理解和适用问题。

第一个问题：少年司法为什么要另起炉灶。

少年司法为什么要有另一套机构、人员、规则和考核标准，主要原因在于儿童观的进步。人们的观念其实一直在变化，对儿童观的看法也一直在变。儿童观的变迁可分为三个阶段：第一个阶段的儿童观认为儿童与成年人没有区别。两百年以前，没有从儿童到成年人的过渡阶段。格林童话两百年来版本的变化是一个有意思的例证。前段时间网上传了一个很热的早期版本灰姑娘的故事，这个版本中的灰姑娘在里面削掉了自己的脚后跟，白雪公主是被他父亲强奸过的，她的后母是最后穿着烫红的铁舞鞋一直跳到死，可以说充满了血腥和色情。后来，人们认识到这样的故事对小孩子是不合适的，所以改写了童话。第二个阶段的儿童观认为儿童是小大人。现在刑法中的"比照"成年人从轻减轻处罚，就体现了这种思维。第三个阶段的儿童观认识到，儿童与成年人本质是不同的。这就是两百年来儿童观的发展历史。现代儿童观在儿童医学中贯彻得很好，比如现在给小孩子吃的药都是独特的，以前都是一样的药，大人吃一片，小孩子吃半片。甚至儿童专用的药品还有草莓味、橘子味的，和大人完全不一样。儿童观念的变迁使我们意识到，在少年司法当中要有专门的机构、人员和相应的实体法、程序法。

少年司法与刑事司法的根本性分歧在哪呢？核心的原因在于我们假

设成年人是理性人,而未成年人是"非理性"的,当然很大程度上这种理性与非理性非常地模糊,这样的分类既是事实,也是基于一种法律拟制和假设。这里我想到了一个关于海瑞的例子,海瑞家里的男仆给了海瑞5岁的女儿一块饼,女儿拉着仆人的手打闹拿饼,海瑞知道后大怒,认为女儿接受男人的东西就是违反了男女授受不亲的礼法,应该自杀,结果海瑞逼自己的女儿绝食而死。从这样荒唐的事件中,我们可以看到前人根本没有意识到儿童与成年人的区别。还有梁山伯与祝英台的故事,据我考证,他们是在12岁左右发生性关系,按照现在的刑法就是强奸案。再来看"抢劫案",很多情况下用成年人的标准看是荒唐的。孩子抢孩子,在抢的过程中,对方哭了,抢了30元,还给对方25元,跑去打游戏,用光了之后还是在同一个地点甚至对同一对象抢劫,你去抓他,他天天在那,一般在学校附近。虽然现在有司法解释规定,原则上可以不定罪,但是实践中定抢劫罪是常见的。从以上的案例中可以看到,对儿童与成年人不做区分是荒唐的,然而现在我们仍然在秉持着不做区分的思维。

从世界范围来看,少年司法从刑事司法中的分离经历了一个过程。大体可以追溯到1825年纽约少年庇护所的成立,1899年少年法院的成立。此后,独立少年司法成为各国普遍的发展趋势。在我国,新中国成立前的民国1933年和1934年,也颁布了一些少年司法的专门规定,当时的少年司法独立化取得了值得赞叹的进步。新中国建立后,少年司法的逐步另起炉灶始于1984年全国第一个少年法庭在长宁的建立,受到最高院肯定后,大约在1986年后开始推广到全国。1991年《未成年人保护法》颁布,1999年《预防未成年人犯罪法》颁布,2010年《若干意见》出台。少年司法的总体趋势是逐步独立化发展。

第二个问题:少年司法的图景及少年司法和刑事司法的关系。

从少年司法与刑事司法的分野来看,少年司法要有独立的概念系统,即要有自己的概念和术语;有独立的组织系统;有自己的规则系统,包括实体和程序两个方面;还要有设备系统,即硬件的完善。少年司法制度的特点可以称之为二元结构,少年司法与社会支持的二元结构。办理成年人案件的时候,强调"案结事了",但是办未成年人则是"案结事不了"——要管未成人的就业、上学、工作等等。怎么管,就需要社会支持系统,光有司法体系支持还不够。

我国少年司法制度的发展,目前有着三大软肋:一是按成年人法律体系、标准办未成年人案件;二是少年司法一条龙体系发育不够均衡,地区发育不均衡,上海等地和其他地区发展状况差异很大;三是社会发育不成熟,缺乏完备的社会支持体系,所以《若干意见》的出台对此很有针对性。

下面我们来看一张图片(PPT展示东方明珠和周围建筑群)。如果说少年法庭是少年司法的标志性建筑,对应图片的东方明珠,那么周围的金茂大厦、环球金融中心是公、检、司部门。我们看啊,整个建筑群,光有建筑不行,没有底座,没有下面土地的支撑,就会悬于半空之中,这底座就是少年司法的社会支持体系。有的地方光有社会支持,没有公、检、司也不行,少年司法体系应是综合的,应当具备立体的图景。

最后,我们要结合《若干意见》来简单谈一下对它的理解与运用。

我梳理了一下,有几点值得关注:一是比照1991年的文件《最高人民法院、最高人民检察院、公安部、司法部关于办理少年刑事案件建立互相配套工作体系的通知》,发布的主体部门发生了变化,此次是由综治办牵头发布。二是保护范围扩大,从涉罪未成年人、被告人扩大到对未成年被害人和证人的保护。三是1991年的文件仅仅是谈司法一条龙,而2010年的《若干意见》则是强调两条龙的配合。四是文件对少年司法探索中的成熟做法进行了肯定,不一样的地方进行了统一。对于少年司法改革我一直强调我们要有一种必要的宽容,不在实践中改革,谁来推动呢,中国的经验就是摸着石头过河。五是文件的制定和规定贯彻了理性、务实的精神,体现了一种妥协。我注意了一下里面有很多用词很有意思,比如"指定"和"一般指定","应当"和"一般应当"等。我认为对此不能有误解,要认识到,对于少年案件能专办就专办,不能专办也要创造条件专办,不能因为有了这些用语就认为是可有可无。

司法一条龙的基本要素包括:(1)专办,要有自己的指导机构和办案机构;(2)均衡,公检法司统一要求,成熟经验推广要标准化;(3)衔接,要形成挽救合力,构建一条龙体系。在这里要明确,预防青少年违法犯罪工作领导小组的地位要突出,要由它牵头,协调有关部门和社会组织做好被帮教未成年人的就学、就业及生活保障等问题。社会支持一条龙的基本要求包括:(1)案结事不了;(2)司法机关的角色一方面要配合,包括做好落实社会帮教、就学就业、生活保障等,另一方面要适时回访考察。

对于《若干意见》的基本规定,我总结了下,有以下21个要点:

1. 专门机构与队伍建设。

2. 准儿童最大利益原则。尽管《若干意见》没有明确使用儿童最大利益原则的提法,但是处处体现了在不违反法律规定的前提下,应当按照最有利于未成年人和适合未成年人身心特点的方式进行,充分保障未成年人合法权益的要求。我们以前经常提"双保护"原则,就是既保护社会,又保护未成年人,其实反思一下,这种双保护很难做到、很难执行,因此就应该倡导儿童最大利益原则,必须要有保护重点。

3. 办理未成年人刑事案件要注意:(1)隐私保护(办案过程中禁止披露身份信息);(2)档案保密;(3)行政处罚和轻罪(包括立案、强制措施、不起诉、轻微犯罪处刑各环节)记录消灭制度。

4. 迅速办理。在实务办案中,存在拖延情况。研究发现,上海平均办理一个少年案件的时间为151天,简化程序后为81天。一个涉罪未成年人通常要在看守所被关5个月左右,一般情况是判多少即代表已经被关押了多久,这要反思。

5. 分案起诉。上海的情况做得比较好,很多共同犯罪案件一起诉时就分案,但不都是这样。

6. 法定代理人的到场问题。这个地域差异和本地、外来人员之间差异很大。

7. 合适成年人到场制度。这个和我们以前开研讨会的探索时期有区别,主要问题是律师作为合适成年人的身份怎么界定,我当初是不主张把律师作为合适成年人的。

8. 社会调查。文件给共青团开展社会调查留下了空间,调查阶段也提前到了公安侦查阶段。

9. 非羁押性措施。这里面的主要问题就是对外来未成年人逮捕率过高和监禁刑率过高。我碰到过一个未成年人妨害信用卡管理的案子,孩子是外来人员,案情比较简单,也不恶劣,但是没有判缓刑,而是判了6个月有期徒刑,法官也无奈。这是一种制度设计的问题,在现有少年司法不独立的刑事司法制度下,很多好的理念落实不了。

10. 分押工作。要推定应该建立专门的少年看守所。我一直积极倡导在上海建立统一集中的未成年人看守所,上海1小时交通圈,完全有这个条件创办,未成年人与成年人一同关押时,无法享受到未成年人所应该享受到的特殊矫正措施。

11. 法律援助，特别是指定辩护的完善。

12. 不公开审理。以上这两点都不展开讲了。

13. 法庭教育。这里的主要问题是法庭教育应该放在哪个阶段，2001年《若干意见》提出放在有罪宣判之后，现在法庭辩论结束后就可以进行，我个人觉得判后教育效果不明显，这时候被告都知道自己被判刑罚了，很容易内心消极，从而听不进去教育，当然有学者提出判前教育是"有罪推定"，我觉得完全没有必要有这个思维。个人还是觉得宣判前教育比较合适，扣上"有罪推定"的帽子比较荒唐。

14. 被害人的刑事和解问题。

15. 年龄查证。我们刚刚办完一个关于骨龄鉴定的案子，涉及年龄查证的问题，在这个案子中，我还是顶住压力，朝着有利于被告人的方向做了工作。

16. 轻微犯罪（包括不立案、撤销案件、不起诉、判处非监禁刑、免于刑事处罚等）的特殊处理，我们可以看到《若干意见》否定了"养大再打"的思想。

17. 关于社区矫正、收容教养和工读学校的，这里就不展开了。

18. 试工、试学。

19. 安置帮教的完善。

20. 考核单列问题。一定要与成人案件分开考核，特别是公安机关办理未成年人刑事案件不以拘留率、逮捕率或起诉率作为工作考核指标，检察机关不以批捕率、起诉率等为考核指标。

21. 预防青少年违法犯罪领导工作小组的定位。

《意见》颁布后的命运如何？如何让纸面上的规定落到实处，这需要在具体执行过程中，进行少年司法改革的精细化操作。我相信，今天是一个很好的开端，让我们共同努力！

2010年12月4日，在"少年司法配套工作体系研讨会"（民主与法制社、《青少年犯罪研究》杂志、《青少年犯罪问题》杂志主办）上的演讲，根据周羚敏、罗佳现场会议手写记录草稿整理。

少年司法的边界：从全能司法到社会支持体系

今天虽然有很多共识，但是大家在点赞的同时，还是有不同观点的碰撞，包括有一些疑问、困惑。比如，肖处长提到的基层院检察长关于未检是不是什么都干、有没有边界、边界在哪里的质疑。其实，这种疑问自1984年上海市长宁区人民法院建立新中国大陆第一个少年法庭时起，就已经有了，少年司法改革三十多年的历史一直伴随着很多人的"看不顺眼"，因为这些人的话语体系，他们所理解的、学到的、习惯的司法，和少年司法差别太大了。

不仅一线做实务的同志在思考，高层决策者也在思考这一问题。我印象最深的是今年六一前夕，最高人民检察院召开人大代表座谈会，曹建明检察长在会上谈到检察机关未检工作包括法治进校园工作时专门提到，对于检察机关是否要做这些事情也曾经是有争议的。但是，高检党组讨论后一致认为这是检察机关的责任和担当，是基于家国情怀的使命。

看待很多问题时要有历史和辩证的眼光。制度的发展，是有阶段性的，而且这种阶段性往往是难以逾越的。少年司法的发展是一个过程，总体来看，有一个从全能司法向专业司法演进的过程。在探索的初期，少年司法发育不成熟，社会支持体系发育不成熟，未成年人保护的观念还比较滞后，政府相关部门对儿童权利还缺乏应有的敬畏。这样一种背景下，你会发现少年司法必然呈现"全能司法"的模式。

我经常会举到《法官妈妈》这样一部电影来说明这个问题。在这部电影中的模范人物法官妈妈为了孩子什么都要做，包括孩子回家没车票了她给买，孩子没地方住就带回自己家里住。这部电影2002年上映，现在少年法庭法官的这种行为已经很少了，不是我们的法官道德素质下降了，而是因为这些年我国的儿童福利体系和社会支持体系发展进步了。像电影中的这些问题，有救助站还有爱心人士和社会组织可以去承接和负责，不再需要法官自己掏钱自己做了。但是在少年司法发育的早期，在儿童福利和社会发育不健全的时候，你能够说这不是法官的职责、不是司法该干的事，而麻木不仁甚至见死而不救吗？特别是因为在办案过程中，司法官知道了孩子的困境，而且还有能力提供帮助、干这些事，你能以这些事不是司法官应该干的而视而不见吗？如果是这样，不觉得你的良心坏了吗？司法具有亲历性，有现场感，其他人可以有这样的冷漠想法，而少年司法人不能没有良心。所以我曾经说，少年司法制度是冷漠的司法制度中显现人性之光的绿洲。尽管存在时期长短的问题，但某种程度上可以说，"全能型司法"是少年司法制度在演进过程中不能逾越的阶段。从全能司法逐步走向专业司法，从司法"延伸"到走向少年司法一条龙和社会支持一条龙的"两条龙"体系，这个过程有快慢之分。在很多地方，很多省市是没有办法去逾越全能司法这个阶段的。

从理想和浪漫主义的角度看：少年司法也是司法，司法的本质是"判断"，核心是诊断——孩子有什么问题，应该怎么下"处方"，怎么"治疗"。这里还包括对孩子相关的环境有什么问题的判断，比如家长有什么问题，做出如何治疗家长的"处方"。至于如何具体进行治疗，包括护理、矫治、康复、回归，在应然层面属于"社会支持体系"的职责。两者的最佳状态是完善的两条龙体系的健全与互相配合，即公、检、法、司形成司法一条龙体系负责"诊断"，社会支持一条龙体系负责"治疗"。

然而，从实然角度看，很多时候很难将二者分清楚。在没有完善的社会支持体系，少年司法发育不成熟的情况下，诊断和治疗往往会混在一块，尤其是司法不得不既负责诊断，还要负责治疗。但是，少年司法发展到一定阶段，比如说现在的上海、北京等一些发达省市，少年司法一条龙则与社会支持一条龙已经开始向二元分立、互相配合的状态发展和努力了。诊断很重要，治疗更关键，所以我经常说："少年司法的特点是功夫在案外，案结事不了"。

和普通司法不同的是，少年司法追求的是儿童最大利益原则在司法中的实现，是"向前看"，以"少年"为中心。而传统的成人司法是以"行为"为中心，视角是"向后看"，眼中只有证据、事实和法律，做完判断就没啥事了。可是少年司法不同，做完判断还得负责"转介"给社会支持体系治疗，如果社会支持体系不健全，还得负责推动社会支持体系的建立；在转介不出去的阶段，那还得亲自去负责治疗而不能以所谓不是司法的职责而视而不见、麻木不仁。

在现在的话语体系下，针对少年司法和成人司法的区别，我曾经提出少年司法的主业、副业和正业的观点。少年司法也是司法，主业也是办案，要围绕事实、证据、法律办案。但区别于成人司法的最核心特点是，少年司法还有一个正业，那就是对涉案未成年人进行矫治，以及改变他成长的环境，改变他身后的家庭、学校、社会所存在的问题，或者说再专业一点，还要做个案预防、类案预防和一般预防的工作。除了主业还有正业，这就是少年司法一个核心的特征。你说少年司法做强制亲职教育是不务正业，错了！这恰恰是正业。只是不在传统的成人司法主业的范围，但这也正是单独设置少年司法体系的重要原因，否则没有必要单列。副业就是与司法业务无关的一些工作，在我国现阶段，少年司法和成人司法都有不少副业。

对少年司法与普通司法之间的差异要有清醒的认识，我们需要去理解成人司法的特点，不要总觉得他们不理解你。但是成人司法也需要对少年司法的特殊性予以充分的尊重，不要总觉得少年司法在不务正业。也正是因为两者差异太大，所以几乎所有的国家都强调干脆少年司法独立出来算了，省得互相看不惯。

社会支持体系是否健全和发育成熟是少年司法能否聚焦主业和正业的一个非常重要的支撑点，如果社会支持体系不健全，少年司法必然是全能司法。在现在的以量化作为评价标准的司法体制改革的背景下，社会支持体系的建设尤其显得重要，没有完善的社会支持体系，很难维持少年司法的独立性，难免会受到冲击。

我觉得有几个问题需要理清楚：第一转接方是司法机关，司法机关只是识别和判断，承接方是社会支持体系，但是中间，谁把转接方和承接方连在一起，很多人没有去思考。比如检察院有亲职教育的需要，很多地方就盲目地找承接方；有合适成年人的需求，检察院就去组建合适成年人队伍；法院有帮教的需求，也自己就去聘一批帮教人员；公安机关有观护的需求，也自己去组建。你会发现，社会支持的力量很散，而且是重合的，互相不共享的，专业性非常差。

我认为要把社会支持体系的"社会"在哪考虑清楚,很多人没有想清楚。而且什么叫"专业"也缺乏思考,是不是因为你叫社工组织,你就专业呢?拿了心理咨询师的证,就专业呢?那不一定。我接触了大量的社工人士和心理咨询师,我觉得绝大多数还是难以承担社会支持体系功能,不符合少年司法专业性要求的,这是一个客观情况。要培养一个真正专业的社会支持的力量,确实有一个过程,无论是政府购买服务也好,还是通过其他什么方式,我们对它的专业性缺乏一个统一的评价标准。

我刚刚说过社会支持转接方和承接方要有一个衔接机制,这个在很多地方探索中是没有做出认真思考的,但是我注意到上海已经开始在做未成年人检察服务中心,上海徐汇区已经拓展到未成年人司法社会服务中心,对这些探索应当认真研究。

英国有一个著名的"YOT"组织,翻译成中文就是青少年犯罪小组。这个小组的特点是除了司法机关之外,还有政府相关部门,社会力量,各派代表进入小组。这个小组还有专门的办公机构,还有专门的运转力量。司法机关只做识别和判断,比如识别出不负责任的、需要教育的家长,直接交给 YOT,YOT 负责整合社会资源,培训社会力量,提高其专业性。所以你会发现这是一个"面对点"的机制。我们现在还是"面对面",很散,还没有一个整合社会支持的力量。

最近一些年我一直在倡导建立"司法+转介+社会"的两条龙模式。利用在团中央挂职的机会,我们已经开始探索建立这样一个机制,由团中央来做转介中心(因为综治的预防青少年违法犯罪专项组建在共青团系统,有这个"合法性"及能力),由其衔接、整合、培训社会支持力量。司法只需要对接共青团就可以,不需要再自己分头去找社会支持。我们的想法是,首先从团中央与高检合作开始,由两个单位签订合作的框架协议,由共青团来承接社会支持体系的构建以及转介的这样一个功能,成熟之后再把公安、法院、司法、甚至社会福利涵盖进去。这个探索现在还在推进阶段,文件已经起草了还没有正式签署,地方如果有好的想法的话,可以先行做一些探索。

2017年10月28日在"强制亲职教育与未成年人检察社会支持体系研讨会"(《人民检察》杂志社、四川省检察院、成都市检察院主办)上的点评与综述。

我为什么同意设置团队工作室

国内未检领域,品牌项目很多,像"春燕工作室""莎姐工作室""顾玮琮办公室"等。但是这么多品牌未来应该如何发展,是我这么多年来一直在跟踪研究、思考的问题。现在这些品牌做得轰轰烈烈且非常丰富多彩,但是如何提高品牌工作室的内涵,是值得研究的。刚刚卫忠同志讲到未检创新,指出其是未检的生命线,我非常同意这一观点,但是实际上未检创新之路也已走了 30 多年,未检创新本身也值得深入探讨和研究。

目前,国家正在推动修订《未成年人保护法》《预防未成年人犯罪法》,我本人也有幸作为全国人大聘任的三位顾问专家之一参与到此过程中,主要提交《预防未成年人犯罪法》修改的专家建议稿,同时协调《未成年人保护法》与《预防未成年人犯罪法》之间的关系。我一直在考虑如何去将少年司法尤其是未检创新的成果,真正通过《预防未成年人犯罪法》的少年司法化以及《未成年人保护法》的福利法化固定下来,而这种立法的固定应如何和司法实践之间进行对接,也是我在南浔设立唯一一个以个人团队名字命名的工作室的一个非常重要的考虑。我想,可以在立法层面沉淀的东西,一定要先在司法层面去试一下,试点之后再进行评估,评估后再去考证立法,这样才能保证立法的质量。

这个工作室不是我个人的工作室,而是我带领的学术团队的工作室,主要成员是上海市预防青少年犯罪研究会、上海市法学会未成年人法研究会以及上海政法学院青少年犯罪与司法研究及服务中心的人员,我们也会整合全国从事未成年人法、少年司法研究的骨干力量,比如高检史卫忠同志也是上海政法学院研究中心的特聘研究员。我们希望通过这样一个平台,把全国理论界和实务界的有研究专长的专家、实务工作者整合到一起,来共同为基层少年司法的改革探索提供服务。

古代筑城墙,会把烧砖工匠的名字刻在城砖上,城墙出了问题照着名字拿人、追责甚至是砍头。同样的道理,对于以个人名字来命名工作室,我是十分谨慎的。此前,浙江省检察院的领导提出希望我设工作室的时候,我犹豫了很长时间,也思考了很长时间。最终,还是答应了。这是挑战性的事,我喜欢挑战。同时,我也想找一块试验田,把我个人希望推动少年司法改革最关键性的难题,在这个地方试点。我希望这个挑战能够成功,等有了一点成绩,我们再请省院的领导来检验。所以,我希望这个工作室多做少说,甚至是只做不说。我也只会在全国设这一家写上个人名字的工作室。

以上是我对工作室的几点说明。针对这次研讨会的主题,我也想提出以下几点不成熟的看法。

首先,未检专业化和社会支持体系一体化,是中国未检改革发展中一个重大的命题。未检的专业化制度我们经常提起,但是何为专业化,专业化的边界在什么地方?它和社会支持体系之间是一个什么样的关系,其实还有很多基础性的问题并没有说清楚。我和卫忠同志在策划团中央与最高人民检察院社会支持体系合作事宜之前,通过调研、理论探讨,对这个问题做了很多深入的研究,但仍有很多问题并没有完全想明白,这就需要在未来司法实践中做进一步的明确。我们经常会说未检是专业司法,那么它相对于基础司法和量化司法而言,其专业性究竟是体现在人员方面、程序方面、实体处置方面,还是某个配套的设施方面呢?这些问题也还有待我们做进一步的研究。

未检的最大特点是有特殊检察制度的设计,和普通检察制度以事实、证据、法律为中心的这样一个办案机制有很大的区别。它更多的是在做人的工作,而不是事实、案件的工作。它更侧重的是预防和矫治,所以它偏重的是主观主义,以行为人主义这样一个视角取向为特点。在办理未检案件时,必须关注不为传统司法制度所关注的很多非法律因素,尤其要关注的是未成年人检察制度本身的特殊性。所以在未检专业化探索的初期,很容易受到一些所谓的传统的、纯正的法学者以及司法工作者的质疑。他们会说:"不务正业"。但实际上,这些工作恰恰是未检的正业,我让我的学生刘昊专门将未检的主业、正业、副业拓展到一篇文章中进行论述,还得再继续深化,要把这个问题说清楚。

未检的专业化发展,一定要努力进入 2.0 版本阶段。以前说未检工作,你只要有爱心、耐心,有社会经验、办案经验,马上就能做。其实我觉得不是这样的,就像成人医院的医生转行做儿科医生,能随便转吗?是否有问题?现在我们越来越感觉到,这是一个需要认真对待的问题。

再比如说社会支持体系。刚才很多同志在发言中都提到了一个"转介"问题,但是现在我很担心的一个问题是:在社会支持体系建设的名义下,把很多本来就应当由未检、检察机关承担的职能,以社会支持体系建设之名推卸掉了。这个问题也许目前在少年司法领域还不突出,但就我对民政部门儿童福利工作的观察,已经发现了这个问题——通过政府购买服务的方式把政府责任丢给了社会。这是值得商榷的,也是要警惕的。应如何构建社会支持体系?未检的边界在哪里?社会在哪里?支持什么?是需要认真研究的。

其次,今天研讨会第二个议题讨论的是未检专业化与众多未成年人合法权益的保护。我和卫忠同志在讨论的时候,一直有一个观点,在中国,公益诉讼未来的发展空间主要是在未检,而不在现在法定的这几个公益诉讼范围内。对这个问题就不再展开了。

最后,今天研讨会第三个议题讨论的分类观护。其实观护是一个历史悠久的概念,早在清末、民国时期,就有观护的提法。但是我们现在理解的观护的概念还过于狭窄,仅限于涉罪未成年人观护,这是值得商榷的,应该把罪错未成年人这个群体全部纳进观护的对象中来。目前,观护的载体更多的是在"基地",用在企业、养老院等机构里建基地的方式来承担观护的功能,但其实观护更应体现为"自愿家庭"的介入。而由"家庭"来承担观护功能这个问题,在实践中还没有得到认真对待和重视。还有一个要注意的问题,观护是有专业门槛的,不是所有的爱心企业、爱心单位就能承担,更不是有爱心的个人就能承担。在很多国家,包括我国台湾地区都有专门的观护人资格考试,和司法考试一样,它是作为一种职业,有专门性的要求。此外,观护效果评估也是一个非常重要和关键的问题,但目前我国并不重观护效果评估。

今天研讨会的每个议题都有很大的研讨空间,我希望在未来的实践和理论研究过程中,能够更好地、更清晰地去回答上述命题。

我最开始接触少年司法这个领域的时候,曾经看到这样一句话:"少年司法是法学研究皇冠上的明珠"。我花了20年时间去体会,为什么会有"少年司法是法学研究皇冠上的明珠"这个说法。越接触这个领域,发现不懂的越多,需要研究的东西越多,研究的价值越大。和大家分享这一心得和体会,权且作为今天发言的结束语。

2018年10月18日,在"未检专业化与社会支持体系建设研讨会暨姚建龙教授团队工作室挂牌仪式"上的发言,由樊志美记录整理。

真学问在少年司法实务中

自1984年上海市长宁区人民法院建立新中国大陆第一个少年法庭以来,少年司法制度已经走过了近35年的历程。35年来,少年司法改革的成效有目共睹,未成年人犯罪总体得到了有效控制,未成年人保护的司法保障机制日益完善。与很多国家少年司法改革的立法和理论先行路径不同的是,我国少年司法35年发展历程中的几乎每一项重大进步都是始于司法实践的先行探索和引领作用。之所以出现这样的中国特色少年司法改革路径,一方面是因为少年法在我国尚未被承认为独立的法律类型,少年司法理论研究总体滞后;另一方面则是因为在我国少年司法实务部门中有一批坚守少年司法阵地,同时又善于总结和反思的少年司法人。他们对少年司法事业充满热情,同时又有着令人敬佩的专业素养;他们勇于进行少年司法改革的制度探索与创新,同时又善于研究少年司法实践中遇到的难题,提炼总结少年司法实践中的规律性问题。

本期少年司法专题的三位作者,正是其中的代表。上海市是我国未成年人检察制度的发源地,樊荣庆作为曾经的上海市未检处负责人,长期具体负责上海市未成年人检察改革工作。《改革视野下未成年人检察工作一体化构建的理论与实务研究》一文既是对上海市未检改革历程的回顾与总结,也是这位资深未检人对未检改革多年思考的结晶。来自我国第一个少年法庭诞生地长宁法院的王建平法官,曾经担任少年法庭的庭长,他在《少年审判改革探索实践与理论思考——以上海市长宁区人民法院少年法庭建设为蓝本》一文中系统回顾了长宁区人民法院少年法庭起源、探索和发展的历程,总结了少年法庭长宁模式的特点和贡献。难能可贵的是,王建平法官直面当前少年法庭发展的困境,旗帜鲜明地提出了

"少年审判,只能加强不能削弱,只能前进不能倒退""明确刑事审判中心不能动摇"等振聋发聩的观点。秦硕是我国另一个最有代表性的少年法庭——北京市海淀区人民法院未成年人案件审判庭——的庭长,她在《社会支持体系下的少年司法专业化》一文中探讨的是当前少年司法改革中的热点话题——社会支持体系参与少年司法的可行性以及实践应用价值。在某种程度上可以说,社会支持体系的完善程度是检验少年司法专业程度的标尺。尽管秦硕庭长是以海淀区人民法院少年法庭的探索为研究样本,但我相信她在文章中的理性思考具有普遍的参考和应用价值。

本文系为《预防青少年犯罪研究》杂志 2018 年第 6 期"少年司法实务"专题所撰写的主持人按语。

全国未检创新基地的视野与使命

今天各个省拿出来竞争的都是看家的宝贝和珍藏,是各个省未检改革与创新的代表作。听了一天的申报汇报,我感动了一天,在大家的汇报中,我听到了未成年人检察这支力量对于未成年人的深厚感情、慈悲与大爱的胸怀——你们正在成为中国孩子们想得起、靠得住、找得到的可以依靠的力量。

和其他国家相比,未成年人检察制度是中国特色少年司法制度最具特色的体现。在经典的奉行保护优先主义的少年司法模式中,检察机关因其鲜明的追诉主义角色定位,被认为是突兀的存在,因而也是被警惕和排斥的。但是,和国外检察机关不同的是,中国的检察机关不仅仅是公诉机关,更是宪法确定的法律监督机关,中国少年司法制度可以探索出以"检察先议权"为中心的独特模式。

一个必须承认的现实是,中国检察制度本身仍然尚未定型,还处在发展之中。未成年人检察制度同样也还处在发育过程之中,远还没有成熟。未来中国检察制度会怎么样,不能只有"天知道"。正是在这个意义上,检察改革创新不仅仅必要,而且还很紧迫。对于未检改革创新而言,不仅仅负有完善未成年人检察制度的使命,还担负着为中国检察制度的未来探路的责任——因为在司法改革中,少年司法从来都是先行者和试验田。我们也应当从这个高度来认识全国检察机关未成年人检察改革创新基地的使命,未检改革创新要有这样的高度、视野和担当。

改革的路径有二,一是自上而下,另一种是自下而上。改革需要有顶层设计,要重视自上而下的改革。但是,相对而言,自下而上的改革具有船小好调头、风险小、成本低,而且思路多元、创造力无穷等特点。没有当年"小岗村"的石破天惊,也许就不会有今天改革开放的中国。实践证明,自下而上的改革也是中国少年司法改革的成功路径,第一个少年法庭、第一个未检专门机构都是地方探索的结果。在日益重视自上而下改革的今天,我们仍然要高度重视自下而上的改革,并为这样的改革提供政策的支持。正是基于这样的角度,我要为最高人民检察院推出的全国未成年人检察改革实践基地评审、认定工作点赞,这样的改革思路也值得包括共青团权益改革在内的其他领域借鉴。

全国未成年人检察改革创新基地是"国字号"招牌,评审这块"国字号"招牌不能理解为"向后看",即对已有工作成绩的先进单位评审。申报基地的创新项目应当与"国字号"名副其实,并具有"向前看"的特点。因此,"选题"应当针对的是全国未检制度发展中的普遍、重大、疑难与争议性问题,要"挠到痒处",要有战略性设计,不能是"炒冷饭",不能是对已有地方性经验的简单的总结,更不能是"工作总结"。"设计"和"论证"应当要有理论深度,从名称到内容到思路,要有厚度,不能太过肤浅——因为这不是面对群众、未成年人的未检宣传,而是要为最高人民检察院关于未检制度的改革、发展、设计提供创新性经验,同时还要经得起检察机关其他业务的挑战,乃至学术界的检验。"提炼"与"总结"应当要精细和具有实操性,不仅要做得好还要说得好,更要能够复制。

尽管评的是创新基地,但在某种意义上评审的是要求更高、含金量更足的"集体荣誉",因为不同于其他集体性荣誉评审中所不可避免的"平衡"性考虑,未检创新基地的评审思路是宁缺毋滥,不是"撒胡椒面",也不应当搞阳光普照。如果说全国未检标兵是未检领域含金量最高的个人荣誉,那么"全国未成年人检察改革创新实践基地"则可以说是未检领域"含金量"最高的集体荣誉。获得这块招牌不仅仅需要申报单位有扎实的未检工作基础、优秀的未检团队,还要有深厚的理论功底、敢为人先的创新思维,更要有良好的未检发展内外部环境。

一个不成熟的建议是,这块牌子一定要少而精,同时要分层次。例如,可以分为全国未检工作创新"培育基地"、全国未检工作创新"实践基地"、全国未检工作创新"精品基地"三个层级。一般应当从"培育基地"开始认定,验收合格评定为"实践基地",有突出贡献则认定为"精品基地"。

就数量而言,以最终分别认定 30 个、15 个、5 个为宜,并实行动态跟踪与升降、淘汰机制。

在全国未检工作创新实践基地经验交流暨未检专业化规范化建设座谈会(2017 年 11 月 16 日·重庆)上的专家点评,根据回忆整理。

日本少年司法制度的特点与借鉴

《北京规则》是在保护优先理念指导下制定的国际规则,日本作为《北京规则》缔约国,其少年司法也遵循保护主义原则。通过多次司法改革,日本的少年司法与成人司法并列,自成体系,相对独立,形成"二元分立"模式。在日本,绝大多数未成年人留在少年司法体系中,接受保护处分,少数未成年人被移送刑事诉讼程序,接受刑事处罚。就少年司法的专业化而言,既要有独立的干预对象,也要有完备的少年司法体系予以支撑。当前,我国的少年司法管辖范围较窄,检察机关也需要更好地发挥案件分流作用,研究建立专门教育司法化制度,将有严重不良行为未成年人、未达刑事责任年龄不予刑事处罚未成年人等纳入少年司法管辖范围,更好地实现对罪错未成年人宽容而不纵容的目的。

2017年11月14日,在中国检察学研究会未成年人检察专业委员会2017年年会暨"未成年人检察专业化——《北京规则》的中国实践"研讨会上的发言摘要。

第四辑

法立于上　教弘于下

建设法治国家的"攻坚版"

很多人把十八届四中全会公报解读为依法治国蓝图的"升级版",这一观点有道理,但在我看来十八届四中全会公报更是依法治国、建设社会主义法治国家的"攻坚版"。

从 1978 年党的十一届三中全会提出"有法可依、有法必依、执法必严、违法必究"的十六字方针,到 1997 年党的十五大正式确立了依法治国的基本方略,2002 年十六大将"依法治国基本方略得到全面落实"列入全面建设小康社会的重要目标,2007 年十七大提出加快建设社会主义法治国家,2012 年十八大提出"全面推进依法治国,法治是治国理政的基本方式",再到 2014 年十八届四中全会将依法治国作为会议的主题,建设中国特色社会主义法治体系、建设社会主义法治国家的探索与努力,已经走过了三十余年的历程,也取得了举世瞩目的成就,但是必须承认的是,我国目前离法治国家、法治社会的要求还有一定的差距。

从公报内容来看,十八届四中全会在提出依法治国总目标的同时,聚焦了我国法治建设中的沉疴积弊,如司法行政化、地方化、司法专业性不足等,并针对性地提出了切实可行的改革路径和方向。这些改革路径与方向既有宏观顶层设计,如全面推进依法治国五个体系、六项重大任务,也有"四两拨千斤"的具体举措,如建立领导干部干预司法活动、插手具体案件处理的记录、通报和责任追究制度,建立健全司法人员履行法定职责保护机制,推动实行审判权和执行权相分离的体制改革试点,最高人民法院设立巡回法庭,探索设立跨行政区划的人民法院和人民检察院,探索建立检察机关提起公益诉讼制度等。正因为如此,也可以将十八届四中全会公报称为依法治国的"攻坚版",而建设社会主义法治国家的理想也因此触手可及。

在关注十八届四中全会公报中党的领导、法治出现次数的同时,还要注意公报的另一个特点,那就是一些法律格言式警句在公报中多次出现。例如,"法律是治国之重器,良法是善治之前提""法律的生命力在于实施,法律的权威也在于实施""公正是法治的生命线""法律的权威源自人民的内心拥护和真诚信仰"等。这些语言特点体现了深厚的法理功底和对人类法治共同经验与成果的吸收,同时格言式警句的运用也有利于公报精神的传播。

此外,公报对法学专家与法学教育工作者也提出了很多明确的要求。有学者提出今后三十年是法学家的时代。而在我看来,十八届四中全会的召开也意味着法学专家与法学教育工作者应当更具社会责任与担当。譬如,积极开展法学理论研究,促进社会主义法治理论体系的成熟,在吸收人类法治建设成功经验的基础上形成法治的中国话语,积极参与立法与行政决策,培养高素质的法治专门人才等。

值得一提的是,公报还提出了"健全从政法专业毕业生中招录人才的规范便捷机制""创新法制人才培养机制"的要求。这一要求尊重了法学教育的特殊性,也为政法院校的改革与发展提供了难得的机遇,政法院校应当积极研究与应对,抓住契机推动法学教育的升级。

中国青年网 2014 年 10 月 29 日专访 http://news.youth.cn/gn/201410/t20141029_5934644.htm。

我国儿童法律保护的进步与发展建议

尊敬的刘延东副总理,各位领导、同志们,大家好。今年是我国未成年人保护专门法规颁布三十周年。1987年6月20日,上海市人大常委会通过了我国第一部保护未成年人的地方性专门法规——《上海市青少年保护条例》[①]。1991年,全国人大常委会通过了国家层面的《未成年人保护法》,标志着我国未成年人法律保护进入了新的发展阶段。我在查阅史料时发现,刘延东副总理还曾经在《未成年人保护法》的制定过程中发挥了重要作用。三十年来,党和国家高度重视未成年人的法律保护,初步建立了保护未成年人的法律体系和日益完善的法律保护机制,为我国未成年人保护事业提供了有力的法律保障。

一、近年来儿童法律保护体系与机制的显著进步

一是保护儿童的法律理念取得突破性进展。一方面保护儿童的核心原则——儿童最大利益原则——不但成为制定与儿童相关法律的立法指导原则,还开始成为在法律规定不明确情况下的司法指导原则。例如全国首例代孕子女监护权纠纷案,二审法院即以此原则为指导在2015年改判监护权归母亲。2011年国务院颁布实施的《2011－2020年中国儿童发展纲要》,将法律保护作为重点领域,从立法、执法层面体现了儿童优先和儿童最大利益原则,提出了保护儿童的12项主要目标和13项策略措施。同时,国家是儿童最终监护人的国家监护理念开始被立法和儿童保护实践所接受。针对儿童保护制度设计上存在的不足,民政部在2013年开始

---

① 这部条例所界定的青少年是指未满18周岁的人,与《未成年人保护法》中的"未成年人"及《儿童发展纲要》和《儿童权利公约》所称"儿童"内涵相同。

未成年人社会保护试点改革,将政府保护拓展到了孤残儿童之外,特别是父母还健在但处于困境状态的儿童。2014年12月,最高人民法院、最高人民检察院、公安部、民政部四部委下发了《关于依法处理监护人侵害未成年人权益行为若干问题的意见》,激活了沉睡二十余年的剥夺父母监护权的条款。2017年3月,全国人大通过的《民法总则》除了进一步确立剥夺监护权制度外,还明确规定在没有依法具有监护资格的人情况下,由民政部门担任第一序位监护人。国家监护理念在立法和儿童保护实践中的确立,是近些年来我国儿童保护工作最大的进步,也将对我国未来儿童保护事业产生深远影响。

二是儿童保护的法律体系显著完善。2012年修改《刑事诉讼法》时增设了"未成年人刑事案件诉讼程序"专章,开启了我国少年司法法典化之门。2015年《刑法修正案(九)》加大了对虐待、拐卖、性侵儿童犯罪的惩治力度,废除了争议多年的嫖宿幼女罪罪名。2016年出台《反家暴法》,实现了对反家暴进行专门立法的长达二十多年的理想。2017年《民法总则》完善了儿童监护制度,建立起来以家庭监护为基础、社会监护为补充、国家监护为兜底的监护制度。专门的《未成年人网络保护条例》也即将出台。

三是儿童保护的法律机制进一步健全。国务院在2016年先后颁布了《关于加强农村留守儿童关爱保护工作的意见》《关于加强困境儿童保障工作的意见》,正式确立了"强制报告、应急处置、评估帮扶、监护干预"四位一体的儿童保护机制。2015年最高人民检察院建立了独立的"未成年人检察工作办公室",未成年人保护正式成为了检察机关的一项专门的职能,最高人民检察院也成为将未成年人保护作为专门职责与独立业务范围的第一个中央国家机关。2016年,民政部设置了未成年人(留守儿童)保护处,走出了完善我国政府儿童保护机构的重大一步。

二、合理回应和引导对于儿童法律问题的社会关注

值得注意的是,尽管我国儿童法律保护的状况有了显著进步,但是保护儿童的法律及原则如《未成年人保护法》和"教育、感化、挽救方针""教育为主,惩罚为辅原则"却在近些年受到了一些社会舆论的质疑,认为对儿童保护过度,儿童法律保护工作受到了一定干扰。例如,舆论对一些儿童恶性犯罪个案的关注,造成公众对于我国儿童犯罪日益严重的误读。

事实上,近些年来我国儿童犯罪防控成效显著,其在刑事犯罪中的比重从2005年的9.81%持续下降到了2016年的不到2.93%。舆论对于校园欺凌个案的关注,尤其是网络上欺凌视频的传播,造成公众对于校园欺凌状况的焦虑。但实际上,我国校园安全状况持续改善是一个客观事实。从横向比较来看,我国校园欺凌发生率也属于较低的国家。2016年我主持对全国104825名中小学生的抽样调查发现,校园欺凌发生率为33.36%,其中经常被欺凌的比例为4.7%,偶尔被欺凌的比例为28.66%,普遍低于开展同类调查的国家。

再如,舆论曾经对于"留美学生凌虐案"的高度关注,造成我国公众要求加大对未成年人犯罪惩治的力度,甚至呼吁降低刑事责任年龄。但实际上,国内媒体对此案的报道存在误读,涉案留美学生中的三名"未成年人"根本不可能也没有被判处终身监禁,而是留在了少年司法体系而且没有被作为刑事犯罪处理。就这个案件而言,如果同样的情况发生在我国,涉案未成年人肯定要被定罪并且判处三年左右有期徒刑。此案的应有借鉴是:我国应当尽快建立独立的少年司法制度,改变把孩子的行为当成成年人一样对待的现状。

这样的舆论误导已经开始产生负面影响。例如有关部门已经提出了降低《治安管理处罚法》行政拘留执行年龄的方案。社会舆论要求加大对校园欺凌者惩治的呼声,也已经造成司法机关在一些校园欺凌案件刑事政策的把握上背离了我国长期坚持的教育、感化、挽救方针。对这样的动向,应当引起高度重视和认真对待。

三、进一步完善儿童法律保护的建议

首先,研究破解儿童保护"共同责任原则"所造成的"责任稀释困境"。《未成年人保护法》规定了保护未成年人的共同责任原则。然而,一个困扰性的问题是由该原则所带来的"责任稀释困境"——谁都有保护儿童的职责,但是缺乏主责部门和有效的统筹机制,其结果是保护儿童"说起来重要,做起来次要,忙起来不要,出了问题找不到"。

其次,进一步完善针对困境儿童的国家监护制度。尽管国家监护已经成为被接受的法律理念,但在《未成年人保护法》中"政府保护"迄今缺位。尽管《民法总则》等也已经初步建立了国家监护制度,但是还很不完善,除了剥夺监护和监护兜底外,完整的国家监护制度还应当包括监护监

督、监护支持、监护干预、监护替代等重要环节,这些都还有待于《未成年人保护法》的进一步确立。

最后,进一步补全针对违法犯罪儿童的"保护处分"措施。现行法律对于儿童违法犯罪干预的设计存在两大不足:一是"养猪困境"——对于一些因为年龄较低或犯罪程度较轻的儿童触法行为,还缺乏完善的干预机制和有效的干预措施,因而只能"养大了再打""养肥了再杀"。二是"逗鼠困境"——对于已经触犯刑法且达到刑事责任年龄的儿童,虽然有"温情脉脉"的特别程序,但最终只能适用刑罚这种单一性惩罚措施,存在用药过猛的弊端。

建议尽快启动《未成年人保护法》和《预防未成年人犯罪法》的修订,尽快将儿童福利列入立法程序,有针对性地解决上述问题。

《未成年人保护法》的修订总体思路是适应我国儿童福利政策从补缺型向适度普惠型的变化,对该法进行适度"福利法化",同时建立包括监测预防、发现报告、应急处置、评估转介、帮扶干预在内的"六位一体"联动反应机制,解决该法长期备受诟病的缺乏可操作性难题。

《预防未成年人犯罪法》的修订总体思路是"司法法化",通过修订该法建立区别于成年人的儿童罪错行为处置体系,也即建立独立的少年司法制度。重点是通过规定具有"提前干预,以教代刑"性质的保护处分措施体系与特别程序。改变目前依照《刑法》《刑事诉讼法》《治安管理处罚法》等成人法处理儿童罪错的现状,破解"养猪困境"和"逗鼠困境"。

本文系在 2017 年 6 月 13 日,在刘延东副总理主持召开的国务院儿童健康发展座谈会上的发言,载《预防青少年犯罪研究》2017 年第 3 期。

制定未成年人法律法规应听听孩子心声

"在起草《未成年人网络保护条例》的时候,一直有一个备受争议的问题,就是条例是否限制了未成年人的部分合法权利。"上海政法学院教授姚建龙曾参与制定《未成年人网络保护条例(征求意见稿)》,近日他向《法制日报》记者透露,条例的出发点是好的,即防止未成年人沉迷网络游戏,但是对未成年人做出的限制性规定是否合理,各方观点不一。

姚建龙进一步指出,意见稿中对于未成年人玩网络游戏做出了明确限制,而这其中未成年人是包括18周岁以下的所有未成年人,就这个范围来说,或可能存在不合理之处。

根据我国《民法总则》第十八条规定,16周岁以上的未成年人,以自己的劳动收入为主要生活来源的,视为完全民事行为能力人。"如果16周岁以上不满18周岁的未成年人所从事的是与网游有关的职业,那么这样的限制性规定就有可能侵犯了其劳动权,与上位法相抵触。"姚建龙指出。

同时,我国《民法总则》第十九条规定,8周岁以上的未成年人为限制民事行为能力人,实施民事法律行为由其法定代理人代理或者经其法定代理人同意、追认。

姚建龙坦言,对于8周岁以上不满16周岁的限制行为能力的未成年人,征求意见稿在一定程度上限制其玩网络游戏的权利是否合适,许多专家学者的意见并不统一。

"问题的焦点在于,对于未成年人玩网络游戏的限制幅度、限制范围、时间频率等,这些限制内容怎样才是一个合适的度,这些都是值得探讨的。"姚建龙指出。

对此,姚建龙建议,对于这个问题,一方面应由专家学者进行法理上的深度研讨;另一方面,还应深入基层多作一些调研,掌握有效的大数据,才能制定更合理的标准。法律法规的制定施行,需要多方面的参与,家庭、社会的心声要多聆听,对于与未成年人相关的法律法规的制定,未成年人也有参与权,应当多听听他们的心声,这毕竟关乎每个未成年人的切身利益。

除此之外,在姚建龙看来,不能将网络游戏视作"洪水猛兽",只堵不疏。未成年人沉迷网络游戏既是社会问题,也是家庭和学校的问题,社会、家庭和学校都要承担起正确引导的责任,使未成年人科学、理性地看待网络游戏。

本文由记者朱琳采写,载《法制日报》2017 年 7 月 11 日。

学前教育立法箭在弦上

上海政法学院刑事司法学院院长姚建龙近日在接受《法制日报》记者采访时认为,多次曝光的幼儿园虐童事件,表明这个行业已经到了急需立法规范的地步,通过对学前教育进行国家层面的专门立法,将学前教育纳入政府公共服务的范围,明确政府责任,才能最大限度地防止幼儿园伤害幼儿的事件发生,切实保障幼儿安全健康。

"长期以来,政府在学前教育方面的职责并不到位,没有完全将其纳入公共服务领域。因此,当前学前教育呈现的是社会、市场、政府'三足鼎立'的状态,致使幼儿园虐童事件频发。"姚建龙说。

姚建龙认为,学前教育立法讨论了很多年,但是一直没有实际的举动,主要是受观念的影响。

"一方面,学前教育立法,必然涉及政府的责任和投入问题,以前很多人都认为,我国经济社会发展还没到这一步,现在这个观念已经有所改变。另一方面,有些人认为孩子还是幼年时期,学前教育主要还是体现在监护上,更主要的是强调家长的责任,而忽视了对国家责任的强调,现在这个观念也有所改变。"姚建龙说。

姚建龙认为,学前教育应当属于政府的公共服务的范围,也是基于国家亲权理论对政府的一种要求。"当然,政府不可能实现对于学前教育工作的全覆盖,而且现在社会和市场早已在其中占有重要地位,政府在将学前教育纳入公共服务的同时,应通过加强监管和合理引导的方式,来弥补政府不到位的情况,从而充分发挥社会和市场的作用,规范学前教育的发展。"

记者蒲晓磊采写,载《法制日报》2017年12月12日。

校园贷乱象原因与立法规制

上海政法学院刑事司法学院院长姚建龙在接受记者采访时表示，逐利的金融机构利用学生的不谙世事，将一些非法的方式包装成"合法"的方式来赚钱，是导致校园贷乱象频发的重要原因。而在校园贷发展过程中，大学生群体因为防范意识薄弱，间接为校园贷乱象提供了蔓延的土壤。

"这些学生是没有经济偿还能力的，除非是通过家长或者勤工俭学来还，按照一般的金融理论来说，金融提供方存在一定的风险，但客观地说，存在一定的低风险，就是看中学生不谙世事，来逼迫学生的家长偿还。但这就走向了另一个歧途，比如说通过裸贷。"姚建龙说。

姚建龙认为，尽管现有的法律对贷款做出了一些规定，但鉴于大学生这个群体的特殊性，应当针对学生经济独立能力来进行判断，而不能机械地以18岁作为标准。因此，有必要对校园贷进行专门立法。

姚建龙指出，学生没有独立的经济偿还能力，从广义上来说，大学生仍然可以看作是未成年人，站在这个立场来讲，要强调学生群体的一种特殊保护。"这是立法非常重要的一个方面，是在立法过程中要考虑到的，而不只是按照一般的市场性的金融行为来管理校园贷。"

本文节选自《校园贷，全面叫停还不够》，载2017年7月25日《法制日报》，记者蒲晓磊采写。

现行法律能否惩治"虐童"之恶

"如果用成年人的标准去评价虐童行为,那么,按照现行刑法将很难追究大多数虐者的刑事责任,即便这种虐待儿童行为的性质十分恶劣。"上海市法学会未成年人法研究会会长姚建龙介绍说,目前中国的刑法中没有单独的虐待儿童罪的罪名。"如果没有特殊的保护机制,去保护这些没有自我表达和救济能力的孩子,那么他们的安全堪忧。"

2015年10月,刑法修正案(九)对虐待罪予以修订,扩大了适用范围:"对未成年人、老年人、患病的人、残疾人等负有监护、看护职责的人虐待被监护、看护的人,情节恶劣的,处三年以下有期徒刑或者拘役。"

"但根据统计,截至目前,两年多来全国仅有约11个判例。"姚建龙介绍,其中8起是虐待被看护人员罪,2起是虐待被监护人罪,1起是虐待被看护、监护人员罪。

"是不是说我们的虐待儿童行为就真的只有这么一点点?现有罪名对于虐待儿童的惩治与防范真正能起到多大作用,是需要我们认真去思考研究的。"姚建龙认为,在我国,立法有关虐待儿童行为的规制过分强调定量,即强调以"情节恶劣"等严重后果为前提,这显然已经无法适应防治儿童虐待的需要。我国立法有关儿童虐待行为的规定,也并未充分考虑未成年人身心发育不成熟、自我保护能力不足的特点。"对于虐待儿童行为,不论是从法律上,还是从机制上,都应该有单独的评价体系。"姚建龙认为,我国应当尽快完善立法,建立防治儿童虐待的综合机制。同时,应当将虐待儿童行为规定为法律的高压线。遵循虐待儿童的特殊性,在刑法中增设独立的虐待儿童罪罪名,降低虐待儿童行为的入刑门槛,加大对儿童的保护力度。

"我们要给教育惩戒权留有法律的空间和边界。"姚建龙表示,但赋予教师惩戒权绝不能等同于允许体罚,更不能等同于允许针对学生的暴力。教师惩戒涉及对学生权利的限制,需要在国家法律层面进行明确和规范,尤其是要明确惩戒的边界。"厘清了边界,才能更加有效地预防、惩治虐童行为。"与此同时,姚建龙认为,家长在指责教师虐待儿童的同时,也应该反思自己,共同为儿童创造无暴力的环境。

"学龄前教育与看护,属于政府公共服务范畴。政府不能缺位,应将其纳入公共服务及儿童福利体系范围。"姚建龙表示,通过对学前教育进行国家层面的专门立法,将学前教育纳入政府公共服务的范围,明确政府责任,才能最大限度地防止托幼机构及幼儿园虐待儿童事件的发生,切实保障幼儿安全健康。姚建龙同时建议,应系统性地对未成年人法律体系进行修订、完善。

节选自胡蝶飞:《现行法律能否惩治"虐童"之恶》,载《上海法治报》2017年12月18日。

关于完善民法总则草案涉未成年人条款的建议

一、完善可以申请撤销监护人资格的"未成年人保护组织"表述方式,明确"共青团"这一责任主体,以避免主体范围不清晰

建议第三十七条第二款,修改为:

本条规定的有关个人和组织包括:其他依法具有监护资格的人,居民委员会、村民委员会、学校、医疗机构、妇女联合会、残疾人联合会、共青团等未成年人保护组织、依法设立的老年人组织、民政部门等。

修改理由:共青团在学校、乡镇、街道、村组、社区等都建有基层组织,各级团组织长期以来在未成年人保护方面开展了大量实际工作。明确将共青团列举出来,既是与法条中"妇女联合会、残疾人联合会"表述匹配的需要,也有助于避免主体不明晰从而发挥共青团维护未成年人权益的作用。从司法实践来看,《关于依法处理监护人侵害未成年人权益行为若干问题的意见》也规定"共青团、妇联、关工委、学校等团体和单位"可以向人民法院申请撤销监护人资格。

二、放宽可以恢复监护人资格的限制条件,以更符合儿童最大利益原则的要求

建议第三十九条修改为:

被监护人的父母或者子女被人民法院撤销监护人资格后,除对被监护人实施性侵以及因故意犯罪被判处三年有期徒刑以上刑罚的外,确有悔改表现的,经其申请,人民法院可以在尊重被监护人真实意愿的前提下，视情况恢复其监护人资格，人民法院指定的监护人与被监护人的监护关系同时终止。

修改理由：撤销监护人资格毕竟将产生亲子隔离的结果。基于父母亲情对未成年人成长至关重要的原因，应当尽可能让未成年人留在原生家庭，这更符合儿童利益最大化原则的要求。因此，恢复监护人资格的禁止性规定宜尽量留有余地，以照顾实践中多样化的情形。草案规定"对被监护人实施故意犯罪"均不得申请恢复监护人资格的限制太严格，建议除了对被监护人实施性侵以及严重故意犯罪的以外，对确有悔改的父母，应当允许按程序恢复其监护人资格。

三、进一步完善未成年人遭受性侵害损害赔偿请求权的诉讼时效规定

建议第一百九十四条修改为：

未成年人遭受性侵害的损害赔偿请求权的诉讼时效期间，自受害人年满十八周岁之日起计算。受害人与加害人共同生活的，其诉讼时效期间，自受害人年满十八周岁并脱离共同生活关系之日起计算。

修改理由：性侵害以熟人作案为主，且存在不少负有监护、抚养责任者性侵被监护、照料未成年人的情形。考虑到大量受害人成年后一段时间仍可能与加害人处在共同生活关系中，实际难以行使损害赔偿请求权，建议针对性地做出规定。

2017年两会期间提交有关部门参考。

关于完善《未成年人网络保护条例（征求意见稿）》的建议

对征求意见稿的完善提出如下建议，供参考：

一、《条例》的制定应考虑与《未成年人保护法》的衔接

作为未成年人保护专门性行政法规，《条例》是对《未成年人保护法》有关网络保护条款的落实和细化。现行《未成年人保护法》有关未成年人网络保护的条款主要散见于家庭保护、学校保护和法律责任等章中，存在规定不系统、不完善等问题，无法回应目前日益严重的未成年人网络保护无力的现实，这也是《条例》的制定具有必要性和迫切性的重要原因。然而值得注意的是，目前《未成年人保护法》的修订也已经列入了全国人大议事日程。考虑到网络已经成为与家庭、学校、社区、社会并列的未成年人成长的第五空间，是当代未成年人成长与社会化的重要途径，网络保护基本确定将会与家庭保护、学校保护等并列增设为《未成年人保护法》独立的章节，这也意味着作为下位法的《条例》的制定面临着与作为上位法的《未成年人保护法》的修订同步进行的挑战。

基于这样的背景，对《条例》制定与《未成年人保护法》的修订关系建议如下：(1)《条例》的制定可以与《未成年人保护法》的修订调研、论证、起草同步进行，但从颁布时间上而言，在《未成年人保护法》修订完成并生效后为宜。(2)就《条例》规定的内容而言，宜取补充、细化《未成年人保护法》网络保护章的定位。目前起草《条例》应当预判哪些条款将会或者宜在《未成年人保护法》网络保护章中进行规定。建议对征求意见稿的总则一章做更加细致的考虑，因为目前所草拟的很多条款较多重复了现行或者即将修订的《未成年人保护法》的规定。

二、篇章结构的完善建议

《条例》目前的体例值得商榷,在内容的完整性、问题的针对性、条文的逻辑性等方面都存在较为明显的不足,建议调整如下:

第一章　总则
第二章　网络权益保障
第三章　网络素养培育
第四章　网络信息内容建设
第五章　网络侵害的预防与惩治
第六章　沉迷网络的预防和干预
第七章　法律责任

在第二章网络权益保障中,建议增加一条有关未成年人网络权利的基本规定,作为全章的基础性规定:"未成年人享有与其身心发育程度相适应的网络权利,监护人、学校、社会、国家应当保障未成年人使用网络的权利,并承担防止未成年人遭受网络侵害和不良影响的义务。"并根据这一规定的内容,细化其他相关条款。本章的主要内容应该是规定不同民事行为能力未成年人所相应享有的网络权利内容。

增强未成年人的识别与免疫力,教育、引导未成年人如何与多元信息共处而不迷失,是最好的保护。基于此种考虑,建议增加"网络素养培育"专章,专门规定如何培养提高未成年人的网络素养和自我保护能力。

对于网络侵害未成年人行为,征求意见稿仅仅在第十七条规定"任何组织和个人不得通过网络以文字、图片、语音、视频等形式威胁、侮辱、攻击、伤害未成年人",太过于笼统,既无法回应目前社会各界广泛关注的网络侵害未成年人现象,也不符合作为行政法规重在细化上位法规定和可操作性的定位。建议增加专门的"网络侵害的预防与惩治"专章,至少对网络侵权(主要针对姓名权、名称权、名誉权、荣誉权、肖像权、隐私权等人身权益)、网络欺凌、网络性侵、网络诈骗等典型、常见的网络侵害行为做出明确的预防与惩治性规定。

三、《条例》在"保护"目的下对于未成年人自主性及网络权利的限制,应当考虑与《民法总则》下调无民事行为能力未成年人年龄的修改精神相协调。

《民法总则》规定:"十六周岁以上的未成年人,以自己的劳动收入为主要生活来源的,视为完全民事行为能力人;八周岁以上的未成年人为限制民事行为能力人,实施民事法律行为由其法定代理人代理或者经其法定代理人同意、追认,但是可以独立实施纯获利益的民事法律行为或者与其年龄、智力相适应的民事法律行为;不满八周岁的未成年人为无民事行为能力人,由其法定代理人代理实施民事法律行为。"

值得注意的是,《民法总则》将限制民事行为能力的未成年人的年龄标准从十周岁下调到了八周岁,这是基于未成年人大量参与社会生活的实际,体现了对未成年人"自主性"的进一步尊重与保障。

《征求意见稿》的诸多条款实际并未考虑未成年人民事行为能力的差异性,而总体上均视为需要监护人代理的无民事行为能力人,这是值得商榷的。《条例》宜区分完全民事行为能力未成年人、限制民事行为能力未成年人、无民事行为能力未成年人三种类型,不宜在保护之名下忽视未成年人的行为能力差异性,采取同样的"保护"标准。作为一种可操作性的修改建议,《条例》至少应当规定十六周岁以上以自己的劳动收入为主要生活来源的未成年人排除在有关网络权利限制的条款之外。

四、若干具体条款的修改建议

第二条 建议将"未成年人最大利益原则"规定为基本原则之一(作为第二款),或者也可以表述为"未成年人特殊、优先保护"原则。

第十九条 增加如下内容作为第二款:对于未成年人可能接触的网络产品,应当以显著方式标注所适合的年龄范围。

第二十七条 建议增加如下内容作为第二款:禁止任何组织与个人从事网瘾戒治之名的营利性活动。

第三十七条 建议修改如下:未成年人的监护人不履行本条例规定监护职责,或者侵害未成年人合法权益的,由其所在单位或者居民委员会、村民委员会或者未成年人保护部门予以约谈、劝诫、制止,也可以转介相关专业机构开展亲职教育。

　　以上建议,仅供参考。

2018 年 4 月 23 日提交有关部门参考。

降低未成年人行政拘留执行年龄应慎重而行

临近春节前的1月16日，公安部公布了《中华人民共和国治安管理处罚法（修订公开征求意见稿）》（以下简称"征求意见稿"），向社会公开征求意见，征求意见将在丁酉年正月十九日正式结束。这部法律是关涉我国社会治安管理的重大法典，也是关涉公民基本权利保障的重要法典。遗憾的是，迄今为止这部征求意见稿所引起的关注和讨论还并不多。

号称"警界最大非官方自媒体，聚集中国警察的工作生活"的某微信公众号配发的解读文章将此次修订概括出了五大亮点，并赫然将"加强对未成年人违法的处罚，处罚年龄界限变更"作为此次修订的最大亮点之一。尽管迄今为止对于《治安管理处罚法》修订的讨论不多，但这一解读文章却被包括权威网站的媒体大量转载，并获得了广泛的认同。

征求意见稿取消对已满十四周岁不满十六周岁未成年人不执行行政拘留处罚的限制性规定，意味着2005年《治安管理处罚法》所确立的已满十四周岁不满十六周岁这一相对负违法责任年龄段将实际被取消：已满十四周岁不满十六周岁未成年人不仅要对一切违反治安管理的行为承担法律责任，且与成年人一样面临警告、罚款、行政拘留等同种类行政处罚。个别国家也曾经试图降低涉及未成年人责任年龄的条款，但其在修法时的态度至少也"装得"遮遮掩掩、痛心疾首、迫不得已，像我国此次修订《治安管理处罚法》那样如此高调地把降低行政拘留执行年龄以严罚年幼少年当作修订的最大亮点之一，无论如何都有些令人匪夷所思。

《治安管理处罚法》颁布于2005年并取代了1994年的《治安管理处罚条例》。笔者清楚地记得，2005年新制定的《治安管理处罚法》曾经将

"已满十四周岁不满十六周岁的;已满十六周岁不满十八周岁,初次违反治安管理的不执行拘留"作为该法映射人文关怀的九大亮点之一。这一规定也是与1997年《刑法》修改明确了已满十四周岁不满十六周岁未成年人(年幼少年)仅对八大类严重刑事犯罪承担刑事责任规定的衔接。

仅仅相隔10年,修订稿征求意见稿不仅否定了当年宽容年幼少年的亮点,并且还将自我否定本身当成了本次修订的亮点。究竟是什么让《治安管理处罚法》做出如此重大的立法转向?

显然,这一修改是对近年来由于低龄未成年人违法犯罪行为得不到有效规制,而引起社会广泛关注甚至是公众强烈不满的"积极"回应。可以肯定的是,这种迎合民粹主义"严罚"未成年人的修法内容,必然赢得普通公众及一线执法民警的广泛欢迎。而任何敢于质疑《治安管理处罚法》这一所谓修订亮点所面临的风险必然是巨大的,遭受激烈抨击在所难免。然而,笔者仍然要提出商榷性的意见。

征求意见稿将行政拘留的执行年龄降低至十四周岁是值得商榷,也是值得警惕的立法动向:

一是破坏了与《刑法》责任年龄制度的衔接一致性。《治安管理处罚法》历史渊源于1906年的《违警罪章程》,随后历经《违警律》(1908年)、民国北洋政府《违警罚法》(1915年)、民国南京政府旧《违警罚法》(1928)、新《违警罚法》(1943)的变迁。从该部法律的立法演进来看,遵循了"去刑化"的发展路径,逐步摆脱争论并确立其性质为行政法规,这一定性为新中国于1957年制定的《中华人民共和国治安管理处罚条例》所延续,但是这部法律与刑法的衔接关系始终是一个根基性的问题。《治安管理处罚法》与《刑法》的衔接关系不仅仅体现在分则对违警行为与犯罪行为的衔接上,也体现在总则等基本制度的衔接上。2005年新制定的《治安管理处罚法》完善了违法责任年龄的规定,建立了与《刑法》刑事责任年龄制度相衔接的违法责任年龄制度,规定了未满十四周岁不承担违法责任、已满十四周岁不满十六周岁相对负违法责任、已满十六周岁承担违法责任但未满十八周岁的应当从轻或减轻违法责任。征求意见稿取消已满十四周岁不满十六周岁拘留决定不执行的规定,相当于取消了相对负违法责任年龄阶段,将打破与刑事责任年龄的衔接匹配关系,在立法技术上是重大倒退,在法理上也缺乏基本的依据。

二是违背我国对违法未成年人一直坚持的基本原则与方针。早在1991年颁布的《未成年人保护法》即规定了对违法犯罪的未成年人实行"教育、感化、挽救的方针,教育为主、惩罚为辅的原则"。1999年颁布的《预防未成年人犯罪法》、2012年的《刑事诉讼法》以及中央有关文件中也一直强调和重申这一方针和原则。需要特别注意的是,就《治安管理处罚法》处罚的行为性质而言,并非具有严重社会危害性的犯罪行为,而是尚不够刑事处罚的违法行为(违警行为),或者说属于未成年人轻微罪错行为。征求意见稿对于已满十四周岁不满十六周岁年幼少年的轻微罪错行为贸然降低年龄适用行政拘留,是对我国长期坚持且为立法所明确的"教育、感化、挽救方针""教育为主、惩罚为辅原则的"公然违背,也与国外社会治安治理中"轻轻重重"刑事政策①的成功经验背道而驰。

三是违背国际公约关于剥夺少年人身自由仅应作为万不得已措施的要求。我国加入的《联合国儿童权利公约》第三条明确规定:"关于儿童的一切行动,不论是由公私社会福利机构、法院、行政当局或立法机构执行,均应以儿童的最大利益为一种首要考虑";第37条b款规定"不得非法或任意剥夺任何儿童的自由。对儿童的逮捕、拘留或监禁应符合法律规定并仅应作为最后手段,期限应为最短的适当时间。"《联合国少年司法最低限度标准规则》(《北京规则》)更特别强调:"进步的犯罪学主张采用非监禁办法代替监禁教改办法。就其成果而言,监禁与非监禁之间,并无很大或根本没有任何差别。任何监禁机构似乎不可避免的会对个人带来许多消极影响;很明显,这种影响不能通过教改努力予以抵消。少年的情况尤为如此,因为他们最易受到消极影响的侵袭。此外,由于少年正处于早期发育成长阶段,不仅失去自由而且与正常的社会环境隔绝,这对他们所产生的影响无疑较成人更为严重。"②"把少年投入监禁机关始终应是万不得已的处理办法,其期限应是尽可能最短的必要时间。"③在2005年《治安管理处罚法》已经明确禁止对违反治安管理年幼少年执行行政拘留的情况下,贸然恢复对这一群体执行行政拘留显然是对国际公约与规则的公然违背,也难免会对我国司法人权保障的形象带来重大负面影响。

---

① 即主张对社会危害性较轻行为的处罚愈来愈轻,而对具有严重社会危害性行为的处罚愈来愈重。
② 《北京规则》第19条"说明"。
③ 《北京规则》第19条。

四是缺乏实证研究与数据的支持,属于情绪化与草率性立法修订。迄今为止,除了媒体报道与关注的个案外,没有任何严谨研究支持降低行政拘留执行年龄的必要性,相反司法统计数据反而表明,自实行不对未满十六周岁未成年人执行行政拘留制度后,我国未成年人犯罪状况呈现积极向好的趋势,保持了十余年的持续下降态势。我们也特别注意到,在征求意见稿提出修法建议之前,也没有任何严谨的对于降低行政拘留执行年龄将大量低龄轻微罪错未成年人投入拘留所可能带来的成本、风险等必要的预判性研究。总之,在缺乏严谨实证研究与数据支撑的情况下即如此草率地提出降低行政拘留执行年龄的重大立法变动方案,不能不说是一种迎合媒体裹挟非理性社会情绪的草率性立法。

五是与改革开放以来我国未成年人司法改革的方向背道而驰,并可能对未成年人违法犯罪的防治产生严重负面影响。非监禁化是改革开放以来我国未成年人司法改革的主要走向和重大成果。犯罪学常识也一直强调避免过早将违法未成年人尤其是社会危害性尚较低的违反治安管理的违法未成年人投入监禁机构,因为这会带来强烈的标签效应和染缸效应,破坏青春期未成年人行为的自愈规律,制造更多和更严重的犯罪人。[①] 2005年《治安管理处罚法》规定已满十四周岁不满十六周岁未成年人治安拘留不执行制度后,我国未成年人犯罪状况总体显著向好,未成年人犯罪严重化趋势得到有效遏制,其在刑事犯罪中的比重从2005年的9.81%逐步降低到2016年的2.93%。尽管尚无严谨实证研究证明两者之间的关联性,但是尽量避免将轻微罪错未成年人投入监禁机构、避免短期羁押,是国际社会公认的预防未成年人犯罪的成功经验。征求意见稿反其道而行之,拟将大量低龄轻微违法未成年人投入拘留所,可能面临的风险重大,必须极为慎重。

《治安管理处罚法》处罚的是扰乱公共秩序,妨害公共安全,侵犯人身权利、财产权利,妨害社会管理,具有社会危害性,尚不够刑事处罚的行为[②],并具有衔接《刑法》分则第二、四、五、六章犯罪的特点。就未成年人而言,由于年龄与身份原因,无法或者罕见实施《刑法》分则第一、三、七、八、九、十章的犯罪行为。也就是说,未成年人实施具有社会危害性行为最相关的法律,除了《刑法》之外即《治安管理处罚法》。某种程度上可以

---

① 详见姚建龙:《未成年人犯罪非监禁化理念与实现》,载《政法学刊》2004年第5期。
② 基于《治安管理处罚法》的历史渊源及界定准确性的考虑,笔者把此类行为称为"违警行为"。

说,《治安管理处罚法》涉及未成年人条款的修订,是关涉我国未成年人违法犯罪治理的重大问题,也涉及我国未成年人违法犯罪治理的基本政策走向,不可不慎重。

载《民主与法制时报》2017年2月26日。

《治安管理处罚法》涉未成年人条款的修订建议

《治安管理处罚法》(修订征求意见稿)涉及未成年人的修订变动条款主要有四处:

一是将行政拘留执行年龄从十六周岁降低至十四周岁。取消了原已满十四周岁不满十六周岁未成年人不执行行政拘留处罚的限制性规定,同时将初次违反治安管理不执行行政拘留处罚的年龄范围修改为"已满十四周岁不满十八周岁"。(第二十一条)如果这一修订条款获得通过,那么最长可以达到二十天的拘留。[①] 这一最严厉的行政处罚措施将可以突破原有法律限制,适用于已满十四周岁不满十六周岁的未成年人(简称"年幼少年"),这可以说是该法涉及未成年人条款最重大的立法变动。

二是增设了违法记录封存制度,终结了未成年人犯罪记录可以封存,违法记录是否也可以封存的争议。征求意见稿增加了第十一条第二款,明确规定:"对违反治安管理时不满十八周岁的人违反治安管理的记录应当予以封存,不得向任何单位和个人提供,但公安机关、国家安全机关、人民检察院、人民法院为办案需要或者有关单位根据国家规定进行查询的除外。依法进行查询的单位,应当对被封存的违法记录的情况予以保密"。

三是提高了"组织、胁迫、诱骗不满十六周岁的人"进行恐怖、残忍表演的罚款金额。(第四十七条)当然,这是与本次修订全面提升违法行为罚款上限金额一致的修改,而非针对性修订。

[①] 征求意见稿第十五条规定:"有两种以上违法治安管理行为的,分别决定,合并执行。行政拘留合并执行的,最长不超过二十日。"

四是扩大了虐待行为的处罚范围,治安管理处罚的虐待行为虐待对象不再限于家庭成员,并提高了虐待行为的处罚力度。征求意见稿第五十五条增加"虐待其所监护、看护的未成年人、老年人、病人、残疾人的"为虐待违法行为之一,并整体提高了虐待违法行为的处罚力度,增设了"情节较重的,处五日以上十日以下拘留"的处罚档次。这一修改是与《刑法修正案(九)》对虐待罪的修改相匹配的。

该法与未成年人相关的主要条款还有几处采取了维持性规定,并未做修改完善:一是实体部分维持了"违反治安管埋的行为人对他人造成损害的,行为人或者其监护人应当依法承担民事责任"(第七条)和"已满十四周岁不满十八周岁的人违反治安管理的,从轻或者减轻处罚;不满十四周岁的人违反治安管理的,不予处罚,但是应当责令其监护人严加管教"(第十一条第一款)的规定。二是程序部分,维持了"询问不满十六周岁的违反治安管理行为人,应当通知其父母或者其他监护人到场"的规定。(将第八十四条第三款调整为第一百零七条第四款)三是保留了分则性部分第四十七条关于"组织、胁迫、诱骗不满十六周岁的人或者残疾人进行恐怖、残忍表演的"处罚规定。

总的来看,修订征求意见稿涉及未成年人条款最重大的修订是降低了未成年人行政拘留的执行年龄。我国目前的确存在低龄未成年人违法犯罪"一放了之"和"一罚了之"的弊端,对这一群体的违法犯罪缺乏必要且科学有效的干预措施。这一问题的存在属于顶层设计缺失造成的制度性缺陷,非《治安管理处罚法》单部法律的"应激修订"简单动用拘留这一最为严厉行政处罚措施所能弥补与修正的。作为处理未成年人危害社会行为最为密切相关的法律之一,《治安管理处罚法》的修订也要同时考虑与其他相关未成年人法律的协调。

作为一种理性和慎重的选择,《治安管理处罚法》的此次修订宜继续保留原有关于未成年人适用行政拘留的年龄规定,将行政拘留的执行年龄继续限定为已满十六周岁,同时应考虑清晰《治安管理处罚法》在未成年人法律体系中的角色。

笔者主张"宜将未成年人'违法'行为的干预从《治安管理处罚法》等行政法中剥离出来,作为《预防未成年人犯罪法》的调整对象"[1]。也就是

---

[1] 姚建龙:《论预防未成年人犯罪法的修订》,载《法学评论》2014年第5期。

说,在未来公安机关将主要依据特别法《预防未成年人犯罪法》(或者《少年司法法》),同时结合普通法《治安管理处罚法》来处理未成年人违警行为。对于未达到特定责任年龄的低龄未成年人罪错行为的干预,也将主要由专门的《预防未成年人犯罪法》(或者《少年司法法》)调整。建议尽快启动《预防未成年人犯罪法》的修订,完善包括虞犯行为(或称不良行为)、违警行为、触法行为、犯罪行为的未成年人罪错行为干预措施体系,重点增设和完善具有"提前干预"和"以教代刑"特征的保护处分措施,建立独立的少年司法制度,而在此之前,《治安管理处罚法》的修订还是稍安勿躁为宜。

当然,《治安管理处罚法》可以也应当对处置未成年人违法行为相关的重大及原则性问题做出必要的规定。从征求意见稿的条款内容来看,总体缺乏儿童视角,对涉及未成年人违警行为的实体与程序性规定均较为粗糙和存在较多的疏漏。建议除了继续维持对已满十四周岁不满十六周岁未成年人的行政拘留不予执行的条款外,宜对如下重大的原则性内容做出明确规定:

一、强化监护人的法律责任,以督促监护人履行监护职责

未成年人违反治安管理行为的规制,除了依赖公安机关的处罚外,更要注重发挥监护人的作用。《治安管理处罚法》宜吸收近些年来我国司法实践中探索的亲职教育经验,通过明确强制亲职教育的法律地位、监护人不履行亲职教育职责的法律责任等方式,督促监护人履行监护职责,具体建议有二:

一是建议增加强制亲职教育的规定,明确强制亲职教育的法律地位,在第七条增加如下规定作为第二款:

> 监护人有放任未成年人违反治安管理行为的,可以对监护人采取训诫等强制亲职教育措施。

二是建议与第十一条"已满十四周岁不满十八周岁的人违反治安管理的,从轻或者减轻处罚;不满十四周岁的人违反治安管理的,不予处罚,但是应当责令其监护人严加管教"的规定相匹配,增加监护人未履行严加管教职责的法律责任条款。具体建议是,在第七十九条第一款中增加如

下规定并列为该款第七项:

>   监护人不履行公安机关严加管教要求的。

二、涉及未成年人条款要与《未成年人保护法》《刑事诉讼法》规定相匹配,并吸收 1995 年公安部颁布的《公安机关办理未成年人违法犯罪案件的规定》中的积极内容

纵观征求意见稿涉未成年人条款的规定,一个重大的疏漏是没有考虑与 2005 年该法颁布以后《未成年人保护法》《刑事诉讼法》等相关法律修订的内容相匹配,造成了诸多规定的不协调甚至抵触性内容。此次修订,应当对此高度重视,去除不协调甚至抵触性内容,具体建议有三:

一是将第一百六十七条"询问不满十六周岁的违反治安管理行为人,应当通知其父母或者其他监护人到场"的规定作如下修改为:

>   询问不满十八周岁的违反治安管理行为人,应当通知其监护人到场。无法通知、监护人不能到场或者是共犯的,通知未成年人的其他成年亲属,所在学校、单位、居住地基层组织或者未成年人保护组织的代表等其他合适成年人到场。
>
>   到场的监护人或者合适成年人认为办案人员在询问中侵犯未成年人合法权益的,可以提出意见。询问笔录应当交给到场的监护人或者合适成年人阅读或者向他宣读。
>
>   询问女性违反治安管理行为人,应当有女工作人员在场。
>
>   询问未成年被害人、证人,适用前三款的规定。

二是建议第一百三十条增加如下规定为第二款:

>   对被决定给予行政拘留处罚的未成年人,应当与成年人分别关押、分别管理、分别教育,并根据其生理和心理特点在生活和学习等方面给予照顾。

三是增加如下规定为第十一条第二款和第三款,原第二款顺推为第四款:

公安机关应当设置专门机构或者指定专门人员承办未成年人违法案件,办理未成年人违法案件的人员应当具有心理学、犯罪学、教育学等专业支持和相关法律知识,并具有一定的办案经验。

办理未成年人违法案件,应当保护未成年人的名誉,不得公开披露涉案未成年人的姓名、住所、影像和其他可能推断出该未成年人的身份信息。

三、针对目前侵犯未成年人最为突出的儿童色情信息惩治漏洞,增设相关条款,严密未成年人保护法网

目前,我国涉及未成年人的色情信息泛滥,尤其是在网络空间。无论是《刑法》还是《治安管理处罚法》均仅处罚制作、运输、复制、出售、出租等供给环节的行为,但对于消费及持有行为的惩治存在空白。而惩治消费及持有行为是国际社会通行的做法,也是杜绝未成年人色情信息,保护未成年人免受性侵害的重要环节。针对这一法律漏洞,参考国外立法通常的做法,建议增加如下规定为第八十六条第二款和第三款:

上述淫秽物品或者淫秽信息中包含未成年人色情题材的,从重处罚。

购买、浏览、观看、下载、持有包含未成年人色情题材淫秽物品或者淫秽信息的,依照第一款规定处罚。

我国台湾地区曾经长期沿用 1943 年颁布的《违警罚法》,但是 1991 年该法被正式废除,并被《社会秩序维护法》所取代。废除《违警罚法》的理由是为了削弱警权,以防止警权的滥用。《违警罚法》废除后,台湾地区的警察权被大大限制,包括警察原享有的令企业停业或歇业等权力都转交法庭裁决,警察只保留了不超过五天的拘留处罚权和 1500 元新台币以下罚款权。

与之形成鲜明对比的是,从 2005 年《治安管理处罚法》的制定,到本次修订征求意见稿的具体内容,总体体现的是警察权扩张而非限制的修法思路。这具体表现在治安管理的违警行为范围越来越广,警察对社会

管理的介入越来越宽,处罚力度越来越大①,治安管理处罚程序越来越强调警察执法的便捷性,越来越注重维护警察权的权威②等方面。简单来说,即在社会治安管理中越来越强调发挥警察的作用。这样的思路总体上无可厚非,但是社会治安管理是一个系统工程,仅仅依靠警察难以做到维护好社会治安。同时,警察权的扩充与公民基本权利的保障之间存在天然的张力,如何在发挥警察作用的同时,注意在立法设计上防止警察权滥用的可能,仍然是一个需要引起关注的话题。

从这个角度看,笔者提出反对将行政拘留执行年龄降低至年幼少年的意见,不仅仅是基于保护未成年人的考虑,也在于希望能寻找到一个适度的切入点,引起对治安管理中警察权合理设计的关注。

载《民主与法制时报》2017 年 2 月 26 日。

---

① 不仅仅表现在罚款金额的全面提升,也表现在拘留措施的扩大适用。
② 例如此次修订的典型表现是增加了对"非执行职务期间"国家工作人员进行威胁、侮辱、殴打或者故意伤害的处拘留等规定,并特别规定对人民警察实施此类行为的从重处罚。

关于《预防未成年人犯罪法》的修订建议

无论是回溯立法过程还是横向比较，《预防未成年人犯罪法》均是一部略显特殊的法律。在具体论证《预防未成年人犯罪法》的修订必要性或者具体条文增删之前，应当回到原点——厘清这部法典的立法思路。不应当孤立的考虑《预防未成年人犯罪法》的修订，而应梳理清晰这部法典在未成年人法律体系中的地位、与刑事法及行政法的衔接关系，合理界定其角色归属与立法重心。

保护是最好的预防，但现行《预防未成年人犯罪法》的内容设计与《未成年人保护法》存在高度重合，混淆了保护法与预防法的立法空间。《未成年人保护法》的修订必须合理厘清其与《预防未成年人犯罪法》的关系，前者以困境儿童及未成年人受保护权为重心，后者则应定位为建立独立少年司法制度，主要规定未成年人罪错行为的预防与处置。

尽管当代中国少年司法改革已经有三十余年的历史，法院、检察系统也初步建立了专门的少年司法机构，但严格意义上说，中国还远没有建立独立的少年司法制度。少年司法制度的基本特征是采取区别于成年人的方式处理未成年人的罪错行为，包括特殊的理念、特殊的机构、特殊的程序、特殊的处置措施。同时，少年司法制度应当具有"以教代刑"和"提前干预"的特点，即对于触犯刑法的未成年人主要适用以教代刑的保护处分措施而非刑罚，对于尚未达到刑事责任年龄或者刑事犯罪程度的罪错行为也有必要的干预和矫正措施，体现"宽容而不纵容"的制度设计特点。从这个角度看，少年司法制度最重要的是要设计不同于普通刑罚的，适应罪错未成年人矫正特点的保护处分措施体系，而不仅仅是在程序或者办案机构上与普通刑事司法作区分。参考国外预防和干预未成年人违法犯罪的经验,我国亟待在"一放了之"和"刑罚惩罚"之间建立中间性的"保护处分措施"体系。

早在20世纪30年代,当时的民国政府就已经提出了制定专门"少年法"的设想,并在1936年5月由司法行政部草拟了"少年法庭组织条例",后更名为"少年法草案"。这一"少年法草案"主要参照的是1922年日本旧《少年法》,其在第二章专设了"保护处分"一章,规定了六种专属于未成年人的保护处分措施:加以训诫、令其为悛改之书面誓约、委托学校校长加以训诫、附条件交还于有监护责任之人、委托丁白治团体或保护团体或其他适当之人、送入感化院或医院。同时,第三章"刑事处分"对于少年刑罚进行了区别于成年人刑罚的改革。例如限定对不满18周岁少年可处以的最重刑罚为十年以下有期徒刑,"对少年人为犯罪行为应受死刑或无期徒刑之科罚者,应以五年以上十年以下之有期徒刑代之"(第八条)。此外,该草案还对少年法庭的组织和程序分别专章进行了详尽的规定,形成了区别于成人刑事司法体系的实体、程序和组织体系,独立少年司法制度的设计跃然纸上。

以治理青少年违法犯罪为动因的当代中国未成年人保护立法,自始至终都没有将制定"少年法"列为主要立法目标,这与民国时期启动未成年人专门立法首先将少年法列为制定的目标形成了明显的差异。经过三十余年的发展,我国已经制定了《未成年人保护法》和《预防未成年人犯罪法》两部专门的未成年人法典,但专门的少年法,却迄今仍然缺位,且仍然没有列入立法计划之中,这是一种耐人寻味的现象。无论是修订已有法律还是制定专门的少年法以实现八十余年前的梦想,推动建立独立的少年司法制度,都是当前我国未成年人立法需要完成的重大任务和需要认真对待的问题。

尽管从理想化的角度看,制定专门、独立的"少年法"(或称"少年司法法""未成年人司法法")是一种理想的方案,但在当前,通过修订《预防未成年人犯罪法》将这部法律进行必要的"少年法化"是更理性、务实的选择。从立法技术上来看,这也是可行的。因为"预防"是一个伸缩性很强的概念,包括一般预防、临界预防、再犯预防三个层级,这样的预防层级可以将我国当前少年司法改革中急需的少年法内容涵盖其中,实现《预防未成年人犯罪法》的必要"少年法化"。

具体而言,《预防未成年人犯罪法》的"少年法化"宜从以下几个方面展开：

一、将调整重心定位为预防和处置未成年人罪错行为

在调整范围上，《预防未成年人犯罪法》应主要规定临界预防与再犯预防，而一般预防的绝大多数内容应当分离出去，纳入《未成年人保护法》中。临界预防与再犯预防应当以"行为"为重心，以避免在预防中迷失立法的重心和方向。具体而言是以未成年人的四类罪错行为为重心：虞犯行为、违警行为、触法行为、犯罪行为。未成年人罪错行为应从《治安管理处罚法》《刑法》《刑事诉讼法》中剥离出来统一纳入《预防未成年人犯罪法》的调整范围，并建立区别于成年人违法犯罪行为的处置与干预机制。

"虞犯行为"具备"成年人可为而未成年人不可为""自害性或轻微害他性""犯罪倾向性"三大实质特征，同时还应当具有法律明确规定的形式特征。对虞犯行为要提高预防的"精准性"，而不应在预防中迷失。具体而言应当建立以监护监督、亲职教育、宵禁制度、交友限制制度、传媒管制制度等非正式干预为重点，以警察部门、福利部门等行政干预为纽带，以司法干预为保障的"漏斗式"虞犯早期干预模式。

"违警行为"即具有一定社会危害性，触犯《治安管理处罚法》，但尚不构成刑事犯罪危害程度的行为。《治安管理处罚法》视野中的未成年人违警行为仅有惩罚，而基本没有教育、矫治的功能。建议将此类行为从《治安管理处罚法》中剥离出来，由《预防未成年人犯罪法》进行统一调整，并以社区性保护处分干预为主，机构性保护处分干预为例外。

"触法行为"指因为未满刑事责任年龄或因刑事政策原因不予以刑事处罚的行为，其具有成年人实施即为刑事犯罪的特点。对于触法行为应当纳入司法干预的范畴，并主要采用保护处分措施进行干预和矫治，但是，对于极度恶性的极少数触法行为可以采用"恶意补足年龄规则"作为刑事犯罪处理。

"犯罪行为"是指符合犯罪构成诸要件的未成年人刑事犯罪行为。基于改变少年司法附属性地位建立独立少年司法制度的考虑，以及现阶段我国未成年人立法观念进步的原因，宜将未成年人犯罪行为从普通刑事法中分离出来，在"再犯预防"的理论框架下由《预防未成年人犯罪法》进行统一规定，并且确立"以教代刑"原则——除非严重未成年人犯罪，一般均应以保护处分替代刑罚。对于严重未成年人犯罪的刑罚处罚，也应对刑罚进行"少年化"改造,如在已经禁止适用死刑的基础上进一步禁止适用无期徒刑,同时将有期徒刑最高刑限定为十年。

二、破除具有提前干预和以教代刑性质的保护处分措施缺位的重大疏漏

现行对罪错未成年人干预措施的设计具有"一放了之"和"一罚了之"的两极化弊端,而保护处分措施则具有提前干预避免"一放了之"和以教代刑避免"一罚了之"的中间性措施特点,其本质是受益性处遇措施,并具有通过司法程序由法院决定的司法型措施特征。增设保护处分措施应当成为《预防未成年人犯罪法》修订的重中之重。

建立保护处分措施体系总的方向应当是尽量限缩拘禁性措施,扩大社区性措施,建立社区性保护处分(多样化)、中间性保护处分(社会化)、与拘禁性保护处分(单一化)为一体的和谐的保护处分体系。

拘禁性保护处分(也称机构性保护处分)的单一化,即废止拘留、收容教育、收容教养等拘禁性措施对罪错未成年人的适用,仅保留工读(专门)教育措施,并加以进一步淡化工读色彩的改革。中间性保护处分措施即安置辅导,具体而言是指对于罪错未成年人在给予社区性保护处分难以收到教育保护效果,但给予拘禁性保护处分措施又显过严时,法庭可以裁定将该未成年人安置于适当的福利性社会机构,如儿童福利院、流浪儿童救助机构等,亦可视情况安置于志愿家庭。社区性保护措施的多样化,即保护处分应以社区性处分为主,并以多样化的设计来适应罪错未成年人个性化处遇的需要。

纵观我国现有的针对罪错未成年人的非刑罚措施,有多种可以改革为社区性保护处分,同时亦可吸收域外经验,增设一些社区性保护措施。例如进一步扩大适用训诫、赔偿损失、罚款、赔礼道歉等软性措施,增设社会服务、假日生活辅导、保护观察等新的保护处分措施。

三、该法应当具有组织法、实体法、程序法合一的司法型少年法的基本特征

少年法的特点是组织法、实体法、程序法合一,将对未成年人罪错行为的处置从组织、实体、程序三个方面均从普通刑事司法与治安处罚制度中分离出来,《预防未成年人犯罪法》的必要"少年法化"修订应实现这一

特征。

"组织法特征"即《预防未成年人犯罪法》应当重点规定具有"司法一条龙"特点的少年司法机构体系,明确要求公安机关、检察机关、人民法院、司法行政部门均应设置专门机构或者指定专人办理未成年人罪错案件,重点是实现少年法院的独立设置。"实体法特征"即应当规定保护处分和刑事处分(予以少年化改造的刑罚)二元处分措施体系,并细化其适用的准则:以保护处分为原则,刑事处分为例外。"程序法特征"即应当将未成年人罪错行为处置的程序从治安处罚程序和刑事诉讼程序中分离出来,建立以检察机关或者人民法院"先议权"为中心的未成年人司法特别程序。

以上建议,仅供参考。

2018 年 2 月,提供有关部门参考。

第五辑
苟利国家生死以

若信仰不存在，则奋斗无意义

　　同志们，上午好，很高兴作为团中央改革第一期挂友代表来和大家做一些交流。

　　时间过得真快，转眼挂职时间就过去一半了——时间过得真慢，两年挂职怎么才过去一半。

　　还记得刚到北京挂职，每次回上海，我们家臭小子总会问：

　　"爸爸，你为什么丢下我和妹妹还有妈妈去北京？"

　　"党的需要，家国情怀。"

　　"我们也需要你呀！"

　　"爸爸的专业是保护青少年，为的是全中国的孩子。"

　　"我和妹妹也是中国的孩子呀。"

　　……

　　"再多嘴，小心挨揍！！！"

　　你为什么而来，这是一个必须说清楚，也必须想清楚的问题。如果你之前还没有认真思考，那么现在必须要弄清楚了。

　　如果你以为到团中央挂职，仕途就能走上快车道，我不得不告诉你，你真的想多了。如果你是抱着这样"自我设计"的功利想法来到前门东大街十号楼，你所得到的只会是失落和沮丧。

　　如果你以为到团中央挂职，可以结识一批有共青团经历的朋友，对自己今后的发展有利。我必须提醒你，你已经有了中央明令禁止的"搞团团伙伙"倾向了，还是趁早灭了这种苗头性想法吧。

　　如果你以为到团中央挂职，可以品尝到中央部委权力的滋味，或者以后可以有炫耀的资本。那么我不得不告诉你，团中央是群团组织，在国家权力格局中属于"没权、没钱,做事全靠嘴巴甜"的那一类。

那么,辛辛苦苦到团中央挂职岂不是什么好处都得不到?

是的,想要"好处",这个真没有。

但是,这里有朝气,有激情,有理想,更有信仰。

你也将会花费人生中最为宝贵的两年时间,在前门东大街十号这个神圣的地方思考哲学上的三个终极问题:"我是谁？我从哪里来？要到哪里去？"

还记得八年前,我继29岁时破格评上副教授后又在32岁破格评上了正教授,那时候我还在华东政法大学工作。和很多人想象的不一样,我没有任何高兴或者激动的心情,而是陷入了长达近一年的沮丧和迷惘。

我突然之间发现,自己失去了人生的目标和方向,因为在高校工作,教授评完也就意味着职称到顶了。我在自己专业领域的影响,其实也基本上到顶了,想再怎么突破,大体也就那样了。想着未来还要这么继续三十多年,心中陡生荒凉。

长达接近一年的沮丧和迷茫,是很痛苦的,直到有一天,我终于真正想明白了什么东西才值得、也需要用一生去努力和奋斗。我相信,每一个人都将最终会去面对这样具有一定终极性思考的问题,也总有一天会需要真正去想明白这样一个问题。

请大家注意《团章》中"党联系青年的桥梁和纽带"这句话,也请大家注意《共青团中央改革方案》中:"把团的岗位作为党政等各领域、各行业优秀年轻干部提高群众工作能力、培养群众工作作风、丰富群众工作经验的重要平台"这句话。

挂职,不是谋求利益,更不是自我设计的平台。但挂职,可以是一种经历——"人不需要很有成就,但一定要丰富多彩,最好再来一点传奇"。挂职,也可以让你真正了解你的党,你的国家。更重要的是,挂职,可以帮助你校准人生的方向和目标。

你所来到的前门东大街十号,是中国青年离信仰最近的地方,也是可以让你真正思考清楚哲学上三大终极问题的地方。

最后和大家分享一句话:若信仰不存在,则奋斗无意义。

2017年7月19日,在2017年度团中央机关挂职、兼职干部座谈会上的发言。

如何破解未成年人保护的
责任"稀释困境"

我国的未成年人犯罪情况究竟是什么样？

上海政法学院教授、团中央权益部副部长姚建龙拿出一组"1990年以来中国的犯罪与青少年犯罪状况"数据："尽管未成年人犯罪在整个刑事犯罪中的比重持续下降，目前不到3%，但是，这并不能得出我国未成年人犯罪已经根本好转的结论。"

他认为，未成年人犯罪比重下降的一个客观原因是刑事犯罪总量的大幅度上升，冲淡了未成年人犯罪所占的比重。从未成年人犯罪绝对数看，目前未成年人犯罪人数与1990年基本持平，均为四万余人。应当说，目前的未成年人犯罪绝对人数与1990年能够总体保持平衡，没有大幅度增长，充分说明我国未成年人犯罪防控的成效显著，但也说明我国未成年人犯罪状况还没有根本好转，此项工作还需要继续努力。

一、"逗鼠困境"和"养猪困境"折射立法不足

姚建龙打了一个比喻：对"生了病"的孩子仍然是在普通医院用成年人的药物进行治疗，这是让人痛心的现象，给我国少年司法改革带来了问题。

实际上，尽管我国已经制定了《未成年人保护法》《预防未成年人犯罪法》两部基于治理青少年违法犯罪目的的核心法典，但仍然在适用和成年人一样的《刑法》《刑事诉讼法》《治安管理处罚法》，以刑罚和行政处罚措施为中心"处罚"未成年人违法犯罪行为的做法令人费解。

在未成年人刑事诉讼程序上，我国探索了法律援助、社会调查、犯罪

记录封存、法定代理人与合适成年人到场等特殊程序,并且在 2012 年修订《刑事诉讼法》时增设了"未成年人刑事案件诉讼程序"专章。

然而,一个未能改变和突破的现实是,这些专门的少年司法机构,仍然设置于普通刑事司法体系下。《刑法》基本上没有根据未成年人的特点进行相应的改良,未成年人刑事案件审理的结果只能和成年人一样面对"刑罚",缺乏"以教代刑"的中间措施和环节——"保护处分"措施。

其结果是,司法机关在处理未成年人犯罪案件时只有两种选择:要么处以刑罚"一罚了之",要么"一放了之"。

他观察,相关法律规定了"教育、感化、挽救"方针和"教育为主,惩罚为辅"原则,新《刑事诉讼法》也增设了未成年人刑事案件特别程序,但是绝大多数进入司法程序的涉罪未成年人,在经过一系列"温情"的"特别程序"后,最终仍只能被处以和成年人一样的"刑罚"——这和小猫逗完老鼠后仍一口吞掉没什么区别。

姚建龙把这种状况比喻为"逗鼠困境"。

他给出数据,2004-2009 年间,未成年人被判处 5 年以上有期徒刑的比例为 10.15%,到 2014 年这一比例仅为 7.31%,约 93% 的未成年人犯罪案件均被判处五年有期徒刑以下刑罚。

"如果有完善的以教代刑措施——保护处分措施,可以说大部分触犯刑法的未成年犯其实并不需要被判处刑罚。"他表示,近年来,越来越多触犯刑法的未成年人被从刑事司法体系"分流"了出去。但是,这些孩子却并无法定的以教代刑措施可以适用,我们缺乏完善和有效的干预措施。

"其结果是只能陷入'养大了再打''养肥了再杀'的困境。"姚建龙提出警告,一些恶性犯罪人均有未成年时期存在罪错行为,却没有得到有效干预的情况,这也引起了社会的广泛不满和担忧。

他分析,校园欺凌问题引起广泛关注,但由于其实施者多是未达到刑事责任年龄的未成年人,或者欺凌后果难以达到刑事犯罪"量"的要求,因而往往难以按照公众的期待给予刑罚惩罚。这种落差正在引起公众的强烈不满,也成为近年来降低刑事责任年龄呼声再起的重要原因。

二、破解未成年人"保护责任稀释困境"

在姚建龙看来,保护未成年人"共同责任原则"带来的是未成年人保护责任稀释困境。

《未成年人保护法》确立了保护未成年人的共同责任原则:"保护未成年人,是国家机关、武装力量、政党、社会团体、企业事业组织、城乡基层群众性自治组织、未成年人的监护人和其他成年公民的共同责任。"

"《未成年人保护法》颁布二十余年来,一个困扰性的问题是由保护未成年人的共同责任原则所带来的'责任稀释的困境'——谁都有保护未成年人的职责。"姚建龙发现存在的问题,其结果是保护未成年人"说起来重要,做起来次要,忙起来不要,出了问题找不到"。

他提出了另外一个问题,《未成年人保护法》有家庭保护、学校保护、社会保护、司法保护,却唯独没有"国家保护",有关政府相关部门保护未成年人职责的规定"隐藏"在"社会保护"章中。

对此,他解释:"一方面在于立法者仍然认为未成年人保护主要应当是家长和社会的职责,政府不应当持越俎代庖的补缺型儿童福利立场;另一方面,也因为立法者始终认为中国的经济发展尚不足,政府还没有能力过多行使未成年人保护的职责。"

在学界,有一种观点认为,法律并没有设计完善的国家监护制度,这被认为是近些年来未成年人受害的恶性案件频发的关键原因。

他认为,作为福利机构的民政部门,其传统及法定职能是"补缺型"福利设计,即未成年人必须符合孤儿、流浪乞讨儿童的条件,如果父母一方或者双方健在或者有明确的父母则并不属于其干预与服务的对象范围。

"所带来的尴尬状况是,类似留守儿童监护缺失、医院内滞留儿童、遭受监护人侵害而未达到法定危害后果的儿童等,在没有发生严重后果前,即便相关政府部门知晓儿童的高危状态,也无法得到切实、有效的保护。"姚建龙说。

他表示,南京饿死女童案发生后,民政部开始在全国进行首批未成年人社会保护试点,推动补缺型儿童福利向适度普惠型儿童福利转变。2014年,又开展了第二批试点。

在民政部社会保护试点的基础上,国务院在 2016 年先后出台了《关于加强农村留守儿童关爱保护工作的意见》和《关于加强困境儿童保障工作的意见》,将国家层面对特殊儿童关爱的视角从孤儿、流浪乞讨儿童拓展到了留守儿童与困境儿童。

他建议,基于确立适度普惠型儿童福利制度的考虑,建议国家设立未成年人保护委员会,整合未成年人保护的各责任主体,协同做好未成年保护与福利工作。同时依托国家福利部门——民政部——下设未成年人保护局作为国家未成年人保护委员会的办公室,负责全国未成年人保护与福利工作。同时,将国务院妇女儿童工作委员会分立为妇女工作委员会与儿童工作委员会,将儿童工作委员会和未成年人保护委员会合并。

三、"保护是最好的预防"需要细节保驾护航

姚建龙建议,《未成年人保护法》明确将《联合国儿童权利公约》所规定的儿童最大利益原则和非歧视原则予以国内法化,同时针对我国国家亲权意识缺失和不足的现状,明确国家亲权原则。

——儿童最大利益原则,根据《联合国儿童权利公约》的规定,基本内涵是指关于儿童的一切行为均应以儿童的最大利益为首要考虑。

——非歧视原则,根据《联合国儿童权利公约》的规定,是指不因未成年人或其父母或法定监护人的种族、肤色、性别、语言、宗教、政治或其他见解、民族、族裔或社会出身、财产、伤残、出生或其他身份而有享有权利的任何差别。

——国家亲权原则,含义有三方面:一是主张国家居于未成年人最终监护人的地位,负有保护未成年人的职责,并应当积极行使这一职责;二是强调国家亲权高于父母亲权,即便未成年人的父母健在,但是如果缺乏保护子女的能力以及不履行或者不适当履行监护其子女的职责的时候,国家可以超越父母的亲权,有权利也有责任对未成年人进行强制性干预和保护;三是国家在充任未成年人的"父母"时,应当为了孩子的利益行事,即应以孩子的福利为本位。

"我国频发的触动人伦底线的未成年人悲剧性事件,反映出发现难、报告难、干预难、联动难、监督难、追责难是我国未成年人保护存在着亟待克服的问题。"姚建龙认为。

他给出建议,设置专门的"联动保护"专章,将各主体保护整合形成统一、协调的体系,重点是建立包含监测预防、发现报告、应急处置、研判转介、帮扶干预、督查追责"六位一体"的未成年人保护多主体联动反应机制。

"保护是最好的预防!"他提出,《未成年人保护法》的修订还应确立系统化思维,《未成年人保护法》以困境儿童及未成年人受保护权为重心,《预防未成年人犯罪法》则应定位为建立独立少年司法制度,将主要内容

定位为未成年人罪错行为的预防与处置。

他给出具体建议,在调整范围上,《预防未成年人犯罪法》应主要规定临界预防与再犯预防,而一般预防的绝大多数内容应当分离出去,纳入《未成年人保护法》中。临界预防与再犯预防应当以"行为"为重心,具体而言是以未成年人的四类罪错行为为重心:虞犯行为、违警行为、触法行为、犯罪行为。

如何避免"一放了之"和"一罚了之"？建立保护处分措施体系总的方向应当是尽量限缩拘禁性措施,扩大社区性措施,建立社区性保护处分(多样化)、中间性保护处分(社会化)与拘禁性保护处分(单一化)为一体的和谐的保护处分体系。

他解释称社区性保护措施的多样化,即保护处分应以社区性处分为主,并以多样化的设计来适应罪错未成年人个性化处遇的需要。中间性保护处分措施即安置辅导,具体而言是指对于罪错未成年人在给予社区性保护处分难收到教育保护效果,但给予拘禁性保护处分措施又过严时,法庭可以裁定将该未成年人安置于适当的福利性社会机构,如儿童福利院、流浪儿童救助机构等,亦可视情况安置于志愿家庭。

姚建龙分析,拘禁性保护处分(也称机构性保护处分)的单一化,即废止拘留、收容教育、收容教养等拘禁性措施对罪错未成年人的适用,仅保留工读(专门)教育措施,并加以进一步淡化工读色彩的改革。

《中国青年报》2017年7月24日专访,记者章正采写。

应更严格管控儿童色情：
评许豪杰疑似恋童癖事件

不考虑开设者，"正太"网站本身是否构成了违法？

上海市法学会未成年人法研究会会长、上海政法学院教授姚建龙在接受澎湃新闻记者采访时认为，该网站目前无法打开，仅凭缓存的首页内容，尚无法判定其性质。

姚建龙介绍，中国刑法等法律对"淫秽物品"有界定，指具体描绘性行为或者露骨宣扬色情的淫秽性物品。儿童色情物品与一般意义上的淫秽物品有较大的区别，目前中国法律还没有专门针对儿童色情物品的认定标准，因此很多按照公众常识判断属于儿童色情的物品很难认定为法律意义上的淫秽物品。

他认为，基于儿童保护的立场，应当对淫秽物品做必要的扩大解释，将具有擦边球性质的儿童色情纳入并予以严厉打击。在条件成熟时，则应当在法律层面对儿童色情做专门界定。

"比如转发一些儿童色情照片，再评论暧昧言论，就有可能属于传播淫秽物品行为，可依照治安管理处罚法或者刑法予以打击。开设儿童色情网站的性质则更加严重，还可能触及刑法中的传播淫秽物品牟利罪。"姚建龙说，就个人单纯的关注儿童色情微博账号行为而言，目前并无法律惩处依据，只能说道德上有问题。

不过，他也表示，现有很多图片属于擦边球的状态，不容易界定。但就本事件而言，他表示，如果网传许豪杰相关转发、评论图片属实，"我个人认为可以考虑在违法犯罪层面按照传播淫秽物品行为进行评价，当然是否达到了治安管理处罚或者刑事犯罪程度，则还要具体分析。"

姚建龙也建议，应对儿童色情施行更加严格的管控。他表示，中国法律对儿童色情信息的制作、传播、走私和贩卖都是禁止的，虽然司法解释有所涉及，但是立法层面还没有把儿童色情单列出来明确进行从重、从严处罚。

他进一步解释，儿童色情在很多国家都是"高压线"，就是持有和浏览、阅读、观看这类所谓个人行为，达到一定的量都是重罪，目的就是更好保护未成年人。

姚建龙表示："恋童癖是一种变态心理，有一定的发生率，如果只是停留在想法、癖好，很难在法律上评价，但如果转化成现实的恋童行为，则会对儿童造成严重的伤害，就不再是个人癖好而是严重犯罪。"

他说，恋童癖也是非常严重的社会问题，恋童癖背后，是大量儿童受害事件，全社会要形成对恋童癖警惕的心态，也要教育儿童自我保护。

澎湃新闻记者周航采写，载澎湃新闻2017年7月19日微信公众号。

判例意义积极　监护机制仍待完善

"作为本市首例由民政部门申请撤销监护人资格的案件,本案有着积极的意义。"上海政法学院刑事司法学院院长、教授,上海市法学会未成年人法研究会会长姚建龙表示,这个判例对那些不负责任的父母来说,是一个很好的警示。同时还向社会传达了一个信息:如果父母亲不尽抚养义务或做出侵害被监护未成年人权益的行为,那么,将会剥夺其监护权另行指定监护人。如果构成遗弃罪,还将受到刑事处罚。

"但我们同时应该看到,尽管近年来《关于依法处理监护人侵害未成年人权益行为若干问题的意见》等法规陆续出台,但我国的监护制度仍不够完善,还有很大的努力空间。"姚建龙说,"一个不得不面对的问题是,我国是否已经形成了确保被从父母身边带走的孩子生活得更好的儿童福利制度?"

姚建龙认为,转移监护权不仅仅是一个司法问题,更是一个复杂的工程,也是一个系统的工程。其中应当包括监督机制、评估机制、回转机制、托底机制等各个环节。"比如,本案中,朵朵的母亲高文未来是否还能申请监护权回转,如何来进行系统的评估?这就需要建立评估机制。"即要有对父母监护资质的科学评估方法,确保撤销监护权的准确性等。"这些机制都还有待建立健全,目前的法律也比较粗,有待进一步细化。"姚建龙说。

本文由记者胡蝶飞采写,载 2017 年 7 月 14 日《上海法治报》。

零容忍侵害未成年人犯罪

"最高检作为最高法律监督机关,行使核准超期追诉的权力,核准对超过追诉期限的案子进行追诉,还是比较罕见的。"长期从事未成年人保护制度研究的上海政法学院刑事司法学院院长姚建龙在接受中国青年报·中青在线记者采访时表示,最高检对这件21年前发生的案件核准超期追诉,体现了近年来,我国司法机关对侵害未成年人权益犯罪零容忍的态度。"强奸8岁幼女致死属于情节恶劣、社会危害极大的严重侵害未成年人权益的犯罪,"姚建龙表示,"同时也表明了司法机关严厉打击严重刑事犯罪的态度。"

姚建龙解释说,最高检已经核准对犯罪嫌疑人刘某某超期追诉,下一步将按照刑事诉讼法的相关规定,进入起诉、审判程序。

摘自记者王亦君、刘冰杨采写《最高检核准超期追诉21年前强奸致死幼女案》一文,载2017年7月14日中青在线。

未成年人公益诉讼的有益探索

上海政法学院教授、上海市法学会未成年人法研究会会长姚建龙对此案中基层法院的探索也持肯定态度。他认为此案最大的创新之处,"便是妇联直接作为原告,起诉具有监护侵害行为的父母。但在法理上可能会有一定的争议"。

姚建龙介绍,以前类似案件的司法实践中,出现了既是原告又是被告的现象时,通常处理都是由具有监护资格的实际抚养人作为法定代理人。"按照民法通则,以及新版本的民法总则的规定,这起案件中的爷爷奶奶,也属于适格监护人,以往司法实践中通常的处理办法是法院会指定爷爷奶奶作为法定代理人起诉。"

"但是以往这种处理办法也呈现出了一些问题。"姚建龙说:"老人作为法定代理人,在情感上可能会有一些纠葛,在诉讼能力上,在维护未成年人权益的专业能力方面也往往存在不足,而妇联作为维护妇女儿童权益的专业性组织,有专业能力也有相关资源整合能力,由其直接作为原告提请诉讼是一个非常有益的探索。"

此外,姚建龙认为此案中妇联直接作为原告起诉具有监护侵害行为的父母,"是一个突破和创新,实际上也令其具有了公益诉讼的特点"。

"按照现行民诉法的规定,包括相关试点方案的规定,公益诉讼的范围主要在环境污染、消费者权益保障及国有资产保护等方面,未成年人保护没有被纳入现在法定的公益诉讼范围之内。"姚建龙说:"但这显然是立法和公益诉讼试点的一个疏漏。公益诉讼应当拓展到未成年人领域,这是很多国家的通常性做法,通常是未成年人保护组织包括检察机关来作为公益诉讼的提请主体。这也是公益诉讼的应有之义,国内学术界也早有呼吁。"

姚建龙认为，小雨案中，当地法院的做法"符合儿童最大利益原则的要求，符合国家监护制度发展方向的探索，符合《关于依法处理监护人侵害未成年人权益行为的若干意见》的精神。作为判例，为处理类似案件提供了很好的借鉴，为完善我国未成年人保护公益诉讼制度做出了一个值得肯定的探索"。

"但更重要的是，应当尽快地完善我国相关的法律规定，确立未成人保护的公益诉讼制度，这是当务之急，基于此，小雨案便有先例价值。"姚建龙说。

中国妇女报记者任然采写，部分观点为《父母疏于监护妇联公益诉讼》一文采用，载 2017 年 7 月 26 日《中国妇女报》。

附录：

四川省泸州市纳溪区人民法院
民事判决书

（2017）川 0503 民初 1145 号

原告：泸州市纳溪区妇女联合会。住所地：泸州市纳溪区区委大院。统一社会信用代码：13510403744681515D。

法定代表人：姚某丽，负责人。

委托代理人：王某兰，女，生于 1984 年 11 月 10 日，汉族，系该联合会副主席。（特别授权代理）

委托代理人：肖某超，泸州市纳溪区护国法律服务所法律工作者。（一般授权代理）

被告：胡某，男，生于 1981 年 12 月 6 日，汉族，住四川省泸州市纳溪区护国镇玉龙村十二社 14 号，公民身份证号码：510523198112064278。

被告：姜某某，女，生于 1986 年 8 月 18 日，汉族，住四川省江安县铁清镇五通村黑凼子组，公民身份证号码：512529198608185946。

原告泸州市纳溪区妇女联合会与被告胡某、姜某某关于胡某某抚养纠纷一案，本院于 2017 年 5 月 31 日立案受理后，依法由本院审判员周文婧适用简易程序公开开庭进行了审理。原告泸州市纳溪区妇女联合会的特别授权代理人王某兰、委托代理人肖某超，被告胡某、姜某某均到庭参加诉讼。本案现已审理终结。

原告诉称，二被告于2002年恋爱，于2003年3月6日生育小孩胡某某，同年二被告自愿解除同居关系。此后，被告姜某某离开被告胡某家，被告胡某也外出务工，胡某某则留在老家由其爷爷奶奶抚养照顾。2016年11月8日，胡某某经四川医科大学附属医院诊断为：抑郁症。二被告仍未完全履行对胡某某的抚养义务，胡某某的爷爷奶奶年老多病，无力继续抚养，多次要求户籍地的村、社、镇进行解决无果。原告了解胡某某的相关情况后，为维护未成年人胡某某的合法权益，诉至法院要求：1.二被告从2017年4月起每月各支付小孩抚养费500元，并各承担胡某某的医疗费、教育费的二分之一，至胡某某独立生活时止；2.二被告为胡某某提供健康、安全的生活环境等抚养照顾义务。

被告胡某辩称：胡某某的生活费用一直是我在承担，但是确实是爷爷奶奶在照顾，在照顾方面确实做得不够。

被告姜某某辩称：与被告胡某没有结婚，生孩子胡某某的时候胡某在坐牢，当时想把孩子带走，可是其爷爷奶奶不同意，我就自己离开胡某家了。后来，我也回来照顾过孩子，但是由于与其奶奶相处不好，我就又离开了。

经审理查明，被告胡某、姜某某于2002年认识恋爱并同居生活，于2003年3月6日生育一女胡某某。同年5月二被告解除同居关系。随即被告姜某某离开胡某家，被告胡某也外出务工，至此胡某某的抚养、照顾、教育全由其爷爷奶奶在负责。2016年11月8日，胡某某经四川医科大学附属医院诊断为：抑郁症、分离转换性障碍。此后，二被告仍然未履行对胡某某的抚养义务，被告胡某仍然长期在外务工，仅给付一定的生活费。胡某某爷爷奶奶年老多病，无力继续照顾胡某某，多次要求户籍所在地的村社、政府解决。原告了解到该情况后，为维护未成年人胡某某的合法权益，向本院提起诉讼，要求二被告全面履行抚养义务。

以上事实，有原、被告的陈述，二被告身份证复印件、胡某某出生医学证明复印件、胡某某常住人口登记卡复印件、西南医科大学附属医院出具的胡某某出院证明复印件、泸州市纳溪区护国镇玉龙村村委会出具的关于处理胡某某监管抚养的处理意见、胡某某爷爷胡某甲的低保证明等在卷佐证,上述证据经庭审举证、质证,并经综合认证,符合证据的客观性、关联性和合法性,可以作为本案案件事实的认定依据。

本院认为,本案的适格原告本应是胡某某,但由于胡某某系未成年人,即限制民事行为能力人,应当由其父母作为其法定代理人代为提起诉讼维护其合法权益。但本案中胡某某的父母均未全面履行对胡某某的抚养义务,正是本案的被告,不能作为胡某某的法定代理人参加诉讼。按照现行法律的规定,要由其父母以外的人作为法定代理人提起诉讼,必须要先提起诉讼撤销胡某某父母的监护权,再指定监护人进行诉讼。显然这样处理既要耗费较长的时间,而且胡某某的抚养问题更加无法解决,更加不利于维护未成年的合法权益。因此,原告泸州市纳溪区妇女联合会作为社会公益组织,参照"最高法最高检民政部公安部"《关于处理监护人侵害未成年人合法权益的意见》的规定,直接提起诉讼,要求二被告履行抚养义务,虽然没有明确的法律依据,但是并不违反法律的强制性规定和公序良俗原则,有利于切实维护未成年人的合法权益,且不损害国家、集体及第三人的合法权益,应当予以支持。对于胡某某的抚养问题,本庭综合考虑了二被告的婚姻状况、经济条件和胡某某本人的生活习惯和意愿,认为胡某某由被告胡某直接抚养,随其居住生活,被告姜某某承担相应的抚养费用,对其健康成长更为有益。但是父母双方履行抚养义务,并不仅仅是经济上的,更应当关注未成年子女的身心健康。经常探望关心未成年子女,特别是对胡某某这种由于从小缺少父母关爱而患有抑郁症的未成年人,应当给予更多的关爱,为胡某某提供一个健康、温暖的成长环境。据此,依照《中华人民共和国婚姻法》第二十一条、第二十五条和《最高人民法院关于人民法院审理未办结婚登记而以夫妻名义同居生活案件的若干意见》第九条的规定,判决如下:

一、胡某某由被告胡某直接抚养,随被告胡某居住生活,被告姜某某从2017年6月起每月15日前支付胡某某抚养费500元,直至胡某某独立生活时止;

二、胡某某的教育费、医疗费实际产生后凭正式票据由被告胡某、姜某某各承担50%。

本案案件受理费300元,本院依法决定免缴。

如不服本判决,可在判决书送达之日起十五日内,向本院递交上诉状,并按对方当事人的人数提出副本,上诉于四川省泸州市中级人民法院。

             审判员 周文婧
             2017 年 6 月 19 日
             书记员 宋高琴

评北京森熙教育虐童案

近日,有媒体报道称,北京一家名为森熙教育的自闭症康复机构涉嫌虐待儿童。一些家长称由于发现他们的孩子身上有伤痕,便到森熙教育朝阳校区调取监控记录。结果发现,孩子在这里曾多次遭到老师的粗暴对待。看不到老师们所谓的专业训练,大部分时间他们只是陪着孩子看电视。目前,警方已经介入调查,学校已经停课整顿。

上海政法学院教授、上海市法学会未成年人法研究会会长姚建龙指出,这些特教机构的老师等工作人员在法律上属于特殊职责人员,对孩子负有康复、教育与看护的责任。如果他们没有尽到这些职责,反而还去体罚、虐待,甚至伤害这些孩子,这在法律上属于需要从重处罚的严重违法行为。按照我国的《治安管理处罚法》《刑法》等的规定,轻则构成治安管理违法行为,重则构成刑事犯罪。

姚建龙说,我国的《未成年人保护法》《刑法》等法律严禁体罚、虐待被看护的对象。但是有一些特教机构人士以教育、康复为名义对这些特殊的孩子实施粗暴的行为。这些所谓的"教育与康复"应该有一个边界,要以不对这些特殊的孩子造成伤害为前提。目前我国自闭症特教机构非常多,其中一大原因为,国家对自闭症儿童群体的福利政策还很不完善,但不少自闭症孩子有康复治疗的需求,这让商业性营利机构有了生长的空间。同时,如果国家缺乏对这些机构的有效监管,便很容易出现各种乱象。

姚建龙认为,为了保护这些特殊孩子,国家不能缺位。这些特殊孩子属于国家应当提供特殊政策支持的群体,国家应完善福利制度,提供从生活、康复到就学、就业、社会融入等系统的针对性的福利支持。目前我国的儿童福利已经从补缺型儿童福利发展到了适度普惠型儿童福利。在去年国务院颁布《关于加强困境儿童保障工作的意见》,其中就专门提到因残疾原因导致困境的孩子属于国家保障的范围。儿童福利制度发展的方向是普惠型儿童福利,残障儿童应成为儿童福利的重点关注与支持对象。同时,国家要加强对市场上的特教机构的规范和管理,严厉打击特教机构侵犯孩子权利的现象,做好事先的监管和预防。

本文由记者田珊檑采写,基本观点为《中国妇女报》2017年8月15日《北京森熙教育被指虐童儿童特教如何监管?》采用。

评大学生李文星陷入传销后溺亡案

对于大学生被骗入传销组织屡禁不止这一现象,共青团中央权益部副部长、上海政法学院教授姚建龙指出,我们为李文星这么优秀的大学生失去生命感到痛心。对于非法传销必须持续保持严厉打击的态势,包括严肃追究相关职业介绍平台的失职责任。

另一方面,我们也要注意到被害人在就业选择的过程中出现了因为过度关注找到好工作而降低了自我防范意识的"被害人盲点"现象。高校及相关部门应当加强在校及刚毕业大学生的防范意识教育。

载中国青年网2017年8月8日《武城团县委为李文星家人送去慰问金县司法局将提供法律援助》一文。

评九岁男童纵火案

中国预防青少年犯罪研究会常务理事、上海政法学院刑事司法学院院长姚建龙认为,反社会人格的形成需要一个长期的过程,一般在成年之后才会形成。"9岁很难说有这种倾向,即使有这种倾向,在早期阶段也都是可以引导和干预的,所以对这样的孩子,主要是引导和教育,让他知道自己行为的危害在什么地方。"姚建龙说。

谈到追责问题时,姚建龙说,"9岁孩子纵火,监护人有重大责任,因为10岁以下为无民事行为能力人,民事责任由监护人承担。"未成年人保护的法律法规,讲究的是"双保护",既保护未成年人,也保护社会。

在维护社会利益方面,姚建龙认为,核心问题有两个方面:一是要强化监护人责任,现代刑法反对株连,主张罪责自负,但是很多国家也有规定,如果未成年人实施了严重危害社会的行为,监护人有重大责任的,监护人要承担相应的法律责任。还有一些国家会追究监护人的刑事责任,但是这种立法已经很罕见了,比较多的是规定强制性"亲职教育",如果家长缺乏教育孩子的责任心和技能的话,要对家长进行教育,强化其责任,引导其监护未成年人的行为。二是从未成年人角度讲,也要加强教育与引导,除了通过监护人传导教育外,学校和社区也要加强对未成年人的教育。

按照我国刑法,14周岁以下青少年实施任何刑法禁止行为,均不负刑事责任,而家庭管教和收容教养往往收效甚微。而对于《未成年人保护法》目前存在的问题,有人看到了"被执行得很差",特别是有关对未成年人严重不良行为的矫治方面,法律效力较低。如对于监督人不积极履行监护职责,该法只象征性地规定对其进行训诫,而没有规定如何进行处罚。再如,该法规定,送不良少年去工读学校应当由其父母、监护人或者学校提出申请,但在现实中,很少有父母主动申请将自己有不良行为的孩子送到工读学校,这样就错失了对不良少年的管教机会。

"社会是一个很宏大的概念,社会教育很虚很宽泛,我想强调的是社区教育,即与孩子密切接触的地域和人群,负有对未成年人进行教育的责任,这很关键,也很重要,也是最有效的方法。所以,关于《未成年人保护法》的修改,我建议增加社区保护和网络保护两项内容。"姚建龙说。

摘自马慧娟采写《"熊孩子"怎么教》,载《中国青年报》2015年2月11日。

评豫章书院事件

"这是父母'生病'却让孩子'吃药',本质上是很多家长对孩子管教能力缺失,病急乱投医。"上海市法学会未成年人法研究会会长、上海政法学院教授姚建龙关注到豫章书院的问题。

姚建龙认为,无论是专门学校还是普通学校,任何形式的未成年人教育机构都不能体罚和虐待学生,这是法律规定的底线。

《中华人民共和国未成年人保护法》第二十一条明确规定:"学校、幼儿园、托儿所的教职员工应当尊重未成年人的人格尊严,不得对未成年人实施体罚、变相体罚或者其他侮辱人格尊严的行为。"

在姚建龙看来,很多国家对未成年人暴力实行零容忍原则,任何名义的暴力管教都是被禁止的。我国的传统文化认为,孩子不打不成器,对于管教孩子,现行法律对于家长还是留有一定的空间——法律禁止家长虐待孩子,但没有明确禁止体罚。

学校的老师是不是有惩戒权?在姚建龙看来,表面上是没有的,但是实际操作中老师不可能不管学生,豫章书院的案例中暴露出来的问题就是,老师惩戒权的边界在哪里?这是教育不得不面临的问题,法律的界限比较模糊。

"我反对把有网瘾、心理问题、品德不佳和学业不良的学生纳入类似豫章书院这样披着专门学校外衣的机构进行干预和矫治,这些本来就是普通学校该管的。如果学生有严重不良行为,符合法定条件,才可以进专门学校。"姚建龙认为。

他指出:"家长选择送孩子上学,不能违背儿童最大利益原则。家长应该承担起监护责任,不能把管教孩子的责任丢给类似豫章书院这种学校,这类所谓学校、书院更不能为所欲为。"

姚建龙坚持一个观点:"严禁成年人在爱的名义下,去伤害孩子的身心健康。"

为什么所谓"坏孩子"父母管教不了？姚建龙指出:"这是学校的管理能力和家长的教育能力有问题,是成年人的无能,不能把学校和家长的问题异化为让孩子'吃药',这是基本常识。"

他观察到,国内一些地方已经推行了强制亲职教育,也就是教父母怎么履行家长职责,做一个好的家长。

那么,孩子遇到困惑不方便告诉老师和家长该怎么办？

"可以拨打12355求助,共青团整合了社工和专家资源,可以帮助遇到困难的孩子。"姚建龙说,"12355"青少年服务台是共青团设立的青少年心理咨询和法律援助热线电话,由各级共青团组织建设和维护。

摘自章正采写《学校和家庭生病却让孩子吃药》,载《中国青年报》2017年11月13日。

何以帮扶"问题少年"

上海政法学院教授、中国预防青少年犯罪研究会常务理事姚建龙毫不客气地指出,"孩子的问题主要是父母问题的反射,家长有问题才会导致孩子出问题。最应该去豫章书院挨龙鞭的不是学生,而是家长。"

姚建龙认为,豫章书院这类特训学校能够发展起来,是由于学校教育和家庭教育的双重缺位。"家长管不住,学校管不了的'两不管孩子'被推给了社会,而民办培训机构以市场化为导向,急功近利,他们的办学资质各异、教学管理办法不一、受到的监督远少于公立学校,游走在灰色地带,采取暴力体罚虐待学生现象层出不穷,表面上可能有效的驯服,实际未真正起到矫正作用。"

姚建龙还注意到,这类矫正问题少年行为的民办特训学校,很少对未成年孩子进行分类。有吸毒、盗窃等行为的少数涉嫌违法犯罪的未成年人,和大多数有网瘾、早恋、厌学、亲子关系不融洽的所谓"问题少年"混在一起,带来交叉感染,使问题更为严重。

姚建龙还表示,在中国的义务教育体系中,接收有严重不良行为未成年人的公立学校仅有工读学校,目前改称专门学校。《预防未成年人犯罪法》规定,有严重不良行为的未成年人,可以送工读学校进行矫治和接受教育。严重不良行为是指"严重危害社会、尚不构成刑事处罚的违法行为",家长眼里所谓的早恋、网瘾、厌学等问题并不构成法律规定的严重不良行为。

中国大陆所称的"问题少年",在欧美被称为"潜力生",在台湾地区被称为"高关怀少年"。如何教育这个数目庞大且需要关怀的群体?姚建龙认为,从根本上解决需要完善未成年人司法体系,这包括两个方面:一方面对于有严重不良行为的未成年人需要改革现有的收容教育、工读教育等已有措施,增设假日生活辅导、社会服务等新的措施,建立更加完善的保护处分措施体系;对于有一般不良行为的未成年人,则仍应主要依靠家庭、普通学校、社区等力量进行帮助教育,不能推卸教育的责任。另一方面要加强针对家长的亲职教育,不懂得做父母的家长要接受专业培训,学习如何做称职的父母;对于放任未成年子女有不良行为或严重不良行为、侵害未成年子女权益的父母,必要时可以进行强制亲职教育。此外,还应增强学校教育"问题少年"的能力,包括推广驻校社工制度、完善法治副校长制度等。"未成年人教育需要政府、学校、家庭三方共同努力。"

摘自萧辉等采写《豫章书院调查》,载《财新周刊》2017年第44期。

儿童保护观的进步是决定性因素

"英英案体现了少年司法中的多项重大进步。"对于这起案件,上海政法学院教授、上海市未成年人法研究会会长姚建龙如此评价。

姚建龙以"同心圆"理论来阐述未成年人保护的多部门协作机制,即以未成年人为中心,所有相关职能部门从自身职能出发,形成保护的合力,促进儿童利益最大化原则的实现。

"没想到,这个理论在英英案中得到了实践,并显现出良好效果。"姚建龙认为:"在国家法律还不健全,当地政策法规也还不明晰的情况下,未成年人保护法中规定的包括公、检、法、妇联、教育等责任主体,都能够积极主动作为,践行儿童最大利益原则,客观上形成了跨部门协作机制,合力帮扶被害人。"

"这是非常大的进步。"姚建龙说。

"从'以加害人为中心'转为'以被害人为中心',这也是非常大的进步。"姚建龙阐释,从少年司法角度来说,以往在办理刑事案件时聚焦的是事实、证据和法律,主要考虑的是如何追究犯罪嫌疑人、被告人的刑事责任,怎样让加害人受到法律的惩罚。特别是针对未成年人遭受性侵的案件,在传统的刑事司法体系中,被害人被称为"被忽视的群体"。

在国际司法领域,已呼吁在有关未成年人被性侵案件办理过程中要"以被害人为中心"。"英英案中,相关司法部门体现了'以被害人为中心'办案原则,并不仅仅局限于追究被告人的法律责任,还积极促使被告人得到康复,回归社会,这点令人欣慰,更感敬佩。"姚建龙说。

"近几年,社会舆论以及相关职能部门在观念上都有所转变。"姚建龙认为,英英案中的重大进步便来源于观念转变的推动,他最后总结:"观念的进步是未成年人保护制度和少年司法制度进步的关键一点。只要观念转变,我认为所有的问题都不是问题。"

摘自任然采写《四川多方合力基于"儿童利益最大化原则"处理未成年人被性侵案件》,载《中国妇女报》2017年12月13日。

在线教育的乱象与规制

上海政法学院教授姚建龙在接受《法制日报》记者采访时指出,由于我国相关法律法规不健全、行业规则不完善,导致在线教育乱象由来已久,在线教育硬伤难除。

姚建龙认为,这与我国在线教育评价体系并不完善有莫大的关系:没有统一规划,对于行业内部管理不完善,导致在线教育市场无序竞争,发展畸形;对于在校生的知识考核依然有赖于各种考试,造成学员对学习效果评价不够客观,影响学习积极性。

姚建龙指出,由于近年来在线教育市场发展迅猛,相关管理部门难免出现人手不够的情况,并且在线教育涉及多个部门,由工信、教育、工商等部门共同参与管理,出现表面上看谁都有权管实际上都不管的现象。

如果要从源头抓起,准入资质是第一道环节。姚建龙指出,目前,在线教育机构需要经过工商部门和教育部门双重认证,方能取得办学资格。

姚建龙建议,有关部门可以出台在线教育培训法,在立法上明确主管部门和相关协调部门,齐抓共管,多措并举,共同治理。完善在线教育的资质审核,规范相关手续流程,加强对在线教育机构的审查,不仅要依法依规有序发展,还应将其子公司、分公司、加盟店等纳入审查范围,争取将每一个环节落实到位。

"如果买卖双方都没有第三方来监管,就容易使在线教育市场向极端发展,这对在线教育整个行业的发展来说是弊大于利。"姚建龙建议,应当打通监管渠道,对商家的行为进行有效约束,让不良商家意识到,网络不是"避风港"。

在姚建龙看来,除了对在线教育的资质要从严审核外,还应对在线教育的发展采取促进性原则,体现在立法上,就表现为制定相关的鼓励性政策。

"大力发展在线教育,不仅是社会的进步,更是时代的要求,因此立法上对此也应该加以鼓励。"姚建龙建议,应当将教育法第六十六条加以细化,增强我国的网络环境建设,打造更有利于信息化教育的发展环境,政府也应当加大对在线教育的投入,对发展优良企业给予一定的资金支持,建设一批质量优、口碑好的在线教育品牌。

摘自朱琳采写的《在线教育之乱,"愿打愿挨"不是理由》,载《法制日报》2017年8月15日。

上海法学专家呼吁设立少年法院

随着世界上第一个互联网法院在杭州挂牌,我国的专门法院又多了一个种类。近日,上海政法学院教授、市法学会未成年人法研究会会长姚建龙呼吁,专门法院序列中还应增添"少年法院",以适应少年司法制度特殊性、专业性的要求。

按照我国的人民法院组织法,行使审判权的法院包括最高人民法院、各级人民法院和军事法院等专门人民法院。而究竟设立多少专门法院,法律并未规定,需要视社会发展情况而定。"1899年7月1日,美国伊利诺伊州库克郡建立的少年法院,通常被认为是世界上第一个少年法院。1984年11月,上海市长宁区人民法院设立了我国第一个'少年犯合议庭',后又更名为'少年刑事审判庭',专门审理未成年人犯罪案件。少年法庭的创建者们希望采用不同于成人刑事案件的审判组织、审判方式,以达到预防和减少青少年犯罪的目的。"姚建龙说,此后,少年法庭模式在全国推广,在对少年法庭的评价中,其再犯预防的效果非常明显,例如,据一些省市法院统计,经过少年法庭审判的少年罪犯,重新犯罪的大约在5%以下,有的才2%左右,宣告缓刑的重新犯罪率在2%以下,绝大多数犯罪少年都被教育挽救过来。

那么,少年法庭为何要向少年法院发展呢?据姚建龙分析,现有的少年法庭均是设置在普通法院之中,少年司法工作的人、财、物均由少年法庭所属的普通法院所掌控。在普通法院里,对于审判人员业绩的衡量,往往看办案的数量,但由于少年法庭工作的特殊性,少年案件需要少年法庭工作人员投入更多的精力、爱心和财力,其工作很难以审理的案件数量来衡量。此外,由于少年审判人员职责范围与现有法官评价体系、法官职能之间存在着矛盾等，设置于普通法院之内的少年法庭组织形式，无法保障这一群体的利益，因而，无可避免地会妨碍少年司法工作，也将损害少年司法制度的稳定与发展。还有一个不容忽视的问题，采用少年法庭设置于普通法院内的组织形式，会强化少年司法制度与成人刑事司法制度的类似性。

"建立少年法院必然大大提高少年司法制度的专业化，使少年司法制度更加符合少年、少年案件的特性要求。而且，少年审判工作的特殊性要求建立少年法院。"姚建龙认为，这种特殊性体现在四个方面：审判对象特殊、审判内容特殊、审判方式方法特殊、处理特殊。建立少年法院能充分发挥专业审判特色，更好地适应未成年人自身特点的需要，有利于培养专家型少年法官及其他有关司法人员，促进少年案件办理进一步专业化；未成年人案件有其自身的鲜明特点，设立少年法院就能更好地总结审判经验，适应少年自身的特点，对失足少年开展系统的帮教工作，还能全面、有效地保障未成年人的合法权益，把我国对未成年人的司法保护提高到一个新水平。总之，创立少年法院是由未成年人刑事案件的特殊性决定的，是由审判人员的特殊性、未成年人刑事案件审理程序的特殊性所决定的。

本文由王蔚采写，载《新民晚报》2017年8月23日。

有性犯罪前科,禁从事儿童相关职业

上海政法学院刑事司法学院院长姚建龙在接受《法制日报》记者采访时认为,舆论的关注、公众的愤怒,反映了社会对猥亵、性侵儿童犯罪的容忍度越来越低,这是我国儿童保护观念进步的一种体现,但与此相比,相关立法呈现出一定程度的滞后性。

"例如,现行刑法规定强奸罪的犯罪对象仅限于女性,对于男童的强制性性行为,只能以猥亵儿童罪进行处罚。与奸淫幼女可以判死刑相比,这样的保护力度明显不够。与此同时,对于儿童色情行为,也没有将之与成人色情进行严格区分,惩罚力度也不够严厉。"姚建龙认为,有必要针对当前儿童保护中存在的诸多问题,进一步完善相应的保护机制。

……

在姚建龙看来,现行法律关于猥亵儿童方面的规定,仍然不够严谨。"对于猥亵儿童行为的界定,过多采用了成年人的标准,而没有兼顾到猥亵儿童行为的特殊性,这就导致很多针对儿童的伤害行为都没有办法进行认定,很多猥亵儿童的行为很难受到严惩。"姚建龙认为,对于猥亵儿童行为的界定,应当有单独的标准。

……

"儿童色情的特点是以儿童为淫秽图片、音视频、文字等色情信息的表现载体或者鼓吹对象,其制作、复制、传播甚至浏览、持有等行为本身即包含着对儿童的性侵害及二次伤害,并会给一般儿童带来巨大的性受害风险,属于国际社会共同严厉谴责和打击的丑恶现象。"姚建龙说。

但是,我国法律缺少针对儿童色情的专门规定。"尽管我国法律明确禁止色情信息的制作、传播、走私和贩卖,司法解释也有所涉及,但是立法层面还没有专门对儿童色情作出规定,没有对这些行为明确从重、从严处罚的规定。"姚建龙说。

……

"对于猥亵、性侵儿童犯罪的行为,应当作出单独的规定。例如,在取证时,应当明确规定,要在儿童没有压力的环境中获取被害人陈述,等等。证据与程序上的完善,既能保证猥亵儿童犯罪行为能够受到法律的严厉追究,同时又能避免受害人在司法过程中被二次伤害。"姚建龙说。

当然,与事后惩治相比,事前预防更加重要。

"当事情已经发生,伤害已经造成,我们能做的远比自己想象的少得多。对于儿童性侵案件,任何刑责乃至包括后续的关怀和努力,跟孩子所受的伤害相比,都显得无奈而苍白。""女童保护"联合发起人孙萌萌说,这也凸显了儿童性侵事前预防的重要性。

姚建龙建议,在立法上借鉴美国的梅根法案等,对于有过性侵犯前科的人,其照片、工作单位等个人信息,要在一定范围内以适当的方式对公众、社区进行公开,从而在最大限度上防止儿童遭受性侵害。

"如果说短时间内无法出台中国版的'梅根法案',那么,可以先在刑法中对职业禁止制度进行细化,对于有性犯罪前科的人,尤其是有性侵儿童犯罪前科的人,应当明令禁止其从事与儿童有关的任何职业。"姚建龙建议。

同时,对于儿童色情,也需要专门立法予以严惩。

姚建龙认为,在针对儿童色情的打击上,我国应借鉴国外儿童保护立法经验,在立法层面划出更加明确的底线与红线,进一步织密打击儿童色情信息的法网。"与成人色情不一样,很多国家法律规定个人观看和持有儿童色情影片的行为属于刑事犯罪。建议对此进行专门立法或做出专门规定,把观看和持有儿童色情制品的行为与观看成人色情信息的行为进行严格区分,将该行为明确界定为刑事犯罪予以打击。"姚建龙说。

载《法制日报》2017年8月22日。

如何斩断性侵儿童的魔爪

为何近年来性侵儿童案件屡见报端？上海政法学院教授姚建龙认为，这和整个社会对性侵案件的容忍度越来越低有关。"但这无疑是件好事。"姚建龙说。

无论是司法机关，还是社会民众，对于性侵儿童案件容忍度降低，儿童的安全感则会随之升高。

有一种观点认为，性侵案件频发与司法实践的"趋缓"有关，但姚建龙并不这么认为。"实际上，2013年对于此类案件来说，是一个重要的时间节点。'两高''两部'出台《关于依法惩治性侵害未成年人犯罪的意见》，对未成年人的侵害行为都规定得很具体，且从严惩处，在司法实践中可以看到，追诉越来越严格，打击越来越严厉。"

姚建龙认为，一些人对此有"趋缓"的印象，可能来自前些年的一些新闻报道中。前些年，有一些地区客观上存在认识不到位的现象，把行政处罚和刑事犯罪之间的标准模糊处理，也有一些以行政处罚、治安管理处罚代替刑事处罚的现象。但是"目前这种现象已经有所好转"。

"从目前的情况看，此类案件，我们在司法实践中还是会从严把握，特别是对于一些聚众、在公共场所实施的猥亵儿童的行为，起刑就是五年。可以说，从严惩治的立场和决心不会动摇。"姚建龙说。

那么，是否刑罚越重、此类事件越少发生？姚建龙认为，答案是肯定的。

"无论在世界上哪一个国家，侵害儿童的行为都是重罪，都是从重处罚、严厉打击的对象。

"我想，应该把这种行为当作不可触碰的法律红线，因为这是保护儿童的一个非常重要的手段。特别是未满 14 周岁的儿童,他们缺乏自我保护的能力,对性行为的辨别能力也比较弱,尤其需要法律给他们筑牢安全的墙壁。"姚建龙告诉记者。

……

"防性侵教育是性教育的一个组成部分。性教育的重点应该是提高儿童对于性行为的辨别和防护能力,防性侵教育是性教育中的一环,但是,显然应该单事单列。"姚建龙说。

"我认为,目前我国的性教育存在一些误区和问题,性教育最重要的是应该找到一种载体,一种孩子们接受、认可的方式方法,教材等还在其次。比如英国儿童保护的十大宣言中有一项很著名的条款'小背心和裤衩覆盖的地方不能碰',这属于性教育吗?其实,这是防性侵教育。我觉得无论是性教育和防性侵教育,最重要的是让孩子知晓性行为的边界在哪里,这是非常重要的。"姚建龙说。

……

2016 年,浙江省慈溪市出台《性侵害未成年人犯罪人员信息公开实施办法》(简称《办法》),《办法》规定,对于符合条件的实施严重性侵害未成年人行为的犯罪人员,在其刑满释放后或者假释、缓刑期间,将通过向各单位门户网站、微信公众号、微博等渠道发文的形式对其个人信息进行公开。这一做法被称为中国版的"梅根法案"。

姚建龙告诉记者,这一尝试一出台就引起了激烈争议,合法性存在争议。"但是,这无疑是我们未来的努力方向。我建议,可以先从性侵儿童罪犯的个人信息公开开始。这是一种震慑,各个国家都有自己版本的'梅根法案'。"姚建龙说。

《光明日报》记者姚晓丹采写,内参采用。

附录

一个法学家的童话梦
——访《呼噜噜与独角兽的幸福生活》作者、上海政法学院副校长姚建龙教授

每年儿童节前后,《呼噜噜与独角兽的幸福生活》都是青少年普法书籍中的销量大户,深受孩子们喜爱。该书是国内首部由法学家撰写的法治教育童话书。作者正是我国著名的未成年人犯罪研究专家、上海政法学院副校长姚建龙教授。

讲着法言法语的法学家与天马行空的童话因为《呼噜噜与独角兽的幸福生活》一书,产生了奇妙的化学反应。作为知名的法学家,姚建龙为何要为孩子们写一部童话书?这本童话书与普通的童话有什么不同?书中又寄托了这位法学家怎样的希冀呢?带着这些疑问,日前记者采访了姚建龙教授。

用儿童视角来写童话

《呼噜噜与独角兽的幸福生活》描写了留守儿童"呼噜噜"与"独角兽"这位"护法使者"之间的感人故事,童话中涉及不良行为、刑事责任、自我控制、自我保护、见义智为、环保、诚信、早恋、权利、交通规则、义务教育、抵制不良诱惑、平等、正义、亲情等主题,将深奥的法理与法治意识融入到孩子们可以理解的一个个引人入胜的童话故事中。

提起写童话的初衷,姚建龙坦言最直接的动力来自于他的孩子。"当时我儿子很小,晚上经常拉着我来讲童话故事。"姚建龙说,在为儿子念书的过程中,他发现一些童话书的内容并不适合低年龄段的孩子,即使是经典童话也有不合时宜之处。"比如《小红帽》,讲到大灰狼被开膛破肚,这

样的场景对于年龄较小的孩子太过血腥,"姚建龙举例道,"又比如白雪公主吃了毒苹果后假死了,但是王子第一次见面就亲她,这在法律人看来是非常不恰当的行为。"因此,作为一名父亲,姚建龙开始给儿子编故事,于是有了"独角兽系列""超级大卡车系列""小鱼飞嘘系列"等许多童话故事。

而他会讲童话的名声也在朋友间传开了,这也引起了出版社的注意,责任编辑冒着大雨来邀请他为孩子们写一部法治童话书。尽管作为一名知名学者,姚建龙的学术研究工作非常繁重,但他毫不讳言,这部正文仅仅三四万字的童话却耗费了他一年时间,而写这样的童话书在现行大学评价体系下是不能算成果的。

"我希望我的童话能区别于一般普法书籍的说教,能从儿童视角来给孩子们讲好听的法治童话故事。"姚建龙指出,现有的普法书籍很多都不太适合孩子,往往是成人视角,可读性较差,更多的时候是向孩子传授法律知识,与孩子们的生活场景关系不大,孩子们缺乏共鸣,甚至还有很多是误人子弟、错漏百出。为此,姚建龙希望自己的童话书能传递法治精神而不是讲授法律知识。在他看来,法治精神和法律思维,远比单纯而枯燥的法律知识重要得多。

所以,《呼噜噜与独角兽的幸福生活》中每一个故事的场景和情节,都是以孩子在日常生活中会遇到的一些事情为基础,更多的是用儿童的视角来看待问题。"比如父母、老师凶你、打你了该怎么办?男孩子如何去克服内心的怯弱和恐惧等。"姚建龙说,这部童话以法律专业知识为基础,尽可能用纯粹的儿童视角、儿童用语,来反映儿童的"法律"生活。"将法言法语转化为儿童语言,希望从刚识字的孩童到读高中的少年都能看懂并一口气读完这部童话。"

每个孩子都应有属于自己的"独角兽"

种过地,做过警察,当过副检察长,还做过青少年维权工作者、杂志主编、大学教授的姚建龙说,《呼噜噜与独角兽的幸福生活》的素材都来自于他的生活经历、专业研究和法律职业体验。"书中呼噜噜所生活的双塘村就是我小时候曾经生活过的村子的名字,还有很多人物都能在生活中找出原型。"

他表示,小时候有很多梦想的东西也通过这本童话"实现了",那时候最大的梦想就是希望能够有一个保护神。姚建龙说,很多孩子都有一个幻想,身边能有一个无所不能的保护神。"考试不用考就有保护神来帮助,遇到困难能有保护神来化解。"姚建龙说,在这部童话里保护神就演化成了独角兽。他告诉记者,选择独角兽这一形象是由于它在中国古代是一种正义与法律的象征,而呼唤独角兽的是"幺洱丝",这是"124"宪法日和法制宣传日的谐音。"我把法律的要素,化成孩子能看懂的东西。"

在这部童话中也充满着法律职业人理想化的情怀,除了独角兽形象,姚建龙还把故事的场景设置在一个衙门老宅里。"古代升堂问案的衙门就像现代的法庭,而每个法庭都应有一个正义和良善的法官。"姚建龙希望独角兽能呵护呼噜噜成长为一个主持正义的大法官,成为更多人的保护神。

在他看来,法律职业人要有法律信仰和特殊品格。"呼噜噜能在一个打着雷下着雨的月黑风高夜,听到阁楼上磨牙的声音,顺着声音找到一个很奇特的箱子,发现并唤醒独角兽,其中设定了没有法律职业信仰和品格的人是唤醒不了独角兽的隐喻。"姚建龙认为目前对法律职业和法律人还存在很多需要改进的地方,这部童话蕴含着他对法律职业和法律人的一些理想主义情怀。"我觉得法律职业人要有对法律的信仰,还要有良知、良善和正义之心,更要有家国情怀。要成为合格的法律职业人,其成长过程中必定会经历很多苦难和磨炼,并最终完成自我升华和从普通人到法律人的蜕变。"

姚建龙感慨,《呼噜噜与独角兽的幸福生活》既是写给孩子的童话也是一名法学家的梦想。"在书里面,正义终会得到伸张、坏人总会受到惩罚,孩子总会得到呵护。孩子虽然会经历磨难但仍然会健康成长,但现实生活中往往并不是如此。"姚建龙提起几年前毕节留守儿童自杀事件依旧非常痛心。他表示,虽然《呼噜噜与独角兽的幸福生活》讲述的是留守儿童的故事,但其实也反映了每个孩子在人生道路上会遇到的风险和诱惑。"每个孩子都应有一个属于自己的独角兽,在他(她)遭遇困难,遇到艰难选择的时候,能够及时出现,施以援手,进行正确的引导。"姚建龙认为,这个独角兽可以是父母,可以是学校老师,可以是任何一个负有未成年人保护职责的部门,甚至也可以是一个好心的陌生人,希望对每一个孩子的保护都不会出现缺位。

因为《呼噜噜与独角兽的幸福生活》一书的生动有趣,很多孩子是一口气读完后还给姚建龙写来了读后感。他们也成为姚建龙最年轻的一群读者,这让姚建龙感到非常欣慰。现在《呼噜噜与独角兽的幸福生活》作为法律出版社的长销书,已经重印了四次。姚建龙将著书所得全部捐献给了留守儿童保护事业。

允许孩子成长中的不完美

《呼噜噜与独角兽的幸福生活》不仅仅要传授法律知识,更想要传达的是一种法律精神与法律底线,以引导孩子们从小就能学会用法律保护自己的合法权益。因此,童话里的主人公呼噜噜并不是一个完美的孩子,尽管本质不坏,但还是会有冲动打架的时候,甚至还遭遇过毒品的诱惑。

谈到为何塑造这样一个"熊孩子"的形象,姚建龙认为这样的呼噜噜身上有着一个普通孩子真实的模样,这也是让许多小读者感觉亲近的原因。"结伙打架、欺负女生是很多男生小时候都干过的事情。"姚建龙表示,孩子在童年期和青春期自控能力较差,容易犯下一些错误,但希望父母、学校和社会在这个过程中能更有耐心、更宽容,包容孩子在成长过程中的不完美。

姚建龙告诉记者,孩子对善恶的判断,对法律的理解能力,是与生俱来的,但他们往往还摸不到成人世界的标准,不了解法律的底线。因此父母要承认孩子成长过程的不完美,允许他们犯错和试错,不要把成人的标准强加给孩子,对孩子要有足够的耐心和包容。"孩子在成长过程中会犯错,甚至会犯很大的错误,包括出现一些违法犯罪的事。"姚建龙以书中的呼噜噜举例,呼噜噜与哈皮约架,结果把哈皮的眼睛打瞎了,最终呼噜噜认识到自己的错误,独角兽也运用超能力将哈皮的眼睛治好了。"童话中此事圆满解决了,但如果在现实生活中,呼噜噜的行为已经涉嫌刑事犯罪,如果一罚了之,呼噜噜的人生轨迹也就此改变了。就算对这样的熊孩子,父母、社会和司法也不能放弃教育、感化和挽救的努力。"

姚建龙表示受保护是孩子的权利。呼噜噜按照现在的标准,就是严格意义上的行为偏差少年,离家出走、考试作弊、打架斗殴,几乎什么坏事都做过,这也说明孩子在成长的过程中是充满危机的。只有在独角兽的细心呵护下,才能保证孩子成长过程中能及时纠偏,不会真正走上歪路。

姚建龙坦言，目前一些父母在孩子教育上太急躁和功利，缺乏对孩子日常行为的关心和干预。"童话中的独角兽强调的就是一种陪伴和关爱，不放弃每一个孩子，多些包容，静待花开。"姚建龙说。

载《上海法治报》2018年6月1日，记者陈颖婷采写。

筑梦力量：
未成年人保护专家姚建龙访谈

一、"猥亵""性侵"——为何总有"黑手"伸向孩子

主持人：姚老师好，非常荣幸今天有这么一个很独立的时间能够和您面对面地聊聊天，姚老师在未成年人保护领域已经摸爬滚打很多年了，说到未成年人保护，您看最近频出的新闻事件占据了很多媒体的头条，咱们开门见山，先说一说南京站这个事情，这个事情当时发生的时候，您的第一反应是什么？

姚建龙：南京火车站猥亵女童的事件，无论是实施猥亵行为的男孩，还是被猥亵的幼女，加害人他会在火车站这样一个公共的场所，公然地对自己的妹妹实施猥亵的行为，旁若无人，而且他的父亲也没有任何制止的想法，而这个被猥亵的女孩子在整个猥亵过程之中，也没有任何反应。

主持人：好像还在玩手机。

姚建龙：对，但是你会发现，当事人不认为这是一件太大的事情，但是它被拍成照片放到网上传播的时候，社会舆论的反应实际上是非常激烈的，我觉得这客观上确实反映了我们国家最近几年来社会舆论包括儿童保护意识的一种进步。但是很多人需要去考虑为什么当事人会如此的麻木，为什么加害人没有意识到这是一个非常严重的行为，在公共场所猥亵未满14周岁的幼女的行为，按照刑法第237条关于猥亵儿童罪的规定，他所面对的刑罚是5年以上有期徒刑，即5到15年的量刑，这是一个非常严重的犯罪。最新的进展是，他刚刚被检方批准逮捕，司法机关已经给出了一个基本的态度，要严厉打击性侵儿童的行为。

主持人： 您刚才在说的时候，我注意到您强调了一个词，叫作"公共场所"，如果他不是在公共场所，是在相对私密的环境里，又没有人报案，那这件事情将会永远被埋没，这就非常可怕。

姚建龙： 的确是这样的，所有的性犯罪，尤其是性侵儿童的犯罪，真正被司法机关发现并且被处理的比例非常低。但是我必须说明的一点是，所有的性犯罪都属于公诉犯罪，也就是说当事人不存在私了的问题，只要被发现就要受到国家法律严厉的制裁。而且需要提醒大家注意，在公共场所当众猥亵，刑法规定是一种从重处罚的情节，如果是一般的猥亵儿童的行为，是5年以下的量刑，如果在公共场所猥亵是5年以上的量刑，不是说在哪里猥亵不被发现的问题，不管在什么地方实施猥亵儿童的行为，在法律评价上都是刑事犯罪。

主持人： 这件事可能大家觉得很发指的是，一个是公开，一个是麻木，这两个词可能会让大家觉得真的是该到了觉醒的时候了。

姚建龙： 我觉得这起事件之中，被害女孩的反应也需要去认真反思，这表明我们国家现在对未成年人性侵防范的教育还是存在很大的缺陷。我原来一直强调性教育和防性侵教育是两个概念，性教育不能等同于防性侵教育，我们国家目前性教育强调得非常多，但是防性侵教育这一块其实还是存在很多的薄弱点。比如说像英国的儿童保护十大宣言，它集中用孩子能够懂得的语言，告诉所有的孩子，无论是男孩还是女孩，小背心跟裤衩覆盖的地方，别人是不能碰的。而且，对于儿童性侵，我们原来总是认为家庭之外陌生人是危险的，其实这也是一种误解。百分之七十以上的性侵儿童犯罪都是熟人作案，而且有很大一部分比重的儿童性侵案件加害人是来自于自己最亲密的人，包括自己的父亲或者母亲，哥哥或者姐姐，但是可能在我们中国人传统观念中，很多时候会去回避这些话题，或者说不愿意去直面这样一些客观存在的事实。所以家庭内性侵也是儿童性侵中非常重要的一种类型，而且也是应当引起我们关注的一种行为方式。

主持人： 这样对于一个家庭来说，其实她真的很难面对，我们想想这个小女孩，一旦她的哥哥或者她的父亲将来被判了刑，她势必还要在这个家庭生活下去，怎么面对？

姚建龙： 这起案件有一个很特殊的地方就是这个小女孩是被收养的，而且收养手续可能还不一定很健全，我们不讨论她的收养是不是合法的问题。如果这个案件中,判断这个父亲在监护孩子的过程中不仅仅是缺失,甚至有监护侵害行为,因为现在有媒体披露在她的养父QQ空间里面,也有一些小女孩的不雅照片。但是警方没有做出最终认定,我们没办法做出评价。如果认定监护人有侵害行为,那么根据我们国家2014年出台的司法意见,可以剥夺监护权,另行指定监护人,将这个孩子安置到其他家庭中去。所以很多时候我们经常会把受害人称为刑事司法中被忽视的群体,有时候我们更多地去考虑怎么样去严惩犯罪嫌疑人、被告人,但是往往会把被害人忽略掉,我们以保护孩子的名义去处罚侵害孩子的行为,但是这些案件中受害的孩子恰恰被我们所忽略掉。我们经常会在讲,在儿童保护中,要强调儿童最大利益原则,这个原则必须贯穿于办案过程的始终。

我一直从事未成年人保护的研究,尤其是法律视角的研究,我们一直强调儿童最大利益原则,无论在工作中的哪一个环节,都应该对儿童权利有一个应有的敬畏。比如我再举一个例子,前一段时间在河南信阳,有一个父亲带自己的女儿到银行办理业务,为了填单子就把小女孩从手上放下来,这个小女孩离开了三四米,结果就在攀爬一张桌子的时候,这个桌子倒塌下来,把这个小女孩当场压死。大家可能会注意到这个事情,我们在反思这个父亲监护不当,当然确实存在监护失当行为。但是你可以去想想看,一个孩子可以活动的场所存在如此严重的安全隐患,作为银行的管理方,我觉得是要严重反思。其实类似的事件发生非常多,8月份的时候,无锡一栋20多层的楼上,一个孩子掉下来摔死了,父母亲由于某种原因外出了。那么这里面有两个问题大家可能会注意到,父母亲为什么竟然会把幼年的孩子单独地放到家里面,这个父母亲连基本的安全意识也不具备。第二个这个房屋的建筑、设施严重不合格,所以有很多国家的法律明确规定父母不得让未满12周岁的未成年人脱离监护,我们国家现行《未成年人保护法》规定不得让未满16周岁的未成年人脱离监护单独居住。立法规定有重大的差异,一个是不准让孩子脱离监护,我们的法律规定是不得让孩子单独居住。再比如说像这种房屋,像很多国家,比如美国的很多州,它的法律规定很清楚,房子在被出租或者交付使用之前,如果有不利于孩子的安全隐患,这种房子是不准被交付的。但是我们国家在这些法律制度设计上存在很大的疏漏,在这个方面我们国家还有很长的路要走。

二、看看别人的——国外如何严惩性侵儿童罪犯

主持人：刚刚您说到性侵的问题，我还想追问一下，因为在美国有一个梅根法案，那么这个法案的严重程度超出了我们一般人的想象，就这一点我相信您也有很多想和大家交流的。

姚建龙：的确是这样的，性侵儿童的犯罪，我们都认为是一种社会危害性最严重的犯罪，而我们公众包括很多的研究者对性罪犯缺乏了解，尤其是把罪恶的黑手伸向孩子的恋童癖。这个群体的重犯率非常高，而且如果没有一些适当的控制措施，他会使大量的孩子受害，像荷兰的一项研究发现，超过百分之五十的恋童癖，他的受害儿童超过十个，其中还有百分之六的恋童癖，他性侵的孩子是一百到两百个，而且其中百分之九十的这些没有被抓进去监狱，那些恋童癖自己声称不打算停止恋童行为。所以我需要告诉大家的是，恋童癖这个群体，我认为很多是矫治不好的，但是我们对他们的了解实际上还非常不够，有时候警惕性跟认识还是远远不够，所以有许多国家出台了特殊法律，包括你刚刚提到的梅根法案。梅根是一个小女孩的名字，大概七八岁，有一天她家搬来一个邻居，她的妈妈就让她的女儿去邻居家里玩，结果后来梅根失踪了，最后发现是被性侵，而且是被虐杀，这是 1994 年发生的事情。后来警方在调查的过程中，这个母亲作了一些了解，发现搬来的这个邻居，他原来是有过性侵儿童前科的一个罪犯，但是这个信息，梅根小女孩自己不知道，梅根的母亲也不知道。所以后来这个母亲就提出一个疑问，你们警方知道，为什么不告诉我？如果我作为一个母亲，知道有一个恋童癖，而且是一个有性犯罪前科的人作为我的邻居，我肯定不会让我的女儿去邻居家里玩。这个悲剧事件就可以避免，后来梅根的母亲，我觉得她经过这个事件之后，她做了一件非常伟大的事情。她说我得到一个教训，我的孩子出了问题之后，我要避免类似的事情再发生，所以在她的呼吁和倡导下，1996 年的时候美国就开始出台了梅根法案，以这个孩子的名字命名。梅根法案的核心内容就是，有性犯罪前科的人，他的身份信息要向社区公开。

主持人：怎么个公开法呢？

姚建龙：公开的方式美国的各个州规定得不一样，最狠的就是要求有性犯罪前科的人在自己门牌上钉一块牌子，"我是性罪犯"，提醒过路的人。有的措施比我们想象得要严厉得多，当然各个地方做法不一样，有的

是在社区里面公告这些名字,把这些罪犯的信息放到互联网上,你都可以去查询,所以我们想一个问题,美国至少在形式上是一个高度重视所谓人权保护的国家,为什么会出台一个那么狠的法呢?像韩国还有化学阉割法案,让这些性罪犯永久失去性能力,或者一段时间失去性能力,为什么他们的法律那么狠?一个很重要的原因,他们是在儿童保护与性罪犯人权的保障,这两者之间做出了两害相权取其轻的、侧重儿童保护的、不得已的选择。类似于梅根法案、化学阉割法案出台之后,尽管有很多争议,但这些国家仍然继续推行这些法案。

回到我们国家,这些问题其实在2016年之前,学术界只是探讨,但是从来都没有作为一种实践,都没有试过,大家对这些问题也不是了解太多。在2016年的时候,浙江慈溪检察院,开始尝试着想推出中国版本梅根法案,公布这些有性侵儿童犯罪前科的罪犯的身份信息,结果争议非常大。但是我必须说明慈溪为什么要推出中国版本的梅根法案,是因为某某某的一个案子,性侵儿童的一个罪犯,有多次前科,类似这个案子,如果当时他的身份信息公开,当事人有警惕的话,这个小女孩就不会受害。所以有时候我经常会说一句话,我们讨论儿童保护,很多键盘侠是没有现场感的,如果你设身处地在一个案件中,让你做出选择,我相信很多人都会真正站到儿童角度做出一个理性的选择。像那个慈溪法案,最后我感觉很遗憾,反对声音太大,最终没有推行。上海市的闵行区检察院刚刚8月份的时候进行另一个试点工作,现在正在推行,对于那些有涉及性犯罪的前科人员做出一定的从业禁止的规定,就是在那个区禁止他们从事可能与儿童有密切接触的职业,比如说老师、看护人员、保姆等等一些职业。在这个地方,他是不允许去从事这些职业的。大家现在都在点赞,但是还是存在一些争议。

包括我刚刚说的浙江慈溪,它对最开始的方案也做了改进,包括性侵罪犯的身份信息登记、查询、公开到从业禁止,正在建立一体化保护未成年人,防止未成年人遭受性侵害的机制。这些做法、这些尝试在我们国家法律制度还没有做出重大改革之前,我个人认为是一种非常有价值的尝试。既会引起我们对预防儿童性侵问题的重视,也会对我们国家以后相关立法的完善、制度的完善提供很好的参考。

主持人:现在看,跟美国的梅根法案比,我们迈出的都是一小步,一小步,但是积累起来就是一大步,这一大步一旦迈出来,我们这些做家长的，做父母的心里起码能够踏实很多。虽然它不可能完全制止这个事情，但是它要让这些人付出足够沉重的代价才有警示作用。而且我发现您刚才说的性侵，这些人不是道德品质的问题，而是有一些生理上的病态，他可能像戒毒一样，并不是自己真的很想再去吸毒，而是无法控制自己，你很难说我教育了几年，关了几年之后，他就会变好。如果真的是这样的话，那非常可怕，所以咱们也能够理解。像美国，它会出现让人把自己名字钉在门牌上，告诉大家我有过性侵行为。

姚建龙：像这些看上去有些极端的法律和做法，它其实都是在告诉这些潜在地想把黑手伸向孩子的罪犯，儿童是一条红线和高压线，你一旦把黑手伸向未成年人，你将会受到法律最严厉的制裁，甚至是最不近人情的极端性的制裁。我们国家在未成年人保护立法方面，现在为止其实还没有完全意义上把未成年人当成一个独立的个体来对待，我们在保护未成年人的法律、司法、政策、制度等各个方面有很多需要完善的地方。比如说我举个例子，可能大家都知道，某网红涉嫌性侵儿童事件，这个网红在自己的微博里面散播了很多儿童色情的照片和视频，包括他还涉嫌开设儿童色情网站，结果你会发现，按照我们国家现在的法律我们无法给他处罚，因为淫秽物品的认定标准跟儿童色情的认定标准是有差距的，所以尽管大家都觉得不舒服，觉得这个人有问题，但是现在法律就不能把他怎么样。相反，很多国家法律明确规定，儿童色情的鉴定是单独有一套标准，只要是诱导性侵儿童或者以儿童作为性行为表现载体的音像、图片或者其他制品，都有可能被认定为儿童色情，而且会给予法律严厉的制裁，不仅仅是制作、传播是法律禁止的，你自己的持有跟浏览都是属于严重的犯罪。

所以前段时间曝出我们外交部的提示，你到加拿大旅行，有一个报道说，因为微信里有一些涉嫌到儿童色情的信息，结果被当场遣返。根据《反恐法》或者海关的一些入境的相关法，海关有权力检查包括手机。这样一些很多人认为所谓的私人物品，在检查的时候是被非常关注的。一类就是涉及的恐怖主义的信息，亦即检查你是不是恐怖主义分子；第二类就是涉及一些儿童的色情信息，因为这些国家把儿童作为高度优先保护的事项，这些国家要求很严格，就是你持有也是严重的行为，属于刑事犯罪，有可能被拘捕、被定罪量刑、被遣返。而且一般推断这类人有恋童癖或者其他癖好的嫌疑，进入加拿大境内之后，他会被假定为对当地儿童有重大威胁性的个体,所以人家有充分的理由把你遣返。但是我们国家现在很多人拿这些东西当成玩笑,没有把它当成很大的一回事。

所以我觉得这不仅是一个观念的问题,急需我们国家的法律跟进,最近几年我们也一直在推动国家的法律改进,尽快地完善涉及儿童色情单独的法律制裁制度。

主持人:所以这些非典型性的事件,它一而再再而三地发生,是他山之石,我们真的是可以拿来为我们所用,让我们去健全。

姚建龙:哪一天我们中国的媒体,包括老百姓,不觉得这是新闻,我想我们就可以很欣慰。

三、父母如何跟孩子交流"难以启齿"的话题?

主持人:性侵案件,在我们作为家长来说,一听到这个词,我是非常恐惧的,甚至有的时候我在跟孩子一起听收音机,经常会听到性骚扰、性侵这样的词,我是不得已在躲闪,因为我是真的不知道该如何告诉她,怎么样去防范,什么叫作性侵。但是现在这类事件居然会越出越多,层出不穷,我想说并不是现在这类事件真的比原来多,而是它慢慢地浮出水面了。

姚建龙:其实儿童性侵问题一直都存在,在我们国家,最近有很大的改进。但是为什么大家觉得这个问题越来越严重呢?一个很重要的原因就是我们的关注度比较集中,严格来讲,我们国家目前这个问题,尽管大家现在已经越来越关注,但我们不知道怎么去关注,甚至不知道怎么去讨论。就像你作为一个母亲,你刚刚说的,跟孩子好像不太好去讨论这些话题,而且你自己都在回避。但是其实从儿童的视角来说,我们成年人有时候想歪了,跟孩子讨论这些问题没有什么好回避的,我儿子很小的时候,我就跟他在讨论这些话题。首先,我刚刚应该说过,性教育跟防性侵教育不是一回事,我今天要谈的是防性侵教育,其实在很多时候教孩子如何去识别什么是性侵比什么都重要,所以你说起这个问题,我想起我当时为了跟孩子讨论,我应该教孩子什么,我专门给他写了一个童话,叫《呼噜噜与独角兽的幸福生活》,写了16个故事,我用呼噜噜与独角兽这样一个童话故事,把16个问题融合在这个故事书里面,让孩子看,我用这种方式,让我的儿子知道,你应当知道什么问题,比如说这里面有如何防范性侵的问题,坏叔叔的问题,有关早恋的问题,包括性教育的一些问题,包括见义智为,包括如何预防吸毒的问题,毒品教育的问题,包括如果老师对你有体罚虐待怎么办的问题,我觉得在他这个年龄段他应该知道什么。所以你刚刚说怎么教,你可以跟孩子面对面地交流,有一些你可以书面的方式去交流。如果能像我这样给孩子写一个童话,让自己的儿子崇拜,我觉得这是世界上作为父亲最需要去追求的事情。

主持人:这是一举多得的事情。

姚建龙:所以方式方法非常重要,我们自己不要有心理障碍,尤其是父母不要有心理障碍。有的时候是我们想歪了,孩子没想歪。

主持人:是的,没错。那么除了性侵之外,在网游方面可能男孩子的家长会相对揪心,那姚老师自己也是男孩子的爸爸,你家男孩有多大了?

姚建龙:现在10岁。

主持人:那开始打游戏了吗?

姚建龙:对,他打得比我好。

主持人:打得比您好,那你们切磋过?

姚建龙:因为你要教育他,首先要知道他在做什么,他在玩什么,你才有资格去跟他交流。

主持人:也就是说他玩什么,您也玩什么。

姚建龙:我至少会尝试。

主持人:然后互相作为比拼的感觉,这样是不是感觉孩子更容易跟您接近?

姚建龙:我觉得在孩子的教育中,尊重孩子是教育的前提,你不能以势压人,你总是站在一个道德的制高点或者能力的制高点来教育孩子,我觉得父母的这种心态不是太合适。我教我儿子过程之中,前段时间他们流行玩王者荣耀,想知道他为什么会喜欢玩,我自己也专门下载了一个试了下,然后很虚心地向他请教怎么玩。当然,毫无悬念我得到了他的鄙视,因为他在玩游戏的过程中获得了极大的成就感和一种尊严。那么在这个过程中,我就跟他交流,喜欢一样东西是非常重要的,但更重要的是能收能放,你只要能做到这一点,你就有资格去玩游戏。如果你不能做到能收能放,我可以告诉你,你就永远不能有机会去玩。然后我也会举一些例子,你首先要知道这个游戏是很好玩的,但同时我要教他一个最基本的自控能力,第二个我把所有游戏的时间让他自己挣过来,比如你什么地方做得好,你可以奖励十分钟王者荣耀,我印象中,现在还欠他三十分钟,这是第二个很重要的规则。第三个从小开始我给他确立一个原则，看电视、玩游戏必须经过妈妈或爸爸同意，没有经过我们同意，绝对不允许，这在我们家是一个规则。所以他在玩游戏之前，肯定要征求我的同意，他看电视也是这样的。那么同时征得我们的同意后，他所有的时间让他自己去把控，但是一旦超越这个界限，他马上会收到一个相应的惩治性的后果。所以我觉得在这块，我相对还是比较放心的。

主持人：这是一个非常良性的互动，因为你所有的决定都是基于对他的尊重，而且是你们共同商量出来的，所以他会非常地执著，非常地守规矩，我们虽然说法律是一种令行禁止或者是一种惩罚，但是我们更多的是希望在这种未成年人的身上，我们更多的是要预防他们受到伤害。刚刚说到这儿，我突然想到在家里昨天跟女儿聊了两句天，我说你懂什么叫作未成年人保护吗，她说，我当然懂了，我说，那你觉得你们最需要保护的是什么，她就很随意地跟我说，尊严、安全。

姚建龙：其实很多时候我们往往强调孩子是不成熟的，他不是一个独立的个体，我觉得这种观念可能要纠正。我们一直谈未成年人四大权利，生存权、发展权、参与权、受保护权。其中参与权就是强调我们对于未成年人要给予和他的年龄、心智发育相适应的一种尊重，无论做任何事的时候，都要给他相应的一个尊重。我觉得这一点，实际上是非常非常重要的，包括你刚刚说的尊严的一些问题，包括她刚刚说的安全的问题，这恰恰是我们成年人在跟孩子打交道的时候容易忽略掉的，容易漠视的。而且我们往往还会拿出另外一个冠冕堂皇的理由是"为了你好"，所以我原来一直说一切对孩子的伤害都是以爱的名义进行的，所以你说我为什么一直强调对儿童权利保持必要的敬畏，这是非常重要的一点。

四、当孩子危难时，别只做围观看客或"键盘侠"

姚建龙：我们经常会说保护未成年人是全社会的责任，但是你会发现谁都有责，最后就变成谁都没有责。所以后来我就强调未成年人保护近距离责任原则。你作为一个成年人，你只要知晓了未成年人的这个事件，有能力改变这个孩子的命运，你就有这个责任。那相对其他机构也是这样的。也是2013年之后，我才开始将其作为我个人的一个准则，因为2013年之前我一般只搞研究，不管个案，比如这个制度应该怎么做，我只从工作的角度做事情，对于个案，我认为我没有能力也没有精力。

但 2013 年之后，我做了一个很大的改变，只要我接触到的而且我有能力去做，我就跟踪到底。2013 年发生过好几起恶性的案件，当时最主要的一件事情是南京 6 月份发生的饿死女童案，我记得一个孩子叫李梦雪，一个孩子叫李彤，她们被发现的时候，活活饿死在家里。而实际上当时有一张照片其实在网上也能找到，这一张照片是其中一个孩子躺在地上，这张照片拍下来就是很多人的身影罩在这个孩子的身上，有一大群人在围观。实际上这两个孩子在 2013 年 3 月份的时候，因为乐燕，她们的妈妈，把她们扔在家里之后，饿得受不了，当时上天给了她一丝生存的机会，她们把门推开了，然后跑到了小区的空地上，结果一群人围观。6 月份的时候，她们又一次被她们的妈妈丢在家里，自己跑了，结果她们活活饿死在家里。请注意 3 月份的时候一群人在围观，这么多人都知晓这个案件，所以这个事情对我触动非常大，如果当时在场的人真正能够采取一些力所能及的、有效的措施，不是在事情发生之后变成"键盘侠"，每个人在网上都是一个道德的卫士，都是非常崇高的。但是事件的当事人无所作为，这张照片是我们每个人都应该记住的场景。

这个事件里面还有一个细节就是两个孩子是被关在内屋里面，然后客厅里面有吃的，但是由于乐燕走的时候用尿不湿把门压紧了，所以两个孩子根本打不开门，上面的水果都烂掉了，但是她没办法去吃，所以大家如果设身处地地从孩子的视角看这件事件，我觉得你的内心会崩溃的。所以我觉得这起事件其实也改变了很多人，我也知道我周围有很多朋友也是因为这件事情开始投身儿童保护、困境儿童救助这些事业的。所以这个事情对我的改变就是，我从原来不管个案，到只要我遇到了，而且我有能力，我就会尽自己努力去追踪去关照，但这个确实对我个人的负担非常重，因为有时候个人的能力是很有限的。

今天正好有一件事我很高兴，我在 7 月份的时候，作为全国人大调研组成员到湖北襄阳调研，我们在救助站，就是未成年人保护中心见到一个孩子，这个孩子 3 岁，在救助站已经生存了好长时间，长到了 3 岁多，该入学了，她的妈妈是一个被救助的有精神障碍的女性。那么当时去了之后，我们很多人有疑问，救助站是临时救助的地方，这个孩子为什么在救助站生存这么长的时间，为什么我们不能有一些很好的安置措施让这些孩子到家庭里面去。这个孩子还没有户口，她也不能入学，也不能享受其他福利。所以当时这个事情，我就跟当地协商，也请求当地给这个孩子一些救助,给孩子一个很好的安置,就是这个孩子可以享受的政策,包括户口,基本上都在落实,然后正在给这对母女申请困难救助金,这位妈妈患有间歇性精神疾病,而且两人的感情还很深,我觉得还不宜启动另行指定监护人的程序。给她们安置住的地方,让孩子能够生活在一个健全的环境之中,我们也感到非常高兴。

主持人:这个孩子在那么多受困孩子当中是很幸运的了。

姚建龙:对,当然也不是我个人的努力,只能说我是在盯着这件事,是当地政府、民政部门、共青团一起努力的结果。我觉得要让孩子去享受我们国家繁荣昌盛的成果,国家的强大不能以牺牲孩子为代价,而更重要的是我们每一个人都需要去唤醒内心深处的一些良善,而儿童是一个非常重要的载体。这样类似的事件非常多,原来发生了很多悲剧性的事件,都与当事人的麻木有非常大的关联,所以我们希望通过个案进一步唤起很多人内心的良善,而不是做"键盘侠",肆意发声之后去流眼泪,对你所接触到的这些群体都应该履行作为一个成年人应有的责任。我一直说一个观点,从事未成年人保护工作,推进国家未成年人保护法律制度机制的改进,我们所有的参与者绝对不能把自己放在道德制高点上,好像我觉得我怎么样,其实我一直在强调这一点,我也特别注意到,最近一些年,我们国内所谓关注未成年人保护的志愿者也好,所谓的网红也好,所谓的公益人士也好,这里面鱼龙混杂,我觉得这可能也是需要关注的,所以我原来一直说一句话,在未成年人保护领域,我们不怕坏人,怕披着好人外衣的这些群体,这个群体混在里面会带来很大的问题。

主持人:可能这些人在做的一些事情的动因和目的也许不太一样,会致使有些东西走形。

姚建龙:所以我们经常强调一句观点,保护孩子,永远是目的,不是手段。

五、哪怕网友"板砖乱飞",我无法保持沉默

主持人:据我所知,您跟"键盘侠"的交锋也不少,所以我们朋友聊天,说姚老师基本上是属于斗士级别的,你们的交锋以及主要的摩擦是在哪些地方发生的?

姚建龙:实际上你说这个,我心情很复杂。其实在 2011 年之前,我基本上埋头书屋做学问,不去回应社会热点事件,2011 年之后,我就开始

花了比较多的精力去回应这些事件,那么为什么,很简单。因为 2011 年的时候,有一件事情——佛山的小悦悦事件,两岁多的孩子因为看护不当,妈妈在楼上晒衣服,父亲在外地工作,孩子没人管,结果这个孩子走出离家几百米的地方被车轧死了。当时媒体普遍就这件事情批评那 18 个过路的人见死不救。这个事情发生的时候,我正在瑞典访问,然后当时南方周末的记者打电话问我对这个事情的看法,我了解这个事情之后,发现所有的公众、媒体都在批评那 18 个过路的人见死不救,我觉得很诧异。首先这起事件很简单,是父母没有尽职地履行好监护责任,父母负有重大的责任。所以当时我写了一篇文章,也是应南方周末记者的要求,标题就是"父母法律责任越小,孩子越危险",主张把父母送上法庭,追究父母的法律责任。结果因为这件事情后来我在网上被骂得非常够呛,网民几乎一边倒地骂我,人家孩子都去世了,你还说要把父母抓起来。但是其实从我的专业角度看很简单,因为能够保护孩子的首要责任方是父母,我们强调父母的监护责任,这个是在未成年人保护领域非常核心的原则。18 个过路的人当然很重要,但是真正能够防止这起事件发生的主要责任方是父母。所以在 2011 年的时候,大家还并不太强调父母的监护责任,当时这个事情发生之后,我受到了舆论很大的压力,"键盘侠"把我骂得够呛。

但是我后来发现在这个事情之后,一旦发生类似的事件,大家首先想到要指责父母,而国家从 2014 年开始,相关部门已经努力激活了剥夺父母监护权的法律条款,我们国家也已经将近快有 100 个案子剥夺了那些不负责任的父母的监护权,所以这个机制激活了之后,我觉得是非常重要的,而且确实是时刻提醒着我们的父母。所以从小悦悦事件之后,也是因为被裹挟吧,也由于各种原因,我发现我已经不太能对这些事件保持沉默,包括我有一段时间,身心比较疲劳的时候,我说以后所有的媒体采访我都拒绝,所有涉及儿童的一些重大事件、热点事件,我都不点评。结果后来也被很多人批评,他们说了一句话,你不说谁来说?作为我们从事这个专业的人,包括研究者,我们有这个责任,不能说去引导社会的舆论,我觉得至少是唤醒公众儿童保护的意识。

主持人:没错,我觉得每个行业都需要这样的斗士,他不管遇到多大的痛苦,甚至被打趴下多少次,被骂得狗血喷头,他依然还得坚持,必须得有这样的一个斗士站出来才行。

姚建龙:实际上我在关注这些事件,我一方面说是唤醒大家的儿童保护的这些意识，另一方面也是追求内心的平衡，也是追求自己内心的安宁，觉得有责任去说，有责任去影响周围的一些群体、一些人，作为我个人来说，不再保持沉默这是我应当履行的职责。

主持人： 在您跟很多网友的交锋过程中，有一个事件，当时出现过一个争论，就是对于16岁孩子的刑事责任年龄的问题，当时应该是在16岁以上才会接受刑事处罚，有建议说降低到14岁，但是您的观点是，我们要尽可能去保护，根本不要去做出这样的努力，这个又从哪个角度想？

姚建龙： 这是一个误解，刑事责任年龄不是未成年人保护法规定的，所以有些人去批评未保法是搞错了对象，刑事责任年龄是我们国家的刑法规定的。我们国家的刑法规定，刑事责任年龄有两个关键的节点，一个是未满14周岁不负刑事责任，一个是已满14周岁不满16周岁只对八种最严重的犯罪承担刑事责任，故意杀人、故意伤害致人重伤死亡、强奸、抢劫、放火、爆炸、投毒和贩毒，对这八种犯罪承担刑事责任，那么已满16周岁是对一切犯罪承担刑事责任。现在有很多人主张降低刑事责任年龄，是针对未成年人最恶劣的一些行为，主张把14周岁再往下降，对于这种观点，我确实表示了明确反对的意见，很多网民并没有真的去理解或者了解过我为什么会反对，只要一听反对，他就板砖乱飞。

我们在未成年人保护以及少年司法领域，一直讲一句话，"宽容而不纵容"。什么叫"宽容而不纵容"呢？首先，世界各个国家的法律明确规定未满18周岁的未成年人不能判死刑，或者说实际上国际公约也有要求不得判处无期徒刑，我们国家现在的法律明确废除了死刑，同时国际公约也有要求，未成年人的责任年龄不宜定得过低。那么从我们国家的角度来说，责任年龄的问题是一个很复杂的问题。首先，刑事责任年龄定在14周岁是我们国家法律100多年发展演变的结果，它不是一天拍脑袋想出来，除了我们国家在立法上的法律观念的进步以外，其实有一个很重要的因素，是刑事责任年龄的确定，考虑了我们国家未成年人成长的现实情况，也就是说它符合绝大多数孩子身心发育的基本规律。有人说，姚老师你这样说不对，我可以举出一个例子，一个11岁的孩子比一个18岁的人更凶残而且更成熟。我们的法律是以一般的标准来定，而不会因为一个个案来改变一个法律的规则。我们反对或者不主张降低，但是我们强调要完善我们国家现在防止纵容的机制，比如说按照现行法律，还规定了收容教养措施、送工读学校、专门学校的一些措施,还包括责令父母严加管教等等这些措施。所以我一方面不主张降低,但一方面我又主张要完善我们国家防止纵容的机制。

降低刑事责任年龄也只能判几年徒刑,不可能判决死刑,但是如果我们完善了一些保护处分措施或者其他教育性的措施,他同样也会受到数年甚至时间更长的一些教育矫治,以矫治为目的可能更加符合未成年人成长的特点。如果你仅仅是一罚了之,一个孩子这么小的年龄,让他过多地去贴上犯罪的标签,受到刑罚处罚。犯罪学的研究包括世界各国公认的一点,过早地让孩子去受到刑罚的制裁只会制造一个更严重的罪犯,这个对社会的威胁是更大的。所以从社会安全的角度说,最好的方法是去防止这个孩子重新犯罪,而我所主张的观点是去建立防止纵容的机制,这也是我最近一些年努力的方向。

主持人:虽然说我们更多地不要去对他纵容,那么不纵容的过程当中除了要对他进行教育,帮助他重新走到一个正确的道路上,对他的监护人我们到底要做何处置呢?

姚建龙:这个问题问得非常好,实际上一个这么小的孩子,他去实施危害社会的行为,是谁让这些孩子变成这样的?毫无疑问首先是家长的问题、学校的问题、社会的问题,所以要真正从教育矫治的角度来说,我们必须要去改变他们成长的环境。因此很多国家的法律包括我们这些法律工作者现在也正在努力,司法实践中也正在推行一种强制亲职教育制度,也就是说如果孩子犯罪,父母有责任的,那么法律可以对父母进行强制亲职教育,也就是说上教育培训班。然后还有很多国家的法律规定可以对父母进行罚款,如果严重的还可以公告父母的姓名,还可以对父母判处监禁。我觉得我们国家有一个非常需要改进的地方,就是孩子犯罪,父母必须要承担相应的法律责任。当然我们国家现在法律中其实有一些规定,比如《预防未成年人犯罪法》,其中就有一条规定,如果父母放任未成年人有不良行为的,公安机关可以对父母进行训诫,只是这条法律规定基本上不执行,所以我觉得这是我们需要改进的地方。当然我还要补充说明的是,其实很多人一谈到未成年人的严重犯罪,尤其是低年龄的未成年人的严重犯罪,都主张去严打,我非常体谅这种观点,这些人的理由或者心态,包括主张降低刑事责任年龄。但是我必须告诉大家一个沉重的事实,首先一个对这些孩子从肉体上消灭是不可能的,他迟早一天还要重新回归社会,第二个,惩罚是解决不了问题的,如果单靠惩罚能解决这些孩子的犯罪问题,我也主张严厉打击,光打击就行了,那很简单,这世界上很快就没有犯罪了,这些方法其实都不存在,所以我们需要有更大的耐心去寻求对这些孩子的"宽容但不纵容"的机制。

六、"坏孩子"长大成了法学教授——给孩子们更多等待!

姚建龙:我为什么会专注青少年犯罪这个专业?原来我不太愿意去讲我个人的一些经历或者说我个人职业的选择,其实很重要的一个原因就是,当时大学毕业的时候在戒毒所工作,做民警,有一件事情对我触动非常大,后来决定了我未来的专业选择和我的职业选择。当时是在2000年的6月1日的儿童节,那天我值班,有一个男性带了一个大约十一二岁的孩子到我们戒毒所来,因为我们戒毒所在一个山上,他把这孩子带上来一扔,扔下就跑了。这个孩子的母亲可能因为吸毒过量死亡了,他的父亲在我所在的中队戒毒,就是这个孩子没人带。这个男性是孩子的一个亲戚,带到最后实在受不了不想带了,就把孩子扔到戒毒所了,说你们政府把他父亲弄去强制戒毒,这个孩子你也要管。当时我比较年轻,不太有经验去处理这些事,我印象最深,这个孩子被扔到戒毒所门口之后,我们怎么安慰他,他都不理,趴在地上嚎啕大哭,我当时跟他有一个眼神的交流,我到现在刻骨铭心。

主持人:是怎么样的眼神?

姚建龙:要说孩子的眼神应当是非常清纯的,但是我在这个孩子的眼神之中看到了一种仇恨,这给我印象太深了,我说不出来这种感觉,这么大的孩子,他的清澈的眼神中不应当有仇恨,他觉得他是被这个社会抛弃的,被自己的父母抛弃的,社会的冷漠教会了他仇恨。我当时在想这个孩子长大之后,他的未来会怎样,后来8月份之后我就到华东政法学院报到去了,这个事情我没有去跟进,但这个事情一直隐藏在我的内心世界。很多晚上睡觉的时候我都会想起来,对我的影响非常大,当时选青少年犯罪专业其实还没有那么大的一种信心跟决心,但是这个事情确实促成了我在青少年犯罪专业的长期投入。

主持人:童年你又是怎么经过的呢?一路都是学霸级过来?

姚建龙:恰恰相反,小时候我的成绩一直非常不好,我小学的时候考初中都没有考上,那时候义务教育也不像现在是强制性的,都能去读初中。那时候小学到初中要考的,绝大多数都能考上,但是最最差的考不上,我就属于那种没考上的。因为我小学四年级那时候开始混帮派。其实我在小学四年级之前只是成绩不是太好,结果我在小学读四年级的时候,我印象最深。有天我去学校报到的时候,班主任通知我搬着东西到另一个班去读书,那个班只有两种学生,一种是学习最差的,第二种是品行不良的。我当年被弄去这个班前只是学习不好,结果我去了这个班之后很快学习不好,品行也不好,就跟着一帮小兄弟混江湖。因为那个年代跟现在不一样,能想象的坏事都干,尤其是打架斗殴,欺负别的同学,反正都做过,基本上没读过书,所以我小学考初中就没有考上。家里每个学期给我多交80块,那时候80块钱也不少,通过找熟人扩招的方式才勉强读上初中。我的初中成绩其实也不是太好,但是至少我坏事不干了,我离开了原来那个环境,就不跟那帮小兄弟混在一起了。我们有四个团伙的骨干,有富二代、官二代,也有很平民的这些孩子,他们后来有两个最后走上了犯罪的道路,被处理了,还有一个初中一毕业被家里安排结婚了,属于早婚,所以他没来得及去干坏事,还剩下一个我,我是唯一一个自己从良的吧。我觉得很重要的一个原因就是我当时小学升到初中的时候,我家里对我的管教开始严格了,我切断了跟原来那帮小兄弟的联系,所以我初中基本上坏事不干,成绩还是一直不太好。

后来为什么侥幸能考上高中呢,是因为我读初三的时候,我的英语老师只要我有一点点的进步,他就表扬我。比如我原来每次都考倒数第七名,结果我考到倒数第八名,他就公然表扬我。我们现在说孩子都是鼓励出来的,的确是这样。因为他表扬我,所以我注意到书念好一点,好处还是挺多的,所以我就稍微一努力就考上了高中。到了高中的时候,高一、高二的成绩也不是太好。

后来我因为身体原因休学一年,因为当时医生误诊,家里人都不跟我说,医生也搞得神神秘秘,给我的判断是肯定救不活才弄成这个样子,我在那个年龄段就经历了一次类似死亡的考验,但是根本没那回事,只是气氛不对。所以那时候我做了两件事,第一我尽量地表现出轻松,避免给家里人过多的压力,我觉得那时候是我第一次责任感的觉醒。第二个我当时在想,我发现人生还是有很多东西是美好的,是要去追求的。所以休学一年回来之后,从倒数直接变成班上几乎第一名,后来侥幸考上大学。通过这个经历,我感受男孩子的成长要晚一些,我们的父母要有耐心,包括我们其他的老师要有耐心。我的第二个感受就是,所有的孩子在成长的过程中都会有这样那样的问题,青春期干点坏事这很正常,如果什么坏事都不干,那这个孩子成长可能也有问题。只要不要做得太过,杀人放火肯定是不行,就是我们的社会包括法律,要给这些孩子一些犯错和纠正错误的空间,不能一犯错你就一棒子打死,让他终生不能翻过身来。所以这也是我们强调未成年人犯罪刑事政策要坚持教育、感化、挽救方针,教育为主,惩罚为辅的一个非常重要的犯罪学上的一个依据。

但是我特别注意到的是社会舆论这些年对未成年人的犯罪有一种让我感到很担忧的戾气,我觉得大家一谈到未成年人犯罪都喊打喊杀。大家缺乏耐心,缺乏对这个孩子成长规律的一种尊重,这让我感到非常揪心。一提到孩子,像原来我们都想到的是纯洁的、是未来的、是单纯的这些术语,现在我们一提到孩子首先想到的是熊孩子。我觉得这几年的社会舆论应当要去反思,而且我也经常讲一句话就是我们如果对孩子都不能宽容,这个社会是不正常的。对着未成年人天天喊打喊杀,孩子是不懂事,我们的成年人难道也不懂事吗?孩子不懂得去善待生命、宽容别人,难道我们制度的设计者,我们的成人社会也不懂这些吗?我觉得这个可能是需要我们去反思的。所以我们一直说要看一个社会是不是正常的,或者一个社会文明的进化程度,怎么去对待孩子是一个非常重要的评价的标准。

主持人:所以我觉得说对未成年人保护的工作其实真的不仅仅局限于在法律的层面或者说是法律的从业者。即使是你没有孩子,因为你这一生同样会接触到孩子,所以你都有这个义务。而且教育这个东西像空气一样,你看不见摸不着,所以有的时候你会忽略掉它的存在。但是当你忽略的时候每一点小小的存在可能都会给这个孩子蒙尘。我给您举个例子,我当时跟一个朋友在聊,她的孩子在北京市的一所重点学校上学,发生了一件小事,在期末考试之后呢,老师评出了这个班比较优秀的一些孩子并且发了一张很漂亮的小奖状,发完之后老师说你们先一起在教室里看一会片子,我出去一会就回来。回来以后老师进了教室说的第一件事就是请告诉我刚才我出去的这一段时间谁讲话了,同学们就开始互相揭发,揭发过之后老师认定有几个孩子确实讲话了,老师跟这几个孩子说请你们把刚才我发的奖状拿给我,他把所有的这些孩子的奖状当着孩子的面就撕得粉碎。不能相信在一个重点学校的老师,而且是一个优秀教师,在他身上会发生这样的事情。我真的无法想象这些孩子,这些小的事件在他们的心里会埋下什么样的种子。当时那个朋友的孩子回家以后痛哭不已,然后我这朋友她说我唯一能做的就是去尽量地安慰他,剩下我什么都做不了,因为我不敢跟老师去据理力争这件事情,因为我不知道如果力争之后孩子会受到什么样的待遇。也许是个个案,但是我相信透视出一些问题。

姚建龙:这个案例确实让人很沉重。我们中国人一直将教育搞得太复杂,其实我非常欣赏一个观点就是教育的本质是让人返璞归真,让人越简单越好。对孩子的教育,我们的内心必须是纯洁和宁静,对孩子的教育方式一定要去适合这个年龄段的孩子所可以接受的一种方式,如果你所谓的为了一种好的目的,但是方式方法是很卑劣的,我觉得这些孩子他首先考虑的不是你为了他什么,而是学会了你这个方式方法,我觉得在这种教育方式下成长的孩子是让人感到非常担心的。

主持人:所以我们说这个未成年人保护真的是我们每一个人都必须要做的事情,而不仅仅是法律工作者,所以我们会跟着您一起努力。我觉得今天聊得很愉快,虽然这个话题很沉重,但是我们其实是为了在一个很阳光的状态下告诉更多的人我们现在做的事情是真的很有意义的,也许过了十年二十年,再回来听今天这个音频,到那个时候相信这个未成年保护的法律环境可能发生了天翻地覆的发生,我们起码希望看到这一点。

姚建龙:是的,因为每个人都是从童年走过来的,我们在关心孩子的保护,关心未成年人保护,其实也仅仅是在关注或者回忆我们的童年,更是为了我们每一个人的未来。还想跟大家交流一个感受,中国有2.79亿未成年人,法律规定这个群体没有选举权、不能劳动、现在未成年人网络保护规定他们零点到八点还不能打游戏。他们的很多权利都受到了限制,同时要注意的是这个庞大的群体缺乏利益代言人,他不像妇女、他也不像是老年人、也不像残疾人、也不像贫困人群或者其他的一些群体。他们自身是不能为自己的利益代言的,所以为了这些孩子能够成长,我们需要有一批志同道合的人共同致力于推进我们国家未成年人保护,不仅仅是法律,而是整个社会环境、整个制度的一种完善跟健全。

主持人:非常感谢姚老师,我们今天读了姚建龙的这本书,读的过程当中觉得越读越丰满、越读越澎湃。虽然话题沉重但是希望还在,而且我们在未来的日子里会每天每时都能看到这个事情在改变,在往好的方向改变。

本文系喜马拉雅"筑梦力量"系列音频访谈节目录音文字整理稿,由韦倩整理。

图书在版编目(CIP)数据

法学的温度：孩子的法律生活/姚建龙著. —上海：上海三联书店,2020.12重印
ISBN 978 - 7 - 5426 - 6685 - 7

Ⅰ.①法… Ⅱ.①姚… Ⅲ.①法律-中国-少儿读物 Ⅳ.①D92 - 49

中国版本图书馆 CIP 数据核字(2019)第 080799 号

法学的温度：孩子的法律生活

著　　者／姚建龙

责任编辑／郑秀艳
装帧设计／一本好书
封面绘图／姚中琛
监　　制／姚　军
责任校对／张大伟

出版发行／上海三联书店
　　　　　(200030)中国上海市漕溪北路331号A座6楼
邮购电话／021 - 22895540
印　　刷／上海展强印刷有限公司

版　　次／2019年7月第1版
印　　次／2020年12月第2次印刷
开　　本／640×960　1/16
字　　数／250千字
印　　张／19
书　　号／ISBN 978 - 7 - 5426 - 6685 - 7/D·421
定　　价／78.00元

敬启读者,如发现本书有印装质量问题,请与印刷厂联系 021 - 66366565